JINXIANDAI FAZHEXUE DE
LIANGCI ZHUANXING JIQI YIYI

近现代法哲学的两次转型及其意义

陈晖◎著

中国海关出版社

图书在版编目（CIP）数据

近现代法哲学的两次转型及其意义/陈晖著．—北京：中国海关出版社，2009.6
（上海海关学院学术文库）
ISBN 978-7-80165-634-6

Ⅰ．近…　Ⅱ．陈…　Ⅲ．①法哲学—思想史—研究—世界—近代　②法哲学—思想史—研究—世界—现代　Ⅳ．D909.1

中国版本图书馆 CIP 数据核字（2009）第 090705 号

近现代法哲学的两次转型及其意义
JINXIANDAI FAZHEXUE DE LIANGCI ZHUANXING JIQI YIYI

作　　者：陈　晖
责任编辑：沈楚铃
出版发行：中国海关出版社
社　　址：北京市朝阳区东土城路 14 号　　邮政编码：100013
网　　址：www.haiguanbook.com
编 辑 部：01085271539（电话）　　01085271539（传真）
发 行 部：01085271608/09/10（电话）　　01085271611（传真）
社办书店：01065195616（电话）　　01065195127（传真）
北京市建国门内大街 6 号海关总署东配楼一层
印　　刷：廊坊农林印刷厂印刷　　经　　销：新华书店
开　　本：787mm×1092mm　1/16
印　　张：13.25　　字　　数：215 千字
版　　次：2009 年 6 月第 1 版
印　　次：2009 年 6 月第 1 次印刷
书　　号：ISBN 978-7-80165-634-6
定　　价：26.00 元

序

1840年鸦片战争爆发后，中国逐步沦为半封建半殖民地国家，也渐渐丧失了关税自主权和海关管理权。为收回海关自主权，清政府于1908年在北京创办税务学堂来培养海关专业人才，从而开创了中国海关高等教育的先河。1913年，税务学堂经北洋政府教育部批准更名为税务专门学校。至今，中国海关高等教育已有百年历史。在这百年征程中，贤杰辈出、百花齐放、卷章浩繁，闪烁着璀璨的智慧之光。

上海海关学校成立于1953年，是新中国成立后建立的第一所部属中等海关专业学校，承担着为全国海关培养人才的任务。1980年经国务院批准，上海海关学校升格为上海海关专科学校，1996年更名为上海海关高等专科学校。2007年6月6日，经教育部批准，在上海海关高等专科学校的基础上设立了上海海关学院。上海海关学院作为全国唯一系统设置海关类课程和专业的本科院校，承担着传播海关专业知识、培养海关专门人才、进行海关学术研究、开展海关国际交流与合作的重任。

上海海关学院的发展，事关人才培养重任，事关国家的海关大业，需要冷静思考、科学规划、抓住机遇、真抓实干，在新的起点上以新的办学思路、新的办学举措、新的办学业绩来适应海关和社会经济贸易发展的变化。为此，学院确立了走专业化、精品化、特色化的发展之路，分别设置了分属管理学、经济学、法学、文学等学科门类的若干个本科和专科专业。为实现立足海关、服务社会、面向国际，把学院建设成为教育、培训协调发展，具有鲜明海关特色的高等学府的办学目标，学院将坚持党和国家的教育方针，遵循教育教学规律，科学界定办学定位，努力发挥办学优势，逐步形成办学特色，不断提高教育培训质量，全面提升学院的综合实力和办学水平，真正将上海海关学院办成名副其实的海关人才培养基地。

上海海关学院要建设成为名副其实的海关人才培养基地，离不开海关理论的研究和海关学术的支持。学院明确提出积极探索构建以海关学为核心的学科群，探讨海关学基础理论，明确海关学的研究对象，建立包括海关管理学、海关法学、关税学等在内的二级学科理论体系，努力使中国海关拥有与自身地位相匹配的学科地位和理论水准。为进一步支持学院理论研究，活跃学院学术研究氛围，上海海关学院决定组织出版“上海海关学院学术文库”。文库的出版宗旨：一是鼓励全院教师围绕学科专业建设进行学术研究，多出学术精品，以此带动全院的学术氛围，推动海关学科专业建设；二是努力构建学术特色，力争形成海关学术思想体系，为我国海关实践提供理论支持。为此，文库将优先考虑出版对海关有重要理论价值，对海关学科专业建设有重要意义，反映海关前沿问题，具有较好社会效益的学术著作。

将上海海关学院建设成为国际上有影响的海关特色院校是我们的宏伟目标。我们知道，实现这一目标的过程是长期的和艰巨的，但我们同时坚信，脚踏实地地奋斗又是充实的和充满希望的，“上海海关学院学术文库”正是脚踏实地留下的一步步脚印。“数风流人物，还看今朝”，我们有理由相信，在海关人的共同努力下，文库将会越来越精彩。

肖建国

2009年5月

内容摘要

本论著以近现代法哲学的两次转型为线索，以马克思关于法的社会存在理论为基本分析方法，重点比较和分析了近现代法哲学的两次转型及理论特点，阐明了马克思关于法的社会存在理论对近现代法权本质的存在论根基的揭示，且与后现代主义法学本质的差异，提出了马克思社会存在理论的当代法哲学意义在于诠释和对话。目的在于从近现代法哲学转型的反思中，考察中国法制建设，为中国法制建设提供有益的借鉴和启示。

近现代法哲学的转型是以近代唯理的法哲学为理论背景的，其脱离历史和经验的形而上学特征受到了广泛的质疑，由此引发了近现代法哲学的第一次转型。西方法哲学的这次近现代转型，以法律实证主义为代表，否认形而上学法哲学所追求的最高原则和终极价值，反对脱离现实经验的思辨理性主义，主张道德价值和正义的相对性，拒斥绝对主义。而 20 世纪 70 年代后兴起的批判法学运动和后现代主义法学将矛头直接指向古典自然法以来的自由主义法学传统，引发了近现代法哲学的第二次转型，它否定法律反映理性，否定法的独立性、确定性和统一性，动摇了现代法学所安身之命的基础和原则。

建立在马克思主义哲学的当代性及存在论根基上的关于法的社会存在理论，是分析近现代法哲学转型的基本落脚点。马克思关于法的社会存在理论主要包括：法属于社会意识的范畴，是社会意识的一种特定表现形式，它反映社会存在，并且受到社会存在的制约；在阶级社会中，作为社会意识表现形式之一的法，实际上体现了一定阶级的意志或法权要求；“生产方式”和“交往形式”即“市民社会”，是法的现实基础，当共产主义革命作为对市民社会之生产力与交往形式之间的矛盾的扬弃，作为对私有制的扬弃时，必然使在此基础上发展起来的国家和法的观念走向消亡。马克思关于法的社会存在理论对整个近现代法哲学的基础具有颠覆性作用，它和后现代法学在某种程度上具有同一性，但同时也存在重要差别。马克思关于法的社会存在理论的作用受忽视有其理论和社会历史的原因，对其历史意义的彰显有助于认清法的本质和命运，并实现法哲学向生活世界的转向。马克思社会存在理论的当代法哲学意义在于诠释和对话，这既是由马克思哲学的当代性所决定的，也是由法哲学的自身发展和法律的自身性质所决定的。

马克思社会存在理论对近现代法哲学转型的分析，为中国法制建设提供重要启示：法制建设离不开现实的社会基础，任何脱离现实生活的法的形而上学建立都是徒劳的。与西方不同，古代中国社会经济的一个显著的特征就是“亚细亚生产方式”的存在，这决定了在东方社会产生不了西方近现代意义上的法律。中国法律近现代转型的过程，实际上就是西方法律在中国的全面移植过程，但法律的移植不能给中国带来法制的现代化。市民社会的建立是法制现代化的基础，市场经济的建立为此提供了强大的力量支持。从法律诠释的角度看，法律的生命在于诠释、理解和应用。

目录

引言

YINYAN

一、近现代法哲学转型问题的提出及意义

20 世纪 80 年代末 90 年代初以来，西方法理学，尤其以美国为代表的权利与原则法学和法律经济学，都受到新兴的法学流派影响，从早期的批判法学到女性主义法学、种族主义法学和法律与文学运动等。德沃金的权利与原则法学由“法律是什么”的本质主义转向“什么是最好的解释”的解释主义，而波斯纳的法律经济学则把经济学作为解决法律问题基础的科学主义转向着眼于解决实际问题的新实用主义。另一方面，新兴的批判法学、女性主义法学、种族主义法学和法律与文学等则将矛头进一步指向西方自由主义法学传统，解构法的本质，消解法的统一性、自在性和自足性。批判法学从寻找基本矛盾的解构主义转向批判话语霸权的解构主义，女性主义法学从由男人视角出发的自由主义的女性主义转向由女人视角出发的激进的女性主义，种族批判法学从白人视角转向唤起“种族觉醒”的有色人种的视角，而法律与文学则从法律中的文学和文学中的法律的研究转向“讲故事”的多视角主义。

受到质疑的自由主义法学传统，被德沃金称为“主导的法律理论”，“这一主导的法律理论有两个部分，并且主张这两个部分互相独立。第一部分是关于法律是什么的理论；用不那么戏剧性的语言来说，它是关于一个法律命题真实性的必需和充分条件的理论。这是法律实证主义的理论，这一理论认为，法律的真理性就在于这些规则是由特定的社会机构所制定的这一事实，而不是别的任何东西。第二部分是关于法律应当是什么，人们熟悉的法律机构应当如何行事的理论。这是功利主义的理论。这一理论认为法律和法律机构应当服务于一般福利，而不是别的任何东西”[①]。事实上，以古典自然法学、德国古典法哲学为代表的价值理论法学，是在资本主义兴起的同时产生的，它把法和资产阶级革命时期形成的价值观念，自由、平等、人权等相联系，并赋予“自然权利”、“自然法”、“绝对命令”等价值观念，并以此为理论基础，反对封建社会的法律制度，建构起资本主义的法律制度。19 世纪下半叶，受实证主义科学的影响，以分析实证主义法学和社会学法学为代表的规范理论兴起，其

① 德沃金：《认真对待权利》，信春鹰、吴玉章译，中国大百科全书出版社 1998 年版，第 1 页。

主张法的研究对象是规范本身，而不是法的价值问题，并严格区分法律与道德，将法限制在实在法的范围，把注意力全部集中在对实在法的规则、原则、概念和范畴的解释和分析上。二战以后自然法的复兴，不是向古典自然法的简单回归，而是对实证主义法学的反动。因此，由近代唯理的法哲学发展到主张实然法和应然法分离的现代法哲学，是近现代法哲学发展史上的一次重要转型，对之后的西方法哲学思想及西方资本主义国家法律制度产生了重要影响。

尽管价值理论法学和规范理论法学在理论观点上相左，甚至发生过激烈的交锋和论战，但它们有一个共同特点，即都为自由主义法学传统辩护。它们都是自由主义的官方意识形态，只不过有时在有的国家以一种理论为主，其他理论为辅；而在另外一些时候，在另外一些国家则可能是另外一种情况。① 批判法学、女性主义法学、种族主义法学和法律与文学等法学思想的出现，则将批判的矛头指向了西方自由主义法学传统。批判法律研究，作为一个反潮流的学术运动，其基本观点可以概括为以下三点：第一，质疑法律推理的确定性。传统的自由主义法学认为，法律推理是非政治的、中性的，因为法律推理是从大前提即法律规则和小前提即事实出发，作出判决的过程，因此具有确定性的结果。而批判法学认为，法律推理并不像传统的自由主义法学所主张的具有不同于政治的特殊模式，相反，法律推理是穿着不同外衣的政治，法律推理是政治的。第二，法反映的是统治者的意志。自由主义法学认为，资本主义社会是多元的，人们之间存在着不同的利益，但这些利益通过交汇和融合达成共识，这种共识是法律的基础，因此法律是中性的。批判法学认为，法根本不是社会共同利益的反映，而是统治阶级意志的反映。法的作用是通过“意识形态”的“合法化”来实现的，把有政治倾向的、有利于统治者的东西，装扮成中性的、有利于全社会的东西。把偶然的、社会的产物装扮成必然的、自然的产物。第三，法是阶级统治的偶然产物。自由主义法学认为，法是适应社会需要的必然产物，应按照对社会需要的适应程度来描述和解释法。而批判法学认为，法是不同社会力量、阶级、个人相互斗争的产物，完全没有必然性可言，在社会条件和法律制度之间并不存在因果关系。批判法学对自由主义法学的批判具有很重要的意义，它一劳永逸地改变

① M. E. Tiger, Law and the Rise of Capitalism, Monthly Review Press, 1977.

了人们对自由主义法律制度的看法和对自由主义法学的基本态度，这使得维护自由主义法律传统和法学神话变得日益艰难起来。20世纪90年代迅速崛起的女性主义法学、种族主义法学和法律与文学延续了批判法学的批判精神和主要命题，甚至走得更远，其核心观点包括：第一，所谓理性的个人的法律假设是不成立的。法律主体是法律制造出来的，目的是使“交换行为”成为可能。法律主体不是自然的，更不是自治的，也没有什么自由。法律主体问题实质上是法律阶级本质的问题。第二，现代社会的“进步”是虚幻的。现代社会不是解放人的社会，而是压抑人的社会，这种压抑既是制度的，也是社会的。现代社会结构中的人不是“真正的人”，而是社会结构的附属品，其存在方式是权利。第三，法律的普遍性和中立性都是虚假的。法律的普遍性掩盖了法律代表权力的本质，对于处在社会边缘的群体来讲，法律的普遍性很可能是压迫性。法律中立的原则也仅仅是一种假设。人们所信仰的法律原则都是构建的，事实上，人们面对的只是法律解释者对法律有选择的、有目的的解释。

批判法学、女性主义法学、种族主义法学和法律与文学等的出现，使法学研究范式发生了重要转向：一是表现为走出了概念法学的定式化思维范式，实现了法学研究方法的多元化；二是打破了传统法律王国的信念，消解了法学语言的神秘性，解开了法律实践与其他实践活动的关系，从而使法律转向整个社会生活；三是消解了暴政的本质，实现了法学研究范式的系谱学转向。如果说价值理论法学和规范理论法学的争论是在自由主义法学内部，在不反对自由主义法学传统的前提下展开的话，那么，批判法学、女性主义法学、种族主义法学和法律与文学则是在自由主义法学外部展开的，且矛头直接指向自由主义法学。因此，批判法学、女性主义法学、种族主义法学和法律与文学的出现，可以看做是近现代法哲学的另一次重要转型，其意义和重要性绝不亚于之前由近代唯理的法哲学发展到主张实然法和应然法分离的现代法哲学的转型，且这一次转型还在发展变化中，其对未来法哲学的发展及对法律制度的影响作用不容忽视。

100多年来，中国法律的近现代转型过程——从清末修律到大陆法系最终取代中华法系成为近现代中国法律法系模式的过程——实际上就是西方法律在中国的全面移植过程。这是因为，与西方社会不同，古代中国社会经济的一个显著特征就是“亚细亚生产方式”的存在。由于受这种特定的社会生产和再生产的前提所制约，从原生形态发展而来的次生形态的亚细亚生产方式的基本特征就是土地公有、村社制度和专制国家的三位一体结构的存在，这决定了在中国这样一个东方社会产生不了西方近现代意义上的法律。在西方世界，法律是国家和社会分离的结果，市民社会的出现标志着社会经济生活获得了相对独立的发展过程，没有市民社会，也就不会有近现代法律的产生。而在亚细亚生产方式基础上发展起来的传统中国的法律类型，被称为是一种信念伦理意义上的法律伦理主义，也被称为“儒家伦理法”。鸦片战争以后，随着领事裁判权的出现和此后的清末法制改革，中华法系开始解体，替代它的主要是西方大陆法系的法律制度，而替代方式主要是法律移植。法律移植能否带来中国法制的现代化，或进一步讲能否将中国社会改造成为法治社会，这是近现代以来，乃至当前中国法制建设中需要认真思考的问题。毫无疑问，考察近现代法哲学的两次重要转型，进而探究转型对西方法律制度[①]的影响，对中国法制的现代化建设具有重要的启示和借鉴意义。因为，没有以法哲学思想作为指导的法律制度，将是一种没有灵魂的法律制度。法哲学思想直接赋予法律制度以生命特征和生命活力，直至决定其命运。

二、关于近现代法哲学转型的理论观点及马克思关于法的社会存在理论的显现和重要意义

对于近现代法哲学的第一次转型，即由唯理的法哲学发展到实然法和应然法相分离的法哲学阶段，学界没有太多异议。“近代自然法完全沉浸于唯理论的科学理解之中。在此，理性不仅是正确的法之认识工具，也是其源泉。理性，人的理性！赋予人以自然律法。不存在所谓逻各斯，自在存在的观念，永恒法，没有经院哲学中的所谓预设真理，人完全是受自身的认识能力引导。不再是权威和传统决定什么当是‘正确的法’，相反，仅应涉及什么在理性上是理智的，‘合乎理性的’。法哲学挣脱了神学，自然法世俗化了。”[②] 随着

---

① 即“自由主义的法律传统”，是由自由主义的法律制度和自由主义的法律思想两个相互关联的部分所组成的，自由主义的法律思想实际上是自由主义的法律制度的灵魂（Roberto Unger, Knowledge and Politics, New York, The Free Press, 1975）。

② ［德］阿图尔·考夫曼、温弗里德·哈斯默尔主编：《当代法哲学和法律理论导论》，郑永流译，法律出版社 2002 年版，第 78 页。

19 世纪实证主义兴起和法治国时代的到来，在法哲学领域产生了实证主义法学，并迅速成为主流。“‘法学实证主义’是对理性法思维导致的审判中的任意，和由此带来的史无前例的法之不确定性的必然反映。”“在一个经济发达的复杂社会，需要高度的法的确定性，但那种流传下来的自然法体系不能为之提供保障，为此，产生了对唯理的、抽象—普遍上形式化的法律之渴求。”“那么此时，人们区分了法律内容——实质意义上的法律，与法律命令——形式意义上的法律。这一区分的关键在于，一个法律的有效性仅取决于遵守的形式上的立法程序，君主的有效的意志行为体现在其中，而不取决于法律的内容。实证性成为法之‘本质’。”① 对于这一次转型，我国学者中具有代表性的观点是将其归纳为从西方法哲学史上的形而上学阶段到非形而上学阶段。所谓“形而上学”就是指一种融法与道德问题研究于一体的法哲学类型，从柏拉图到黑格尔的西方法哲学都保持了这一传统，并表现为二元论，柏拉图著作中的理念与现实，亚里士多德划分的自然正义与法律正义，西塞罗所说的自然法与市民法，霍布斯所谓的自然法与实在法，康德、黑格尔法哲学中的绝对命令（理念）与实在法，无不具有二元性。自然法哲学就是二元论。在二元论的意义上，形而上学的法哲学就是自然法哲学。但是，从边沁到凯尔森的西方法哲学显然是以非形而上学为基本色彩，这是因为 19 世纪以来，尤其是在 20 世纪上半叶，形式主义伦理哲学确实在西方占据了主导地位。②

与对待第一次转型的趋同看法不同的是，对于自 20 世纪 70 年代以来出现的以批判法学为发端的，包括女性主义法学、种族主义法学和法律与文学等在内的，以西方自由主义法学传统为抨击对象的法学思潮的出现，是否和现代法哲学划清了界限，甚至可以干脆称为“后现代法学”，我国不同学者则存在相反的观点。一派观点认为，激进女权主义法学、法律与文学运动、批判种族主义法学否定了现代法学的认识论基础，动摇了现代法学所安身立命的基础和原则，打破了西方法律的神话，这些神话包括：理性的个人是社会活动的主体；规则是客观而且对任何人都是平等的；为了保证规则的

① ［德］阿图尔·考夫曼、温弗里德·哈斯默尔主编：《当代法哲学和法律理论导论》，郑永流译，法律出版社 2002 年版，第 108 ~ 110 页。

② 参见张乃根：《西方法哲学史纲》，中国政法大学出版社 1993 年版，第 156 ~ 159、第 331 ~ 333 页。

实施，严格的法律推理和符合法律初始含义的法律解释不仅仅在技术上，而且在制度上保证法律精神的实现。总之，后现代法学已经成为当前西方法律学术界的一个强大学派，后现代法学的理论时代已经到来。① 另一派观点则相反，认为现在一些被标榜为后现代法学的学术流派，包括批判法学、法律与文学、女权主义和批判种族主义等，很难称得上后现代，因为不仅其内部差别很大，而且它们与先前的法学流派差别就理论思路而言并不那么大。批判法学当然是受到了后现代思潮的某些影响，但是其主要来源仍然是现代主义、理性主义。“在一定程度上，后现代法学还只是一个发展和塑造中的理论，它尚不具备全面取代西方现代法学的能量和规模。后现代法学的‘反叛’是以对现代法学的论战为界限的，因此它与现代法学是建立在共同的经济基础之上的，它的成就主要在于对现代法学理论的调整和补充。”② 事实上“post - modern”在本意或狭义上是指“相对于近代”或在“近代以后”的历史空间；而广义上讲，它还可以包括“现代”的历史空间。笔者认为，后现代法学本身缺乏构建性内容，更多是对近现代自由主义法学传统的解构，其内部观点的巨大差异并不奇怪。但可以肯定的是，后现代法学是对现代法学的反动，它实际表现为对“modern”（“近代”）的转折甚至批判，其理论挑战和范式转换也是针对现代法学而言的。因此，笔者赞同用“后现代法学”的称谓来与近现代法哲学相区别。但由于法律自身稳定性的社会需要，后现代主义对法学的影响能走多远，仍有待考察。也正因为如此，本文将后现代法学放在现代法学的范围内进行讨论，并作为近现代法学的一次重要转型予以关注。

遗憾的是，在西方近现代法哲学的转型过程中，马克思对形而上学法哲学的批判和其关于法的社会存在的完整理论表述，具体来讲，就是马克思关于法的社会存在理论对近现代法哲学的颠覆性及对后现代法哲学的直接影响作用，一直受遮蔽。西方学者的法哲学论著中，或是把马克思的法学理论当作经济的—社会学的法学观③，

① 参见信春鹰：《后现代法学：为法治探索未来》，载朱景文主编：《对西方法律传统的挑战——美国批判法律研究运动》，中国检察出版社 1996 年版，第 20 ~ 40 页。

② 陈根发：《后现代法学的特征》，载《环球法律评论》2008 年第 5 期。

③ 参见［德］H. 科殷：《法哲学》“第一章 法哲学的主要学说”，林荣远译，华夏出版社 2002 年版。

或是认同为历史法学与进化论法学①，以至当上世纪末社会主义事业遭遇到挫折的时候，西方法学家发出这样的感慨："行将逝去的20世纪也带来了谁也没有预料到的马克思、恩格斯、列宁和斯大林哲学近乎完全的崩溃，以至人们对克伦纳提出的'马克思主义法律理论留下了什么？'之问，只能以确实没有来回答。"②

马克思法哲学思想对近现代法哲学的颠覆性及对当代的影响作用之所以被忽视，有几方面的原因：一是对马克思主义哲学当代性的不同认识与判断。马克思的法哲学思想是其整个哲学思想的一部分，对马克思法哲学思想的认识与评价不能脱离其整个哲学思想体系，而其中最关键的就是对马克思主义哲学性质的认识。长期以来，受传统思想的影响，我们一直强调马克思主义哲学是从属于近代西方哲学的，把它与当代西方哲学放在对立的状态中。这样一来，马克思的法哲学思想就被简单化，仅仅被看做是对黑格尔法哲学的批判，而没有看到马克思对黑格尔法哲学的批判，实质上是对自柏拉图以来西方形而上学法哲学的总体批判。更没有看到马克思对形而上学法哲学根基的揭示，不仅是对近代法哲学，同时也是对现代法哲学合法性神秘面纱的彻底戳穿，其当代意义直指后现代法哲学。二是对"什么是法哲学"的不同认识。在19世纪中后期以前，法哲学被认识是哲学的一个分支，19世纪以后，法学逐渐与哲学和政治学脱离，成为一门独立的学科，它主要研究法律的内部问题，"法哲学"和"法理学"二者时常被通用。因此，"法理学是法律的（of law）一般理论或关于法律的（about law）一般理论组成的。用这样两个命题，人们就可以大体上指出两类法律理论和分析：法律的内在方面（internal）和法律的外在方面（external）"③。显然，马克思的法哲学思想是关于法的外在理论，与形而上学的法哲学传统不同的是，它不是从法律与道德的关系中去寻找法律应该是什么，而是在法的现实基础上去考察法的本质。遗憾的是，受19世纪兴起的科学主义思想的影响，人们或是把马克思主义法哲学排除在法哲学范

① 参见［美］E.博登海默：《法理学——法律哲学与法律方法》第五章"历史法学与进化论法学"，邓正来译，中国政法大学出版社1999年版。

② ［德］阿图尔·考夫曼、温弗里德·哈斯默尔主编：《当代法哲学和法律理论导论》，郑永流译，法律出版社2002年版，第105~106页。

③ 帕特森：《法理学》，美国Foundation Press公司1953年版，第2页，转引自沈宗灵：《现代西方法理学》，北京大学出版社1992年版，第3页。

围外，或是和社会法学或进化论法学混同，从而掩盖了马克思法哲学的历史地位和作用。三是社会历史原因。近现代法哲学的发展是和资本主义的产生和发展紧密联系在一起的。古典自然法实际上起到了资本主义思想启蒙和资产阶级革命“前奏曲”的作用，而在18世纪末19世纪初资产阶级革命之后出现的实证主义法学，则满足了新兴的资产阶级对法自身的科学性追求，它同时也受到了产业革命以来科学主义的影响。同时，新兴的资本主义社会在经济生活方面的复杂性远远超过了实证主义者的想象，各种社会矛盾的出现，迫切需要从法之外来寻求解决矛盾的办法，法社会学应运而生。在这一发展过程中，即在资本主义还处于成长时期时，马克思主义法哲学思想被遗忘便成了自然而然的事情。只有当资本主义危机再度整体出现的时候，马克思主义法哲学的意义才又再度凸现出来。

马克思主义法哲学当代意义的显现无疑具有十分重要的意义：第一，它对西方资本主义产生以来自由主义法学传统的合法性进行了彻底的解构，揭示了其虚伪性。自由主义的法学传统将法视为自治和自足的封闭体系，并将法的合法性归结为人自身的理性，一旦违反了法律的规定，就被看做是非理性、非正义。马克思从法的现实基础出发，戳穿了所谓理性的法的虚假性。第二，它从根本上改变了法哲学发展的阶级基础，克服了阶级局限性和片面性。由于马克思是站在人类社会或共产主义社会的高度来揭示法的本质和发展，才有可能彻底揭穿资本主义自由主义法学的阶级基础，并预言了法的发展命运。正是在这一点上，马克思主义的法哲学和后现代主义法学存在本质的差别。尽管后现代主义法学矛头也指向当代资本主义自由主义法学传统，但它们的批判实际上都没有超出资本主义制度许可的范围，更没有触动资本主义法的根基，因此不可能真正担负起法的使命。第三，它彻底打破了法哲学体系的封闭性，实现了法哲学向生活世界的转向。资本主义自由主义法学传统的基本特征之一就是将法看做是自治的、自足的封闭系统，马克思的法哲学批判彻底打破了法哲学体系的封闭性，所谓法的自治性、自足性只是资产阶级骗人的谎话，其实质是掩盖法的本质，为资本主义统治披上合法化的外衣。更重要的是，马克思透过资本主义法的现象，看到了在资本主义法律制度下人被异化的实质。因此，要实现人的自由和解放，必须面向生活世界，走向法的扬弃之路，因为自我异化的扬弃同自我异化走的是同一条道路。

三、各章主要观点

第一章：近现代法哲学的转型是以近代唯理的法哲学为理论背景的。近代唯理的法哲学包括古典自然法哲学和德国古典法哲学。古典自然法哲学是整个近代资产阶级革命时期各种自然法哲学的总称，这些自然法哲学并没有形式上的所谓共同宣言，理论内部也存在针锋相对的观念，但它们也存在共同的特点，即都创立了包含自然状态、自然权利、自然法和社会契约在内的所谓自然法理论，并从自然法理论的角度论证资产阶级革命的必要性及结果的形式。而德国古典法哲学秉承了古典自然法哲学的理性主义精神，并将其推向极致。如同德国先验唯心主义代表着西方哲学唯心主义思潮发展的顶峰一样，以康德、黑格尔为代表的德国古典法哲学也使近代唯理的法哲学思想达到了顶峰。

第二章：古典自然法最突出的特征是形而上学的、二元论的理性主义，德国古典法哲学秉承了古典自然法的理性主义精神，是以哲学语言表达的自然法思想。这种脱离历史和经验的形而上学特征受到了广泛的质疑，由此引发了近现代法哲学的第一次转型。受实证科学的影响，实证主义法学逐渐处于主导地位。法律实证主义反对形而上学的思辨方式和寻求终极原理的做法，反对法理学家试图辨识和阐释超越现行法律制度之经验现实的法律观的任何企图。法律实证主义试图将价值考虑排除在法理学科学研究的范围之外，并把法理学的任务限定在分析和剖析实在法律制度的范围之内。实证主义法学分为两种：一种是分析实证主义法学，它强调以研究实在法律规则为依据，法学的任务是分析实在法；另一种是社会实证主义法学，它强调法律规则以外的其他社会因素。二战以后，尽管出现了所谓自然法的复兴，但自然法的复兴不是简单的古典自然法的重复，它首先是作为对分析实证主义法学的反动，对二战纳粹法律的反思而出现，它注重法律自身的价值，注重法律之外的因素，同时也在先验和经验、内容和形式、实体和程序之间进行平衡和妥协。总之，西方法哲学的这次近现代转型，否认了形而上学法哲学所追求的最高原则和终极价值，反对脱离现实经验的思辨理性主义，主张道德价值和正义的相对性，拒斥绝对主义。西方法哲学的这次近现代转型，是同西方哲学的发展紧密联系在一起的，表现为实证主义、非理性主义和新康德主义对法哲学的全面影响和渗透。

第三章：20世纪70年代后兴起的批判法学运动和后现代主义法学将矛头直接指向古典自然法以来的自由主义法学传统，引发了近现代法哲学的第二次转型。在批判法学看来，古典自然法以来的自由主义法学都是从不同侧面为当代资本主义制度辩护，或者为改革和完善资本主义制度出谋划策。批判法学因而否定法律反映理性，否定法的独立性、确定性和统一性。随着后现代主义哲学的兴起，后现代哲学思维和方法进入法学，直接挑战了在西方社会统治了几百年的法律信念，动摇了现代法学所安身立命的基础和原则，打破了西方法律的神话。这些理论挑战包括：主体理性的迷失；自由意志是否可能；法律主体是否可以认识法律客体；主体—客体二元模式之开放性；法律人格人形象之重新确立等。后现代法学和现代法学相比，在研究范式上主要发生了以下重要改变：从一元定性模式转向多元视角主义；解构法律的本质，消解法律的至上性、自治性和一致性；走出法律的帝国，面向生活本身等。

第四章：建立在马克思主义哲学的当代性及存在论根基上的关于法的社会存在理论，是分析近现代法哲学转型的基本落脚点。马克思关于法的社会存在理论主要包括：法属于社会意识的范畴，是社会意识的一种特定表现形式，它反映社会存在，并且受到社会存在的制约；在阶级社会中，作为社会意识表现形式之一的法，实际上体现了一定阶级的意志或法权要求；"生产方式"和"交往形式"即"市民社会"，是法的现实基础，当共产主义革命作为对市民社会之生产力与交往形式之间的矛盾的扬弃，作为对私有制的扬弃时，必然使在此基础上发展起来的国家和法的观念走向消亡。马克思关于法的社会存在理论对于整个近现代法哲学具有颠覆性作用，近现代法权体系的基础即私有制和整个市民社会，并不是确定无疑的、不可批判的。相反，它们是在历史中形成的，它们只具有历史的暂时性和部分的进步意义，因而必须接受人类未来历史的批判且必然遭到"人类社会"的否定。近现代法哲学均从私有财产和市民社会的既定前提出发，无批判地对待这种前提，因而，马克思对近代法哲学的批判，实际上也是对现代法哲学的批判。批判法学受西方马克思主义的影响，主张对法进行意识形态的批判。后现代主义法学是批判法学主题的延续，是对资本主义法律制度的继续批判，在这里，后现代主义法学和马克思主义不期而遇。和后现代法学主张解构法律的本质，消解法律的至上性、自治性和一致性的观点不同，建立在社会存在论基础上的马克思对现代法权的批判和法的本质的揭示，在否定之中又包含着肯定。马克思站在人类社会或共产主义社会的高度揭示法的本质和发展，建立在私有制及其基础之上的现代法权因此成为批判对象。共产主义作为对现代市民社会生产力与生产关系的矛盾的扬弃，必然使建立在此基础上发展起来的“自由”、“平等”、“人权”等现代法权体系走向消亡。马克思的这种批判，不是对资本主义社会知识状况的一种解构，而是对资本主义社会建立的经济基础的彻底颠覆，它提示我们，对现代法权的批判，不能抽象地批判，也不能空洞地说教，而应从法之建立的现实基础进行考察。

马克思社会存在论的当代法哲学意义在于诠释和对话，这既是由马克思哲学的当代性所决定的，也是由法哲学的自身发展和法律的自身性质所决定的。马克思主义哲学的当代性和存在论根基，决定了当代法哲学意义就在于诠释和对话。同时，法哲学的诠释学取向，也是应对法哲学的科学取向局限性的产物。而法律的自身性质也决定了法律诠释的必要性。法哲学的诠释学转向，对法律的客观性和确定性是一个严峻的挑战，但同时也说明了对话的重要性。在法律诠释学看来，完全相同的法律理解也是不可能的。唯一可能的是通过对话，促成尽可能相同的理解，这是一种姿态或努力方向。

第五章：马克思社会存在论对近现代法哲学转型的分析，为中国法制建设提供重要启示——法制建设离不开现实的社会基础，任何脱离现实生活的法的形而上学建立都是徒劳的。与西方不同，古代中国社会经济的一个显著的特征就是“亚细亚生产方式”的存在，这决定了在东方社会产生不了西方近现代意义上的法律。中国法律近现代转型的过程，实际上就是西方法律在中国的全面移植过程，但法律的移植不能给中国带来法制的现代化。市民社会的建立是法制现代化的基础，市场经济的建立为此提供了强大的支持。从法律诠释的角度看，法律的生命在于诠释、理解和应用。以中国刑法学为例，刑法诠释是沟通刑法学内在知识体系和外部生活的唯一桥梁。

第一章

近代唯理的法哲学

——近现代法哲学转型的理论背景

JINDAI WEILI DE FAZHEXUE

第一节　古典自然法学

自然法的思想可以追溯到人类生活的早期，法在神话中获得存在的根基。但这不能满足处于边缘状态中的人类追问人之存在意义的需要，从神话转向寻求人类生活的逻各斯，寻求存在的根据与意义是自然而然的事情。前苏格拉底时期人们奉行二元对立的思维模式，强调人法受哺于神法。而智者学派则从宇宙主义转向人本主义，从客观思维转向主观思维，强调人的差异，奉行价值相对主义。苏格拉底力图走出智者学派的主观主义和相对主义，迈向客观真理。他尊合法律性为一种公正，服从法律不容商讨，哪怕这是恶法，他用自己的生命实践了自己的法律观。柏拉图一如其师探求客观真理，但他不是在人自身，而是在一切先在绝对理念的世俗现象中发现它。柏拉图的理念世界自然也包括法的理念，法的理念是法永存不变的真实存在，以及与此相关的完善的、不变的知识的对象。受苏格拉底审判不公的影响，柏拉图不相信法律，他寄希望于在理念中构筑的自然法。亚里士多德完善了理念法学的构筑，区分开自然法和实在法，即城邦的法分为自然的和约定的。自然的法到处有着相同的有效性，不取决于对人来说是好还是坏。约定的法则指其内容原初是偶然的，但一旦由制定法律所确认，便有着确定的内容。[①] 亚里士多德的正义学说进一步丰富了其自然法学的思想。斯多亚派丰富了自然法的思想，哲学思想走入世界理性时代，自然法及于一切人，“真正的法律是与本性（nature）相合的正确的理性；它是普遍适用的、不变的和永恒的”[②]。斯多亚派思想将希腊哲学与罗马法学有机结合在一起，体现在罗马的万民法和《民法大全》中。

中世纪的法哲学继承了自然法的思想，赋予自然法以新的含义。奥古斯丁区分了永恒法、自然法和世俗法。永恒法体现的是上帝的理念，是自然之光；自然法是永恒的上帝律法在人的意识中复现；而世俗法是最下位的法，规定人们应该做什么，不应该做什么，但

---

① 参见亚里士多德：《尼各马可伦理学》，廖申白译，商务印书馆2003年版，第149页。

② 西塞罗：《国家篇　法律篇》，苏力、沈叔平译，商务印书馆1999年版，第104页。

必须体现永恒法。托马斯·阿奎那延续了永恒法、自然法和世俗法的划分，自然法是理性生物理智的那一部分，理性生物依傍着世俗法，一方面，自然法为永恒法的一部分，另一方面，它又是人的理性自然判断力的结果。由于人的理智不能总是全面合适地把握真理，自然法须借助人定法来确定什么是正当和有效的。

随着文艺复兴和宗教改革的深入，随着资本主义的兴起，理性主义作为一种思想武器得以长足发展。到17世纪、18世纪，宣传人类理性和自然法的运动到了顶峰。近代的自然法完全沉浸在唯理论的科学理解中。理性赋予人以自然律法，不存在所谓的逻各斯，自在存在的观念、永恒法，没有经院哲学中所谓的预设真理，人完全是受自身的认识能力引导的，不再是由权威和传统来决定什么是正确的法。相反，仅涉及什么是合乎理性的。这种理性运动在法律思想领域中的直接体现，就是“古典自然法学”。之所以称为“自然法学”，是因为人们认为自然法是一种高于并指导政治社会的国家和法律的人类理性。称为“古典”，是因为其理论非常完善，可以视为一种经典学说。

“古典自然法学”是整个近代资产阶级革命时期各种自然法哲学的总称，这些自然法哲学并没有形式上的所谓共同宣言，理论内部也存在针锋相对的观念，但它们也存在共同的特点，即都创立了包含自然状态、自然权利、自然法和社会契约在内的所谓自然法理论，并从自然法理论的角度论证资产阶级革命的必要性及结果的形式。

一、自然状态和自然权利

古典自然法学的各类代表人物普遍认为，在人类进入文明社会之前，人类生活在一种自然状态之中。在自然状态下，没有国家、政府和法律。自然状态是人类社会的早期状态。人们享有普遍的自然权利。这种权利是与生俱来的，也是不可剥夺的，后人称之为“天赋人权”。

在古典自然法学关于人类自然状态的描绘和论证中，霍布斯的理论可算最为详尽和深入。首先，在霍布斯看来，人是生而平等的、自由的，因此，人类自然状态就是完全平等、绝对自由的状态，或者说就是享有充分的自然权利的状态。“自然使人在身心两方面的能力都十分相等。"① 从每一个人都满意于他所得的一份的现象看来，世界上再没有比这种现象更足以表示才智的平等分配了。人人都有同等的篡夺财产的能力，都有单独地或联合地攻击另一个人的能力。另一方面，人人也可随时毫无限制地把这种能力付诸实践，实现绝对的自由。其次，在霍布斯的人性假说中，认为人天生是恶的，是不断发生争执的。"在人类的天性中我们便发现：有三种造成争斗的主要原因存在。第一是竞争，第二是猜疑，第三是荣誉。"② 人与人的关系是一种"狼与狼"的关系。霍布斯的结论是，人的自然状态就是彼此处于"战争状态"。霍布斯认为，我们不应当谴责人类的本性。人类的欲求、情感和行动，都不是罪恶。由这些情感而来的行动，不到法律禁止这些行为时，也不是罪恶。对在这种人人互相为敌的战争中，没有什么是不公道的。是和非、公道和不公道的概念，在这里没有存在的余地。因为，当时没有公共的权力，没有法律，自然也就没有公道。虽然自然状态下的人是平等的、绝对自由的，享有一切权利，没有私有财产、没有统治，没有国家和法律，但并不是理想的境界。相反，霍布斯认为，在这种状态下，是没有发展工业的余地的。最可怕的是，人们都生活在不断的恐惧中，都有暴死的危险，而人类的生命是孤独的、贫困的、龌龊的、凶残的、短促的。因此，人最基本的权利是生命和安全。

洛克认为，自然状态是相对于国家或者政治社会而言的。人类的自然状态是一种自由的状态和平等的状态。所谓"自由"是指人们在自然法的范围内，能按自己认为合适的办法，决定自己的行动和处理自己的财产和人身，而无须得到任何人的许可或听命于任何人的意志。所谓"平等"，是指一切权力和管辖权都是相互的，没有一个人享有高于另一个人的权力。他们毫无差别地享有自然界的一切条件和运用自己的身心能力，不存在从属和受制的关系。③ 在自然状态下，人们普遍地享有自然权利，这些权利是与生俱来的，即所谓的"天赋人权"。这些权利包括生命权、自由权和财产权。生命

---

① 霍布斯：《利维坦》，黎思复、黎廷弼译，商务印书馆 1985 年版，第 92 页。

② 霍布斯：《利维坦》，黎思复、黎廷弼译，商务印书馆 1985 年版，第 94 页。

③ 参见洛克：《政府论》（下篇），瞿菊农、叶启芳译，商务印书馆 1964 年版，第 5 页。

权，就是保全每个人的生命，这是最基本的权利；自由权，是指人们享有自然的自由，除自然法以外，不受其他任何法律的支配和约束；财产权，是指人们经过自己的劳动得来的东西，是人们生存的主要依据。在洛克看来，这些权利是造物主给予的，是与生俱来的，是任何人在任何情况下都不可侵犯的，即使进入政治社会以后，人们仍然保有这些权利。① 另外，自然权利还包括做人们认为适合的任何事情的权利以及惩罚违反自然法的行为的权利。②

自然状态下的人们是自由的和平等的，享有天赋的自然权利，但和政治社会相比，还存在以下缺陷：一是在自然状态下，缺少一种明文规定的、众所周知的法律，即缺少共同的同意所接受下来的是非标准及裁决它们之间纠纷的尺度；二是在自然状态下，缺少一个有权依照既定的法律来裁决一切争执的知名的和公正的裁决者；三是在自然状态下，往往缺少权力来支持正确的判决，使其得到应有的执行。③ 因为是不完善的，所以必须脱离自然状态，建立政治社会，由此引申出社会契约论。

卢梭认为，自然状态下的人非善非恶，无过失无德行，人类的智力尚未开化，没有可以供他们加以运用和滥用的才能。没有知识，自然也就没有法律，进而也就没有区分行善和作恶的准则。人本能的怜悯心和爱心抑制了人自私自利之心的发展，没有人愿意违抗这怜悯心和相爱心的管理，它们起着现代法律、风俗和道德的作用。④ 那时，社会不存在不平等，就是体力和智力方面的“天生的”或“自然的”不平等也是微乎其微的。在这种情况下，所有人都不受任何束缚，强者自然也无从行使权力。正是从没有不平等这个角度看，卢梭称“自然状态”是人类的“黄金时代”。卢梭把“自然状态”理想化了，认为自然的东西是好的，而文明是人为的造作，破坏了自然的本性。人的本性是好的，只是被文明制度弄坏了。因而他认为自然人是幸福的，主张回到自然去。

---

① 参见洛克：《政府论》（下篇），瞿菊农、叶启芳译，商务印书馆 1964 年版，第 3、4、5 章。

② 参见洛克：《政府论》（下篇），瞿菊农、叶启芳译，商务印书馆 1964 年版，第 6 页。

③ 参见洛克：《政府论》（下篇），瞿菊农、叶启芳译，商务印书馆 1964 年版，第 77～78 页。

④ 参见卢梭：《论人类不平等的起源和基础》，李常山译，商务印书馆 1962 年版，第 103 页。

二、自然法

在自然状态下，人们没有国家和法律，但他们普遍遵循着一定的法则，这就是自然法。从本质上讲，自然法就是人类的理性，是人区别于动物的本质。人能思考，能通过自己的思考来决定自己的行为方式。自然法是一种法，它构成指导人类行为的一种准则。

格老秀斯是近代最早论述自然法思想的人。他把自然法定义为"是正当的理性命令，是断定行为善恶的标准"。他认为："根据特定行为是否和理性的本性相一致，而断定这种行为是道德上的恶，还是道德上的善，并从而指示该行为是为创造自然的神所禁止或者所命令"，"很少有什么法律是一民族所共同的。如果有，那就是自然法。因为自然法本身一般称为民族间的法律"。[①] 首先，自然法是一种标准，用于衡量和判断是非、善恶、公道和不公道。其次，人类理性是自然法的渊源，自然法是人类理性的体现。自然法指明，任何与人的理性和本性相一致的行为就是道义上的公正行为，反之就是道义上的罪恶行为。再次，自然法是永久的和绝对的。最后，自然法是最基本的、起决定作用的法，人为法来源于自然法。格老秀斯还从自然法的基本公理出发，推导出五条基本原则作为自然法整体系统的基本内容：第一，不得触及他人的财产；第二，把不属于自己的东西和由此产生的收益归还原主；第三，应当赔偿由于自己的过错所引起的损失；第四，应当履行自己的诺言，执行契约，承担义务；第五，违法犯罪者应当受到惩罚。

霍布斯的自然法理论是典型的理性主义自然法的理论。他认为"自然律是理性所发现的戒条或一般法则。这种戒条或一般法则禁止人们去做损毁自己生命或剥夺保全自己生命的手段的事情，并禁止人们不去做自己认为最有利于生命保全的事情"[②]。霍布斯列举了19条自然法条款，其中前三条最为重要。第一项条款是寻求和平，也是首要的、基本的自然法条款。人们不仅要寻求和平，而且要保持和平，以达到自保。第二项条款是所谓的自然法的核心条款——"己所不欲，勿施于人"。据此，人们要放弃自己的某些自然权利。权利的放弃和转让，导致义务。权利和义务是相对而言的。而且并

---

① 格老秀斯：《战争与和平法》，牛津大学出版社1925年版，第1、10章。

② 霍布斯：《利维坦》，黎思复、黎廷弼译，商务印书馆1985年版，第97页。

非所的权利都可以转让，如生命权是不可转让的。第三项条款是人们必须恪守自己签订的契约，否则契约就毫无意义，人类将退回到战争状态中。契约是正义的基础与起源，正义就是恪守有效的契约。在自然状态下，人们尚未发现自然法规则时，没有相互转让自然权利，没有契约行为，因而也谈不上正义和非正义。只有当人们根据理性发现了上述第一、二项条款后，为了自身安全，自愿相互转让一定的权利，缔结了契约，才有了正义可言。霍布斯将正义和强制力联系在一起，并推导出国家存在的必要性。

孟德斯鸠认为，自然法就是为理性所反映的、先于理性而存在的规律。自然法之所以称为自然法，是因为它们完全从我们的身躯和存在中吸取力量。孟德斯鸠认为，人类具有双重性，既是"物理的存在物"，又是"理智的存在物"。作为前者，人具有制定实在法这一最高级优点。制定法是人类进入社会后才有的东西，是人类理性的产物。因此，按照孟德斯鸠的观点，自然状态中的自然法不是源于人类理性，而是源于人类的自然本性。自然法包括这样几条原则：一是和平。自然状态下人们都是自卑的，几乎没有互相攻击的现象，所以首要的是和平。二是因为人类感觉到软弱，又感觉到需要，所以促使人类去寻找食物。三是人类之间的相互亲近产生了自然的相互爱慕。四是随着人类之间相互交往的增多，希望过社会生活——人类最新的和最重要的认识，因此才有社会。① 自然法是永恒的，不论是在自然状态下还是在社会状态下，只要人类存在，这种自然关系便不会消失，自然法亦将不断地发挥调节作用。

三、社会契约

自然状态下人类缺乏安全感和稳定感，这决定了人类必定要从自然状态过渡到文明社会。在从自然状态过渡到文明社会的过程中，社会契约起了决定性的作用。人类通过社会契约的方式，从野蛮的自然状态进入社会状态，他们放弃自然状态下的全部或部分自然权利，把这些自然权利交给一个人或一个集体。主权来源于每个人的自然权利，这个人或这个集体是主权的掌握者。国家或政治体由此产生，人类开始生活在有国家和法律的社会之中。但在自然权利放

① 参见孟德斯鸠：《论法的精神》（上），张雁深译，商务印书馆1961年版，第4～5页。

弃的程度、政体建立的方式和民主的程度上，启蒙的思想家们存在一定的分歧。

格老秀斯是近代社会契约论的倡导者，他认为国家起源于人类的契约，而非上帝的创制。在他看来，在文明社会出现以前，人类历史上存在一种自然状态，人类在自然秩序下得不到安全保障，经常受到异族或其他动物的侵袭，人们在理性的启示下，认识到联合的好处，于是就联合起来，建立了有组织的社会。每个人放弃自己所享有的自然权利，交给少数人或某个人，使之管理全社会的事务，这样就用契约的方式建立了国家，用法律和强制力保护全社会的利益。“国家是一群自由人为着享受公共的权利和利益而结合起来的完善的团体”。[①] 人们建立国家的目的在于谋求公正，国家的根本任务就是维护公共安全。格老秀斯主张布丹的君主主权论，主权是国家的最高统治权，这种权力是至高无上的。有这种权力的人，其行为不受他人权力的限制，其意志不能被他人的意志所取代。同时，这种权力是独立的，不受其他法律或个人的干涉。这种权力只能由君主来掌握，以避免发生滥用权力的现象，以致破坏良好的社会秩序，使社会和国家无法存在下去。

霍布斯认为，在自然状态下，没有土地的开辟、航业的发展和应用、文化艺术的繁荣等。人类的生命是短促的、生活是贫困的、关系是凶残的，没有公道和非公道可言。人类理性驱使和过和平生活的欲望，使得人们要求摆脱这种战争状态，过安定和平的生活，于是人们的理智便要求建立公共权力。而建立这种公共权力的唯一方法，就是人们相互约定，把他们所有的权利与力量交付给一个人或者一些人组成的会议，由这个人或者会议代表他们的意志，行使公共权力。“把大家所有的权力和力量付托给某一个人或一个能通过多数意见把大家的意志化为一个意志的多人组成的集体……我承认这个人或这个集体，并放弃我管理自己的权利，把它授予这个人或这个集体，但条件是你也把自己的权利拿出来授予他，并以同样的方式承认他的一切行为。这一点办到之后，像这样统一在一个人格之中的一群人就称为国家，在拉丁文中称为城邦。这就是伟大的利维坦的诞生。”[②] 霍布斯进一步认为，君主专制政体是最好的国家制

① 格老秀斯：《战争与和平法》，牛津大学出版社 1925 年版，第 1、14 章。

② 霍布斯：《利维坦》，黎思复、黎廷弼译，商务印书馆 1985 年版，第 132 页。

度，主张把国家统治权交给一个人，具体讲就是君主，并授予君主无限的权利。他甚至公然宣称，不放弃自己的统治权就是统治者固有的权利，臣民没有得到统治者的允许，不得另定新约，更不得放弃君主而回到自然状态。

洛克认为，人类最初建立的政治社会必须通过契约的方式，因为“任何人放弃其自然自由并受制于公民社会的种种限制的唯一方法，是同其他人协议联合成为一个共同体，以谋求他们彼此间的舒适、安全和和平的生活，以便安稳地享受他们的财产并且有更大的保障来防止共同体以外任何人的侵犯”①。人生来是自由的、平等的，要使任何一个人服从另一个人的政治权力，需要得到他本人的同意，而这种同意必须由契约表现出来。社会契约的性质是什么？首先是社会大多数人的合意。他指出，脱离自然状态，谋求一个共同的权威机构，以确保人们舒适、安全、和平生活的唯一办法是社会大多数人合意组成一个共同体或政府，建立国家。一旦经过社会大多数人合意组成政府之后，社会中其他人必须服从大多数人的意愿。因为任何共同体既然只能根据它的各个个人的同意而行动，而作为一个整体，它又必须行动一致，这就有必要使整体的行动以较大的力量的意向为指导。这个较大的力量就是大多数人的同意。由大多数人合意缔约产生的政府必须像一个人那样根据大多数人的意愿行动，少数人服从大多数人。洛克强调，人们在订立契约时，只有把一部分权利交给社会，社会或立法机关行使自己的权力，必须为人民谋求福利和保护其生命、自由和财产。否则，就超出了公众福利的需求，人民就有权进行反抗，废除原来契约的权利。反抗也是人民的一项自然权利。洛克把政府分为民主制、寡头制、君主制和混合政体四种形式，其理想是君主立宪制，属于民主政体类型。

卢梭认为，社会契约论的首要任务是研究人类怎样由自然状态过渡到政治状态。在自然状态下，人们是平等的，但是人类在不断地发展和自我完善。从孤独的人逐渐发展到社会的人，人的理性萌发、发展、完善，社会生产力的提高、石器的发明便是社会生产力的第一次变革。它促进了家庭的形成和分化，从而导致私有制的产生。私有制既是人类进步的产物，又是万恶之源。它必然引起人类

① 洛克：《政府论》（下篇），瞿菊农、叶启芳译，商务印书馆 1964 年版，第 59 页。

的不平等、贫富两极分化。富人为了保障自己的利益，建立了一系列的制度，设置了各种官员，从而形成了社会上的强弱之分。当官吏的权力变成了专制的权力时，人类的不平等达到了顶点，出现了主奴之分。贫穷、弱小、受奴役的人们已不能自保。为了达到新的平等，人们需要寻找结合的形式，即缔结社会契约，建立平等、自由、博爱的社会。

社会契约的实质是“公意”(general will)。公意是卢梭思想中的重要概念。一旦人们同意缔结社会契约便形成了一种公意。公意具有双重性。为了使社会契约不成为一纸空文，必须规定任何人不得违反公意，而服从公意就是服从自己的意志，因为自己是公众的一员。“我们每个人都以其自身及其全部的力量共同置于公意的最高指导之下，并且我们在共同中接纳每一个成员作为全体之不可分割的一部分。”① 总之，每一个人在同公众缔约时又在同自己缔约，人人既是主权者又是被统治者，服从公意就是服从自己的意志。人类因缔结社会契约所丧失的，只是他原来天然的自由，得到的是真正的自由；人们在缔约时虽然转让了自己的财产，实际上是通过国家保护自己对财产的合法所有权；社会契约以道德和法律的平等代替了自然的平等，消除了充满强者的暴力和弱者的受压迫这种社会的极端不平等现象，从而达到了理想的社会境界。

卢梭社会契约论的核心思想是主权在民。社会契约本质上是一种公意，公意产生主权。主权是不可转让的，因为其是公意的应用，是国家的灵魂和集体的生命。“权力可以转移，但是意志却不可以转移。”② 由于公意是不可分割的，因此主权作为一个整体也是不可分割的。主权一旦分割成若干部分，便不复存在。卢梭用主权不可分割的原则反对洛克和孟德斯鸠的分权理论。他认为分权学说的错误在于把主权的表现当作主权的构成部分。他说分权学说类似于一个日本的巫术师，他把一个孩子肢解抛上天空以后，还可以指望从天上掉下一个活生生的孩子。③ 主权的不可转让和不可分割性意味着主权完全掌握在作为单一整体的人民手中，即主权在民。

古典自然法学的理论实际上成为西方资本主义国家和法律得以建立的理论基础，在实践中，古典自然法学发挥了重大的历史作用。

---

① 卢梭:《社会契约论》，何兆武译，商务印书馆1980年版，第24~25页。

② 卢梭:《社会契约论》，何兆武译，商务印书馆1980年版，第35页。

③ 参见卢梭:《社会契约论》，何兆武译，商务印书馆1980年版，第37页。

人权原则是近代资产阶级革命之后确立的一项重要的宪法原则，它的确立充分体现了古典自然法学的思想。法国1789年《人权宣言》第一条："人们生来是而且始终是自由平等的。"第二条："任何政治结合的目的都在于保存人的自然和不可动摇的权利。这些权利就是自由、财产、安全和反抗压迫。"第三条："整个主权的本原主要是寄托于国民。"第四条："自由就是指有权从事一切无害于他人的行为。因此，各人的自然权利的行使，只以保证社会上其他成员能享有同样权利为限制。此等限制仅得由法律规定之。"第六条："法律是公共意志的表现……在法律面前，所有的公民都是平等的。"美国1776年《独立宣言》明确宣告："人人生而平等，他们都从他们的造物主那里被赋予了某些不可转让的权利，其中包括生命权、自由权和追求幸福的权利。为了保障这些权利，所以在人们中间成立政府。而政府的正当权利，则系得自被统治者的同意。如果遇有任何一种形式的政府变成损害这些目的的，那么，人民就有权利来改变它或废除它，以建立新的政府……当一个政府恶贯满盈、倒行逆施……企图把人民压抑在绝对专制主义的淫威之下时，人民就有这种权利，人民就有这种义务，来推翻那样的政府，而为他们未来的安全设立新的保障……"这些具体的规定无不烙着古典自然法学的印迹，尤其是卢梭和洛克的思想，其中法国的《人权宣言》深深刻着卢梭的思想，美国的《独立宣言》则源于洛克的自由主义。

社会契约的思想是古典自然法学的重要思想内容之一，资产阶级革命成功以后，把它变成了宪政制度的理论基石。英国资产阶级革命爆发以后，国会制定的《人民公约》规定了公民的若干基本权利，宣布："这些东西都是我们（人民）固有的权利，因此，我们同意并决定尽我们最大的可能去反对一切的阻碍，以维护这些权利……"美国宪法的序言完全是采用社会契约式的用语："我们，合众国的人民……为美利坚合众国制定和确立这一部宪法。"这些规定都充分体现了社会契约论，尤其是洛克的社会契约论思想。

此外，主权在民、分权和法治等这些在古典自然法学中十分重要的思想，都在资本主义国家宪法性文件中得以体现，成为西方国家宪政制度的理论基石。

除此之外，古典自然法学还直接推动了立法。在德国，带有浓厚古典自然法学理论特色的普芬道夫和沃尔夫，直接成为普鲁士近代法律的制定者。体现沃尔夫思想的《普鲁士腓特列大帝法典》是西方18世纪开始的广泛立法运动的起点。这个时期的立法运动的最高成就是《拿破仑法典》，这部近代私法的经典，充分体现了古典自然法的思想。随着《拿破仑法典》的影响扩大到法国之外，1811年的奥地利民法典、1896年的德国民法典和1907年的瑞士民法典，都在不同程度上受到了《拿破仑法典》的影响，古典自然法学倡导的一系列原则都被这些法律继承下来。

第二节 德国古典法哲学

德国古典法哲学秉承了古典自然法哲学的理性主义精神，并把它推向极致。如同德国先验唯心主义代表着西方哲学唯心主义思潮发展的顶峰一样，以康德、黑格尔为代表的德国古典法哲学也使近代唯理的法哲学思想达到了顶峰。

一、康德的法哲学思想

康德的法哲学思想是和他的批判哲学体系紧密联系在一起的，它构成了对三大批判的补充。同时，也只有从整个批判哲学的高度，才能全面理解其法哲学的思想，才能对其法哲学思想的主要贡献作出客观的评价。

康德的批判哲学由《纯粹理性批判》、《实践理性批判》和《判断力批判》三大批判所组成。康德认为，人类心灵的一切能力都可以归结为来自我们所不知道的同一根源的知、情、意这三种能力。由于人具有理性，是具有依照原理进行判断和行动的能动性的生物，这三种能力也就必须遵循一定的原理，这是理性给它们的立法。作为高级认识能力的理性是由知性、判断力和理性所构成的总体。《纯粹理性批判》确立了，对于认识能力来说，只有知性是立法的；《实践理性批判》确立了，对于欲求能力来说，只有理性是立法的；《判断力批判》确立了，对于情感来说，只有反思的判断力是立法的。

在探究我们知识的来源时，康德认为一切知识含有两种成分：直观和概念。直观给予我们对象，概念使对象被思考。“思维无内容是空洞的，直观无概念是盲目的”。知性的先天思维形式是所谓的纯粹知性概念即范畴，知性运用范畴综合统一感性材料才产生了经验或知识、经验对象或认识对象。知性的先天原理是构成性的，是使经验与经验对象或科学知识与科学知识对象成为可能的原理，这也是知性向人类认识能力或认识活动所颁布的先天原则。所以，知性的特点是认识的自发过程，即将感觉直观给予的各种知识综合成概念。“知性不能直观，感觉不能思维”。知性不能认识“自在的”、“实际存在”之类的事物，只能认识借助感觉显现出来的事物，知性概念的认识对象不指向现实性本身，而只指向现象，即各种可以经验的现象。因此，“在根本上，纯粹的直观只包括通过它一些东西能被观察到的形式，纯粹的概念仅含有对对象进行思维的形式”。

康德的先验哲学业已证明，抛开经验，单从形式的先天原理中，不可能推导出形而上学——自然法的内容，因而，内容的形而上学从不可能是普遍适用的。那种从“自然”中可以建构一个适用于所有人所有时代的、具有明确内容的自然法的主张，因此也就被驳倒。

康德事实上仍非常迷恋唯理论，他的自然法定义表现为“非制定的……经由每个人先天理性可以认识的法”，不同于“源于立法者意志的实证（制定）法”。“可以设想一种包含着纯实证法律的外在立法，但是一个自然律法必在先，它为立法者的权威提供了依据。”①康德意欲排除伦理的任何客观实体性内容，因为这个内容是在经验上被赋予的。他以新的东西来替代它，让主观道德性问题取代了自然法学所关心的客观——实体伦理问题。人的道德被自主提升为道德世界的准则，道德之于个人是目的本身，而不是其他目的的手段。它仅对“自身为人的人”或自在之人（本体之人）有效，而不适用于作为感觉世界中一部分的经验之人。

在康德看来，世界具有现象和本体的两重性。同样，人自身也有两重性：一方面，人是感性世界的成员，服从自然法则，是他律的；另一方面，人又是理智世界的成员，只服从理性法则，而不受自然和经验的影响。正因为人还处于自然的必然性之中，常常服从某种在其作为自在之物并不服从的法则，这也正是人向恶的原因。因此，单单依靠纯粹的道德法则的约束就无法防止毁灭性的后果，无法维持正常生活的秩序。于是，内在地与外在地应用于既被看做现象又被看做本体的人的道德法则，即法律的法则则应运而生。康德的“法的形而上学”的“法”即为正义、权利之意，它研究的是有关自然权利原则的哲学，法的形而上学就是应用的道德哲学。

---

① 康德：《道德形而上学》，上海人民出版社1982年版，第224页。

法律关乎人的外在自由，康德将外在自由区分为“合法”的外在自由和“没有法律的”外在自由。在康德看来，权利的法则构成了合法的外在自由的最根本的条件。权利有三个特点：第一，只涉及人们之间外在的实践关系；第二，这种关系只是就一个人的自由行为与他人的行为的自由之间的关系而言；第三，这种自由行为与行为自由之间的关系只是形式上的。权利就是“全部条件，根据这些条件，任何人的有意识的行为，按照一条普遍的自由法则，确实能够和其他人的有意识的行为相协调”①。亦即根据普遍的原则，“以每个人自己的自由与每个别人的自由之协调一致为条件而限制每个人的自由”。权利的法则就是这样一个绝对命令：“外在地要这样去行动：你的意志的自由行使，根据一条普遍原则，能够和所有其他人的自由并存。”② 反过来，如果一个人的自由意志行使能够和其他人的自由并存，任何外在于这个人的力量也无权对其进行干预。权利是这样一种可能性：根据普遍法则，普遍的、相互的强制，能够与所有人的自由协调。但是这种强制的目的只能是为了保护个人的自由，除此之外任何人无论以什么样的名义对他人进行强制都是非法的。权利的法则对于人们的行为出于何种动机不问，只要“根据普遍的法则，每一个人的意志自由能够与所有人的自由并存”就是正确的。所以，“每个人都可以是自由的，尽管他的自由对我的自由完全无关紧要”③。这种自由就是所谓的“消极自由”。康德的权利法则保护的就是根据自己的形式的愿望去做任何事情而在结果上不会限制他人的自由。

权利的法则是衡量个人自由的标准，而且它还是一个合法国家应当遵循的先天的宪法性原则。康德将权利的法则具体化为三个原理——自由、平等和独立，它们构成个人基本权利的体系。康德这样定义公民的自由：“没有人能强制我按照他的方式（按照他设想的别人的福祉）而可以幸福，而是每一个人都可以按照自己所认为是美好的途径去追求自己的幸福，只要他不伤害别人也根据可能的普遍法则而能与每个人的自由相共处的那种追逐类似目的的自由（也

① 康德：《道德形而上学》，上海人民出版社 1982 年版，第 40 页。
② 康德：《道德形而上学》，上海人民出版社 1982 年版，第 181 页。
③ 康德：《道德形而上学》，上海人民出版社 1982 年版，第 41 页。

就是别人的权利）。"① 康德在这里表达了公民的自由是人所具有的唯一的自然（天赋）权利，以及追求自己幸福的自由不应当与别人追求他们自己的利益的相似的权利发生冲突，或是以任何方式对之产生危害的思想。公民自由原理的目的是确立个人自由的范围，在这个范围内，个人能够按照自己的意愿行动，不受任何强制。从这个意义上讲，人的外在行为的自由应当在社会成员中平等地分配，每个社会成员都应当具有相同的自由权利。公民自由的原理也就内在地包含着平等的原理。不过在康德看来，这种平等是在法律面前的、形式上的平等，不排除内容的不平等。正义原则的第三条原理是“作为公民的每一个共同体成员的独立”。根据这一原则，公民被看做是他们所必须遵守的法律的共同的立法者，“这使一个公民生活在社会中并继续生活下去，并不是出于别人的意志，而是由于他本人的权利以及作为这个共同体成员的权利”②。

康德已经证明，不可能存在一个适用于所有时代所有人的、在理性上可认识的自然法，一个纯粹的自然法。康德驳倒的是一种特定类型的自然法，即唯理论、绝对主义的自然法；他没有驳倒这样一种自然法，即其内容不许任意确定的“正确之法”，但这不必然意味着，这样一种“正确之法”必定在一切时代一切情况中有效；他更没有在经验领域进行探究。

二、黑格尔的法哲学思想

黑格尔认识到自然法的历史哲学问题，不同于康德的二元哲学，在这种二元哲学中，存在与意识、自然与精神、客体与主体、现实与理想、实然与应然是严格区别和分离的。而在黑格尔看来，康德对整体的各个环节（理论理性、实践理性、判断力）都“给予了历史的阐述”，康德哲学可谓是一种“很好的哲学导论”，其“缺点在于绝对形式的各个环节彼此外在”，且没有掌握住“应当”。③ 黑格

---

① 康德：《论通常的说法》，第 182 页，载《康德文集》第 8 卷，第 290 页，转引自李梅：《权利与正义：康德政治哲学研究》，社会科学文献出版社 2000 年版，第 186 页。

② 康德：《权利论》，《康德文集》第 6 卷，第 314 页，中译本第 141 页，转引自李梅：《权利与正义：康德政治哲学研究》，社会科学文献出版社 2000 年版，第 207 页。

③ 参见黑格尔：《哲学史讲演录》第 4 卷，贺麟、王太庆译，商务印书馆 1978 年版，第 306 ~ 308 页。

尔曾将近代哲学的问题归结为四个问题：一是从思维推出神的存在；二是善与恶（正面、普遍的东西与意志中非普遍者的自为存在）的对立；三是人的自由与必然性的对立；四是灵魂与肉体（单纯、理念性、自由的东西与多样、有形体或物质性、必然的东西）的对立。这种种的问题都没有彻底的解决。[①] 由此，他发展出杰出的辩证法的思想："永恒的生命即是永恒地产生对立并且永恒地调解对立的生命——在统一中认识对立，在对立中认识统一，这就是绝对知识，而科学就是在它的整个发展中通过它自身认识着统一。"[②] 只有一个世界，即精神的世界。他从理念自身来看待发展的规律，把此规律理解为源于精神。所有的精神都是依据一个确定的、不断演进的图式，依据正、反、合的演进公式辩证发展。这一辩证的发展依照理性之法则逻辑必然进行。由此，我们看到，在康德那里分裂的自然和自由世界，在黑格尔那里得到了统一。而法不过是绝对精神的体现而已。"任何定在，只要是自由意志的定在，就叫做法，法就是作为理念的自由。"[③] 法的理念在黑格尔那里达到顶峰。

黑格尔的哲学体系由逻辑学、自然哲学和精神哲学三个部分组成。精神哲学的"精神"的发展过程可分为主观精神、客观精神和绝对精神三个阶段。在黑格尔看来，精神的本质是自由，自由的精神为了实现自身，由主观精神外化为客观精神。客观精神的发展又经历了抽象法、道德和伦理三个阶段。客观精神建立在意志自由活动的基础上，抽象法、道德和伦理是自由意志的三个不同阶段的体现，因此，"意志"是黑格尔法哲学的一个最基本的概念。

"法的基地一般说来是精神的东西，它的确定的地位和出发点是意志。意志是自由的，所以自由就构成法的实体和规定性。"[④] 意志是自由的现实形式，法是意志的更为现实的形式，法是意志的定在。意志是自为存在着的内在的自我意识的实体，"它作为普遍物覆盖于

---

① 参见黑格尔：《哲学史讲演录》第 4 卷，贺麟、王太庆译，商务印书馆 1978 年版，第 10～11 页。

② 黑格尔：《哲学史讲演录》第 4 卷，贺麟、王太庆译，商务印书馆 1978 年版，第 377 页。

③ 黑格尔：《法哲学原理》，范杨、张企泰译，商务印书馆 1961 年版，第 36 页。

④ 黑格尔：《法哲学原理》，范杨、张企泰译，商务印书馆 1961 年版，第 10 页。

它的对象之上，把它的规定贯穿渗入，而在其中保持着与自己的同一"[①]。意志并非完全等同于自由，只有当意志只欲望其自身时才是自由的，绝对的意志就是欲望成为自由的意志。黑格尔十分重视意志的自为性。自为性是指返回于自我的自觉的性质。"如果我们只谈到自由意志本身而不涉及自在自为地自由的意志这一规定，那么我们只谈到自由的素质，即自然和有限的意志"[②]，而不是自由意志。意志依次经过三个阶段后才由自在性达到自为性，成为真正自由的意志。

意志在客观精神中的运动表现为抽象法、道德和伦理三个递进的环节。意志的运动就是意志通过各个环节展现自身、获得客观的独特形态的过程。

意志在抽象法阶段不仅是抽象的，还是自为的。自由的这一最初的存在方式便是人们通常所讲的与所有权、契约、刑罚等制度相联系的法律或市民法，黑格尔称它为"形式法"、"抽象法"、"人格的法"，以表示与常识中的"市民法"的区别。黑格尔认为，所有权是人对一切物据为己有的绝对权利。人有权将自己的意志体现在任何物中，使物成为私有财产。所有权的首要内容是占有，将物置于自己外部力量的支配下。接着是使用，通过物的变化、消失或消耗而使需要得到满足。第三个内容是转让，意志体现在财产中，转让是真正的占有取得。契约是一种合意，既包括自己放弃所有权的意志，又含有他人取得所有权的意志。契约的实质是意志和意志间的相互关系。契约可分为赠与、交换、雇佣、设定担保等各种形式。不法是特殊意志的任性，其中包括无犯意的不法、欺诈和犯罪。无犯意的不法是人们之间的权利冲突，根据某种所有权要求某物产生的权利冲突，构成民事诉讼的领域。欺诈是利用合法的形式达到不法的目的。犯罪是用暴力强制他人的自由意志，是真正的不法。黑格尔认为，抵抗暴力以维护自己的自由意志的定在，是符合抽象法的权利。

在抽象法向道德的过渡中，意志实现了从自在向自为的转变。道德是主观意志的法，在此阶段，"意志不仅是自在地而且是自为地

① 黑格尔：《法哲学原理》，范杨、张企泰译，商务印书馆 1961 年版，第 33 页。

② 黑格尔：《法哲学原理》，范杨、张企泰译，商务印书馆 1961 年版，第 32 页。

无限的"[1]，此时人被规定为主体。抽象法转化为实在法的前提是市民社会的出现。黑格尔认为，在市民社会中有各种需要，通过个人及其他一切人的劳动与需要的满足，使需要得到中介，个人的满足得以实现，这就是需要的体系。在这一体系中，个人的权利需要得到司法保护，因此产生了实在法。所谓实在法就是作为"法律的法"(right as law)。"法律就是原来自在的法，现在被制定为法律"。[2] 抽象法是自在的法，是人们自然享有的普遍权利，实在法是自在自为的法，是被国家以法律形式加以确认的法律权利。两者具有内在的一致性。实在法必须反映和符合抽象法，否则就不是真正的法律。实在法具有一系列重要特征：第一，是普遍性。法的东西要成为法律，首先必须获得普遍性的形式，使之成为"对一切人有效的行为规则"[3]。第二，是规定性。法律必须将所有保护的东西加以明确规定。"真正的法典是从思维上来把握，并表达法的各种原则的普遍性和它们的规定性"。[4] 第三，是可知性。黑格尔十分强调："法律必须普遍地为人知晓，然后它才有拘束力"，"法与自由有关，是对人最神圣的东西，如果要对人发生拘束力，人本身就必须知道它"。[5] 第四，是可变性。公开的法典一方面必须有简单的普遍规定，另一方面又必须不断根据具体情况补充新的规定。黑格尔说，要求法典绝对完备是对法律这一事物性质的误解。法律固然是一个完备而有系统的整体，但这种完整性是相对的，是永久不断地朝完整性的接近。

在伦理阶段，意志不再以抽象——特殊——具体的方式，而是以特殊——普遍——统一的不含有原先抽象性的方式演变。意志运动的目标是国家。在国家中，意志被自己独特化了的各种形态连接起来，消除了各个领域、环节和阶段的异己状态。在这个和谐统一的有机体中，个人之间、个人和国家之间的对立不复存在，个人的自由也得以实现。国家对于黑格尔是最高的概念，是最完美的现实，也是最高的法的价值。国家与伦理理性，国家与法是一回事，在黑格尔那里，只存在一种法、一个国家，在现实的国家旁没有理想的

---

① 黑格尔：《法哲学原理》，范杨、张企泰译，商务印书馆 1961 年版，第 110 页。
② 黑格尔：《法哲学原理》，范杨、张企泰译，商务印书馆 1961 年版，第 227 页。
③ 黑格尔：《法哲学原理》，范杨、张企泰译，商务印书馆 1961 年版，第 218 页。
④ 黑格尔：《法哲学原理》，范杨、张企泰译，商务印书馆 1961 年版，第 219 页。
⑤ 黑格尔：《法哲学原理》，范杨、张企泰译，商务印书馆 1961 年版，第 224 页。

国家，在实证法以外无所谓自然法，二者为一种东西。“国家是好像存在于人世间的上帝之理念，因此，国家在根本上是世界历史的更为特定之对象，在那里，自由保持并享受着其客观性。因为法律是精神的客观反映，并在事实上是意志，只有服从法律的意志才是自由的，因为意志自己服从法律，自身存在于法律中，并且是自由的。当国家，祖国，定在的集合产生时，当人的主观意志服从法律时，自由与必然的对立消失。作为实体的理性是必要的，我们是自由的，因为我们承认法律，并把它作为我们自身本性的实体来遵循。然后，客观的和主观的意志和解了，且是一个和谐同一的纯洁的整体。”①

第三节　近代法哲学的困境与出路

在16至18世纪欧洲民族主权国家的建立和发展过程中，无论是通过批判天主教僧侣的精神秩序来获得新教的独立，还是通过批判封建经济制度及其农奴和行会制度来倡导重商主义，资产阶级出于建立资本主义新秩序的需要把基于理性主义的自然法学说当作自己的理论武器，为倡导和维护一种新的世俗和精神秩序鸣锣开道。于是，在政治、经济和精神生活中出现了要求人民主权和民主自由、要求私有财产和生命安全得到保障的个人主义和自由主义运动。一种统治欧洲达几个世纪的法哲学形式即古典自然法哲学在欧洲崛起，使得法哲学进入了近代的发展时期。

古典自然法具有某些明显的特征，使它区别于中世纪和经院主义的自然法。首先，早期古代自然法哲学大多与宗教联系在一起，托马斯·阿奎那区分了反映神意的法律和可以为人之理性辨识的自然法，而古典自然法最终将法学从神学的桎梏中分离出来；其次，和中世纪的经院主义哲学家趋向于把自然法的范围局限在少数几项首要原则和基本要求之内不同，古典自然法学家则认为，理性的力量普遍适用于所有的人、所有的国家和所有的时代，而且在对人类社会进行理性分析的基础上能够建构起一个完整且令人满意的法律体系；再次，以斯多亚派为代表的古代自然法哲学强调具有整体主义特征的伦理规范的重要性，而近代的古典自然法哲学则应新兴资

① 黑格尔：《历史哲学》，王造时译，上海书店出版社1999年版，第41页。

产阶级的理论需要，倡导具有人性论特征的个人主义和自由主义的原则，其间起支配作用的乃是人的“自然权利”、个人志向和幸福；最后，古典自然法哲学在研究进路方面，完成了从对人性的目的论知识进路到因果论和经验论知识进路的转换。以对人的特性的考察和对决定或影响人行为的因果律的研究，替代以人作为一种理性的和社会的存在、人自身具有充分发展潜能的目的论的研究。

但是，古典自然法最突出的特征则是形而上学的、二元论的理性主义。从柏拉图到黑格尔的西方法哲学有一个共同的传统，即在探讨和追求人类应该建立怎样的社会制度时，无一例外地追溯到一定的道德观念及其本原。柏拉图著作中的理念与现实，亚里士多德划分的自然正义和法律正义，西塞罗所说的自然法和市民法，阿奎那神学主义体系中的永恒法和人法，霍布斯等人所谓的自然法与实在法，无不具有形而上学的、二元论的理性主义特征。“近代自然法完全沉浸于唯理论的科学理解之中。在此，理性不仅是正确的法之认识工具，也是其源泉。理性，人的理性！赋予人以自然律法。不存在所谓逻各斯，自在存在的观念，永恒法，没有经院哲学中的所谓预设真理，人完全是受自身的认识能力引导。不再是权威和传统决定什么当是‘正确的法’，相反，仅应涉及什么在理性上是理智的，‘合乎理性的’。”[①] 德国古典法哲学秉承了古典自然法的理性主义精神，并发展到极致。康德的道德形而上学所揭示的“绝对命令”，实际上是改头换面的自然法原则。尽管康德明确划分法（权利）哲学与伦理（善德）哲学的研究对象，但是他视法哲学为整个道德形而上学理论的一部分。黑格尔把抽象法、婚姻、家庭、市民社会和国家通通看做是人类伦理生活的组成部分。法与道德的问题的界限被完全打破。抽象法与实在法的区别仅仅只是法的理念外化的、不同阶段的表现形式罢了。尽管我们称康德、黑格尔的法哲学为哲理法学派，但是这种“哲理”难道不就是以哲学语言表达的自然法思想吗？在二元论的意义上，形而上学的法哲学就是自然法哲学。[②] 不可否认的是，近代法哲学的发展也曾受到以休谟为代表的经验主义的影响，但它只是一个历史的插曲，并未成为主流，对法律

---

① ［德］阿图尔·考夫曼、温弗里德·哈斯默尔主编：《当代法哲学和法律理论导论》，郑永流译，法律出版社 2002 年版，第 78～79 页。

② 参见张乃根：《西方法哲学史纲》，中国政法大学出版社 1993 年版，第 158～159 页。

实践的影响更不能和自然法思想的影响相比。“休谟对法学思想的贡献就是他给我们暗示了对这一问题的理解方式：普通法的两个主要因素——经验和理性——为什么能够在法律实证主义的不断增长的势头下保存下来。法律实证主义是一种正在发展着的法律观念，它认为法律是理性的命令或者是通过一部理性和逻辑的法典构建社会秩序的工具。在削弱理性的权力之时，休谟使经验和传统的权威得到维系和‘理性的辩护’。”①

尽管古典自然法在开创宗教和精神自由的个人主义和自由主义时代中起了不可磨灭的作用——“古典自然法学家对法律调整的某些要素和原则进行了详尽的阐释，而这些原则和要素则是一个成熟的法律制度的基本先决条件。这样，他们就为现代文明的法律秩序奠定了基础”②，但其历史局限性也展露无遗。“需要指出的是，这些法律哲学家处理法律问题的那种有条有理的方法，却常常是以非历史的简单程式和任意假设为其特点的。例如，他们毫无根据地认为，理性能够设计出普遍有效的法律制度的全部细节。”③ 古典自然法把基于永恒不变的正义原则之上的自然法当作是最高法，这只是一种美好但难以实现的梦想。边沁把自然法的理论称为修辞上的胡闹，他说从自然法中只能得到自然的、虚构的权利，唯有从一个国家的实在法中才能得出真正的法律权利。他用功利主义取代了古典自然法的形而上学，认为国家不是起源于社会的契约，而是起源于臣民对于主权者的一种服从习惯。他区分了立法学和法理学。前者又可称为伦理学，这个部分涉及法律应该是什么的问题；后者才是真正的法律科学，这个部分仅仅涉及法律实际上是什么的问题。梅因认为，古典自然法是一种理论上的虚构，历史上不存在一种自然的状态。“‘自然法’把‘过去’与‘现在’混淆起来了。逻辑上，它意味着曾经一度由自然法支配的一种‘自然’状态；但法学专家并不明白地或确信地说到过有这样一个状态存在，这种状态除了偶

---

① ［英］韦恩·莫里森：《法理学——从古希腊到后现代》，李桂林等译，武汉大学出版社 2003 年版，第 110 页。

② ［美］E. 博登海默：《法理学——法律哲学与法律方法》，中国政法大学出版社 1999 年版，第 62 ~ 63 页。

③ ［美］E. 博登海默：《法理学——法律哲学与法律方法》，中国政法大学出版社 1999 年版，第 63 页。

然在幻想黄金时代的诗歌中能发现外，的确也绝少为古人们所注意到。"[①] 梅因对卢梭的评价是，他没有学识，很少美德，并且也没有十分坚强的个性，他只有想象力，以及他对于人类的真诚热爱。梅因认为，古典自然法的理论是粗糙的，是历史研究的劲敌。另外一个方面，自然法学及其理论观念之所以能保持其活力，主要是它能将各种政治及社会倾向连接在一起，仅仅握住了那些思想得少，同时又不善于观察的人。梅因总结道，自然法"明显地大量渗入到不断由法国传播到文明世界各地的各种观念中，这样就成为改变世界文明的一般思想体系的一部分"[②]。恩格斯指出，以往哲学家都是以作为法权本身最抽象的表现之公平（正义）来衡量什么算是自然法，什么不算是自然法，法的发展只在于努力使获得法律表现的实际生活状况日益接近永恒的公平（正义）。但这个公平（正义）始终只是现存经济关系在其保守方面或革命方面之观念化和神圣化的体现。[③]

康德虽然使自然法从属于实在法，但他的道德理性主义强调法必须符合道德的要求，由于他把上帝看做最高的道德法典的制定者，所以他并未能够坚持人的道德自律原则。在道德——实践理性中，康德把所有的人类职责都看做是神的命令。显然，人在上帝面前是不可能自律的。同时，康德的绝对命令因"要求不可能的东西，因而永远达不到任何现实的东西"[④] 而显得软弱无力。恩格斯虽高度评价了康德批判哲学在引入辩证法和开创德国哲学革命中的功绩，同时也一针见血地道出了康德法哲学的空洞和虚无缥缈：康德把改造现实的希望，把善良意志、社会契约、真正的自由等都寄托在不可达到的本体世界中。

黑格尔虽然想用辩证方法来解决康德的现象和本体的二元分裂，但是，他是在绝对精神中去寻找这个统一的基础的。马克思曾明确肯定黑格尔的深刻之处就在于他一切都从各种规定的对立出发并强调这种对立，同时又指出，在黑格尔那里，"理念变成了独立的主

---

① 梅因：《古代法》，沈景一译，商务印书馆 1959 年版，第 42 页。

② 梅因：《古代法》，沈景一译，商务印书馆 1959 年版，第 52 页。

③ 参见恩格斯：《论住宅问题》，载《马克思恩格斯选集》第 3 卷，第 211 ~ 212 页。

④ 恩格斯：《路德维希·费尔巴哈和德国古典哲学的终结》，载《马克思恩格斯选集》第 4 卷，第 231 页。

体，而家庭和市民社会对国家的现实关系变成了理念所具有的相像的内部活动。实际上，家庭和市民社会是国家的前提，它们才是真正的活动者；而思辨的思维却把一切头足倒置"①。其结果是，黑格尔"法哲学"成了"逻辑学"的补充和应用，现代国家代表了客观精神领域中普遍性和理性的充分例示，大写的理性占据了上帝的位置。

马克思对德国古典法权哲学的批判集中体现在《〈黑格尔法哲学批判〉导言》中。该论文的理论背景有两个：一是《莱茵报》时期(1842~1843年)同"自由人"的决裂及使马克思感到"苦恼的问题"；二是费尔巴哈的至关重要的影响。

在担任《莱茵报》主编期间，马克思接触到大量的社会现实问题，物质利益问题第一次进入马克思的视野，并以"理性的法"和"私人利益"相矛盾的形式表现出来。"'物质利益'问题实际地、本质重要地介入到马克思先前的单纯理性的世界观之中，而且该问题第一次以超出这种世界观体系的方式向单纯理性的观念提出了尖锐的挑战。因此，如果说这一问题之介入的可能性来自于马克思同鲍威尔的区别，来自于理性的世界同存在的世界之一致性的要求，那么反过来说，'物质利益'问题的实际介入立即就在很大程度上破坏了那种关于一致性的理性要求本身。因为当时马克思面临的物质利益问题，不仅是与思有同一的纯思辨概念相矛盾的，而且就其自身而言是内部分裂和对立的。"② 这样的矛盾在关于林木盗窃法的论文中表现得十分突出。一方面是理性的法，另一方面是私人利益，二者处于尖锐的矛盾状态。马克思问道：省议会关于林木盗窃法的辩论说明了什么？它说明了省议会以袒护私人利益为自己的最终目的。由于这一目的，省议会"不仅打断了法的手脚，而且还刺穿了它的心"。省议会的立场不仅把立法权变成了保护私人利益的工具，而且把国家的一切、法的一切通通"降低到私人利益的物质手段的水平"。然而，这种立场是全然与法的概念相悖的，因为"利益就其本性来说是盲目的、无止境的、片面的，一句话，它具有不法的本能；难道不法可以颁布法律吗"？如果说，私人利益及其物质手段乃

① Karl Marx, "Contribution to the Critical of Hegel's Philosophy of Right", The Marx - Engel's Reader, second edition, edited by Robert C. Tucker, W. W. Norton & Company, 1978, 1972, P16.

② 吴晓明：《"理性的法"和"私人利益"》，载《复旦学报》1994年第5期。

是在“不法”的意义上与理性的法形成对立，那么很显然，私人利益决不会因为有人把它抬上了立法者的王位就能真正立法。法和利益的对立在于：法是“事物的本身”，是“独立的对象”，亦即客观的理性；而利益则是“离开法，把我们的注意力或者引到外部世界去，或者引到自己的理性中去，从而在法的背后大耍花招”。显而易见，马克思当时对“物质利益”或“私人利益”整个的提法，仍一般地立足于单纯理性的立场，立足于所谓国家理性和国家伦理的立场。就事物的法的本质之为普遍的、客观的理性而言，马克思的前提接近于黑格尔；就理性的法与私人利益的不法构成无限的对立而言，马克思的批判结论似乎趋向于康德。[①] 如何解决“利益”与“法”的无限对立？如何解决“应有”与“现有”的分裂？对于马克思来说，这样的问题，既不可能在应有与现有的对立中长久地保持，也不可能由“理念在自身中的同一”获得思辨的解决，因为这样一来，不仅理性的观念将导回到“上帝”，而且马克思的社会历史批判立刻成为不可能。这时，费尔巴哈的意义凸现出来。

费尔巴哈炸开了黑格尔的唯心主义体系，重新恢复了唯物主义的权威。在他看来，唯心主义乃是借助于主体和宾词的颠倒，把现实的主体——人变成了观念的宾词；要正确地理解现实的人和现实的世界，就不能从思维出发，而应当从存在出发；不能从抽象的、没有任何规定性的存在出发，应当从当下的、直接感性的存在出发；也就是从具体的人和具体的自然界出发，把观念看成是现实主体的宾词。费尔巴哈认为，就这一点而言，唯心主义和宗教是同样颠倒的世界观，黑格尔哲学无非是神学的恢复，是宗教之合乎理性的最后支柱。马克思认为，由费尔巴哈所完成的批判是一切其他批判的前提，既然是人创造了宗教，而不是宗教创造了人，那么彼岸世界真理的消失就要求确立此岸世界的真理；因而对天国的批判就变成了对尘世的批判，对宗教的批判就变成了对法的批判，对神学的批判就变成了对政治的批判。马克思对黑格尔法哲学批判所得出的结论是：“法的关系正像国家的形式一样，既不能从它们本身来理解，也不能从所谓人类精神的一般发展来理解；相反，它们根植于物质的生活关系，这种物质生活关系的总和，黑格尔按照 18 世纪的英国

---

① 参见吴晓明：《“理性的法”和“私人利益”》，载《复旦学报》1994 年第 5 期。

人和法国人的先例，称之为‘市民社会’，而对市民社会的解剖应该到政治经济学中去寻找。”① “家庭和市民社会是国家真正的构成部分，是意志所具有的现实的精神实在性，它们是国家存在的方式。家庭和市民社会本身把自己变成国家。它们才是原动力。”② 因此，在马克思看来，法的起源和基础是人们的物质实践活动，尤其是人们的经济活动，而不是如黑格尔所说的那样来源于“意志”。这样，黑格尔的整个权利哲学的基础就被推翻了。更为重要的是，马克思的哲学世界观由此发生了重要的转折，并进一步提出了关于法的社会存在的完整理论思想。

遗憾的是，马克思对法的形而上学的批判意义被历史性地遮蔽起来，马克思法哲学的批判思想被简单化，仅仅被看做是对黑格尔法哲学的批判。人们没有看到马克思对黑格尔法哲学的批判，实质上是对自柏拉图以来西方形而上学法哲学的总体批判，更没有看到马克思对形而上学法哲学根基的揭示不仅是对近代法哲学，同时也是对现代法哲学合法性神秘面纱的彻底戳穿，其当代意义直指后现代法哲学。马克思法哲学批判意义被遮蔽有其理论和历史原因，只有在西方资本主义危机再度全面爆发时，其历史意义才会显现出来。

---

① 《马克思恩格斯选集》第 2 卷，第 82 页。
② 《马克思恩格斯选集》第 1 卷，第 251 页。

第二章

实然法和应然法的分离

——近现代法哲学的第一次转型

SHIRANFA HE YINGRANFA DE FENLI

第一节　实证主义法学的主导地位

法国数学家、哲学家奥古斯特·孔德被认为是现代实证主义的哲学奠基人。他把人类思想的进化分为神学阶段、形而上学阶段和实证阶段。在神学阶段，人们用超自然的原因和神的干预来解释所有的现象；在形而上学阶段，人们求助于终极的原则和理念，这种原则和理念被认为是存在于事物表象的背后，是人类进化的真正驱动力；在实证阶段，人们在自然科学方法的指导下，放弃了哲学、历史学和科学中的一切假设，仅仅关注和考察经验性的事实。实证主义反对先验的思辨，力图将其自身限定在经验材料的范围内。它反对提倡玄虚的精神，并把学术工作限制在分析“给定事实”的范围之内。它拒绝越出认知现象的范围，否认理解自然“本质”的可能性。19 世纪上半叶自然科学领域取得的巨大成就为实证主义奠定了基础。从 19 世纪下半叶起，实证主义开始渗透到包括法律科学在内的社会科学的各个分支学科。在早期资本主义，工业化和社会国处于形成过程中，经济也日趋发达和复杂化，这时需要高度的法的确定性，但自然法的体系不能为之提供保障，因为自然正义的内容是不确定的，由此产生了在抽象—普遍上形式化的法律之渴求。法律实证主义大体上和实证主义理论一样都反对形而上学的思辨方式和寻求终极原理的做法，反对法理学家试图辨识和阐释超越现行法律制度之经验现实的法律观的任何企图。法律实证主义试图将价值考虑排除在法理学科学研究的范围之外，并把法理学的任务限定在分析和剖析实在法律制度的范围之内。“是法的确定性，不是正义，遂上升为法的最高价值，其口号为：法和秩序”。[①] 法律实证主义认为，只有实在法才是法律，而所谓实在法，就是国家确立的法律规范。法律实证主义还坚持要把实在法和伦理规范、社会政策严格区分开来，并倾向于认为正义就是合法律性，亦即服从国家所制定的规则。[②] 法实证主义，根据应然和实然分离的二元方法论，可分为两

---

① ［德］阿图尔·考夫曼、温弗里德·哈斯默尔主编：《当代法哲学和法律理论导论》，郑永流译，法律出版社 2002 年版，第 114 页。

② 参见［美］E. 博登海默：《法理学——法律哲学与法律方法》，邓正来译，中国政法大学出版社 1999 年版，第 114 ~ 117 页。

大阵营：一是兴趣在应然，即规范上的规范逻辑实证主义，它关注的是规范的形式结构，对规范的内容不闻不问，其最重要的形式是汉斯·凯尔森的“纯粹法学”。二是经验实证主义，它致力于实然、法之事实，其中法心理学研究的是主观事实，法社会学探求的是客观事实，它源于鲁道夫·封·耶林，而马克斯·韦伯为集大成者。[①]博登海默也认为实证主义法学分为两种，一种是分析实证主义法学，它强调以研究实在法律规则为依据，法学的任务是分析实在法；另一种是社会实证主义法学，它强调法律规则以外的其他社会因素。“法律实证主义也可以采取社会学的形式。社会实证主义考察和描述对实在法的制定发生影响的各种社会力量。它所分析的不是国家制定的法律规则，而是影响这种规则制定的社会学因素”。[②]

一、分析实证主义法学

分析实证主义法学一般而言是对法律进行一种实证的分析，或者说是对制定法的客观分析。从这个角度讲，一个国家有了自己的一套法律制度，就存在对于这种法律制度的解释和分析，这种对于法律的解释和分析，就是最原始意义上的分析实证。尽管对实在法律的解释和分析古已有之，但真正称得上开创分析实证主义法学先河的，则是边沁和奥斯丁。因为，正是从边沁和奥斯丁开始区分“法律应该是什么”和“法律实际是什么”的问题，法哲学才开始具有反形而上学的特征。

边沁在《道德和立法原理》最后一章中，明确区分了立法学和法理学，前者是批判性的，它是伦理学的一部分，其中贯穿了功利主义原则；后者是阐述性的，它是严格意义法理学的研究对象。这是对“法律应该是什么”和“法律实际是什么”的较早区分，边沁认为科学的法理学应该严格限定在实在法的领域。在《法律总论》中，边沁明确地将法律定义为主权者的一种命令。奥斯丁是边沁功利主义的追随者，他发展了边沁的法理学，确立了科学一般法理学。在《法理学的范围》中，他严格定义了法律，并提出了著名的法律命令说，即法律是主权者的一种命令，这种命令以制裁作为后盾；

---

① 参见［德］阿图尔·考夫曼、温弗里德·哈斯默尔主编：《当代法哲学和法律理论导论》，郑永流译，法律出版社2002年版，第115页。

② ［美］E.博登海默：《法理学——法律哲学与法律方法》，邓正来译，中国政法大学出版社1999年版，第117页。

区分了“法律的应然”和“法律的实然”，严格界定了法理学研究的范围，将法理学的研究范围限定在“法律的实然”。在《法理学讲义》中，他详细分析了法律的最一般概念、原则和主要的法律分类，严格区分了法律和道德，认为法理学的任务是研究法律，而不管它道德上的善与恶。奥斯丁开辟了分析法学的新时代，为以后的分析法学奠定了理论的基础，成为分析法学的鼻祖。

凯尔森和哈特是新分析法学的代表。凯尔森在《国家和法的一般理论》中，提出了著名的“纯粹法学”理论。所谓“纯粹法学”是一种比奥斯丁分析法学更加纯粹的分析法学。它的核心是从结构上研究法律，而不是从心理上和经济上论证法律的作用，也不是从政治上和伦理上讨论法律的价值。从结构上研究法律，是指研究法律的一般概念、原则和原理。纯粹法学研究对象是法律规范，即一个国家具体的实在法，或者说是“法律的实然”；从心理上和经济上研究法律是社会法学的任务；而从政治和伦理上研究法律则是自然法学研究的任务。凯尔森还区分了法律的静态理论和动态理论。在法律的静态理论部分，他界定了法律的一系列专门概念；在法律的动态理论部分，他认为法律是由强制性的规范构成，以法律规范效力等级为标准的体系。在国家和法律的关系上，凯尔森是一位一元论者，并且认为法律高于国家，国家应该建立在法律的基础上，反之则不然。哈特是新分析法学的典型代表，他是在和新自然法学者富勒的论战中逐步发展起自己的学说的。他在《法律的概念》中针对奥斯丁的道德和法律区分说，坚持法律和道德没有必然的联系，但也承认二者之间有一定的关联，从而提出了“最低限度内容的自然法”概念。他坚持和发展了奥斯丁“法律应然”和“法律实然”的划分，将法理学的研究对象严格限定在实在法的范围。

如果说哈特的新分析法学是在和富勒的新自然法学论战中逐渐发展成熟起来的，那么拉兹的法制理论及麦考密克的制度实证主义法学则是从学术上捍卫传统的分析法学。一方面，他们坚持传统的分析法学立场，声称自己仍然是坚定的实证主义者，唯有实证主义才是科学；另一方面，他们不断修正分析法学，使分析法学可以解释新的法律现象，扩展分析法学研究的对象范围，使分析法学免遭其他法学流派的理论攻击。拉兹的法制理论认为，要分析一个法律制度，需要进行四个方面的工作：一是法律制度的存在问题；二是法律制度的确认问题；三是法律制度的结构问题；四是法律制度的内容问题。他提出了关于法律结构的12个命题，将法理学的范围扩展到自然法学和社会法学研究的传统领域。麦考密克的制度实证主义法学除坚持传统分析法学的立场外，吸收了自然科学的研究方法，吸收了语言哲学的最新成果，广泛采用了阐释学的研究方法，将传统的分析法学发展到了一个新的高度。

法律实证主义是一个标签，这种标签的使用范围总是包括对“法律是什么”这一问题的许多不同的学说和回答。但一般来说，法律实证主义主张两个基本的构成因素：第一，法律是人类的创造，它是人类以某种方式“安排”的结果，例如通过政治统治者——也就是主权者的明确意志经过立法程序创造出来的。第二，通过运用18世纪和19世纪的所谓“自然的”或者“物理的”科学的方法论，法律是能够被研究，被恰当地理解的；这种方法被称为实证主义方法；为了追求客观性，它试图消除科学家的任何主观因素。在收集到适当的数据——通常就是法律制度所使用的各种概念之后，一种纯粹的分析方法似乎就适宜于把对象分解成易于处理的形式，法律科学家必须审慎地避免把自己的价值观带到调查之中。①

法律实证主义到底有哪些共同的传统和特征？哈特对法律实证主义作了以下几条界定：第一，法律是人类的命令；第二，法律与道德之间，或者“法律实际上是什么”与“法律应当是什么”之间没有必然的联系；第三，对各种法律概念的分析（或者含义的研究）是值得追求的，而且这种分析不同于对法律产生的原因或者起源的历史研究，不同于对法律和其他社会现象的关系的社会学研究，不同于用道德、社会目标、功能或者其他标准对法律所作的批评或评价；第四，法律体系是“封闭的逻辑体系”，正确的法律判决能够通过逻辑方法从事先确定的法律规则中推导出来，而不考虑社会目标、政策、道德标准；第五，道德评判和事实陈述不同，它不能通过理性的争论、证据、证明得到确立或者辩护（伦理学的“非认识性论点”），而事实陈述则可以。②

（一）法律的概念

边沁在《道德与立法原理导论》末注中写道：“法律是什么？法

① 参见［英］韦恩·莫里森：《法理学——从古希腊到后现代》，李桂林等译，武汉大学出版社2003年版，第4页。

② H. L. A. Hart, Positivism and the Separation of Law and Morals Harvard Law Review, 1957 ~ 1958, P601.

律的组成部分是什么……被承认有权制定法律的个人或群体为法律而制定出来的任何东西，俱系法律……每项法律，在它完整的场合，要么是强制性的，要么是非强制性的。强制性的法律是命令。非强制性的、或者宁可说否定强制的法律，是强制性法律之完成或部分的废除。"① 在这里，他最早提出了实证主义法学的基本观点，即凡是立法者制定的法律就是法律，有拘束力的法律本质上是一种命令。边沁在《法律总论》中继而给法律下了一个内涵十分丰富的定义："法律是由国家的主权者提出或采纳的意志表示总和，涉及在一定情况下，受主权者权力管辖的人或集团必须遵循的行为规范；这种意志表示旨在说明某种情况下，人的行为将产生的结果，这种期望将给那些实施某行为的人以一定的刺激。"② 边沁用"完整的法律观念"来进一步阐明"法律是什么"的问题，他以财产法为例，指出为了透彻地理解财产法的性质，以及它们与法律制度中其他法律的关系，如何被简化为命令的性质，须回顾在《道德和立法原理导论》中所说的涉及财产的犯罪。完整的法律观念的意义在于使法律对人民而言，成为其行为准则；对法官而言，成为其判决的依据；对立法者而言，他为了知晓有无剩余的要求，应了解他已经做了什么。

奥斯丁实证分析法学的出发点是对法律概念本身所做的实证分析。《法理学的范围》的第一句话就是："法理学的内容是实在法，所谓严格的法律，即政治上居上者为政治上居下者制定的法律。"③ 他将法律分为神法或上帝法、实在道德、比喻性的法和实在法等四种。奥斯丁着重分析了实在法的本质，他认为，"任何法律或规则（在最大意义上可称为严格的法律）都是命令。或者说，所谓严格的法律都是某项命令"④，"准确意义上的法（laws），具有命令（commands）的性质。如果没有命令的性质，无论何种类型的法，自然不是我们所说的准确意义上的法"⑤。实在法区别于其他法的本质在于它是主权者的命令。什么是命令？奥斯丁接着分析说："如果你向我

---

① ［英］边沁：《道德与立法原理导论》，时殷弘译，商务印书馆2000年版，第369～370页。

② Bentham, Of Law in General, London: The Athlone Press, 1970, P1.

③ John Austin, Lectures on Jurisprudence, Or the Philosophy of Positive Law, London, Scholarly Press, Inc, 1977, P5.

④ Austin, Lectures on Jurisprudence, P11.

⑤ ［英］约翰·奥斯丁：《法理学的范围》，刘星译，中国法制出版社2002年版，第2页。

表示或告知一种做或不做某些行为的希望，而当我没有按照你的希望去做，你将以灾难来惩罚我，你的希望的表示或告知就是命令。"① 作为实证法的命令，它包含义务（对劣势者而言）、权力（对优势者而言）、制裁（不服从义务的结果）三大基本要素。奥斯丁对主权者也作了实证分析："每项实在法都由一位主权者或一个由许多人组成的主权者机构为一个它所在的独立政治社会中的某成员或某些成员制定的。"② 实在法的前提是要有一个主权者，它可以是一个人，也可以是一个拥有主权的机构。主权者的特征是至高无上性。综上，奥斯丁给法下了一个经典性的定义："每项实在法（或每项简单地或严格地称之谓实在法）是由主权者或主权者机构直接或间接地为它作为最高立法者所在的独立政治社会里的某成员或某些成员制定的。"③

凯尔森的纯粹法学研究的对象是实在法，即某一共同体的法律。法和正义不同，正义是一种主观的、相对的价值判断，实在法的科学必须与正义的哲学区别开来。而在实在法看来，法律是"人类行为的一种秩序"和"社会组织的特殊技术"④。所谓法律是人类行为的一种秩序，就是说，法律是调整人们行为的，因而它建立了一种社会秩序。法律和其他许多人类行为秩序或社会秩序，包括宗教和道德秩序的区别在于，法律是一种强制性秩序。凯尔森认为，法律是由规范构成的。什么是法律规范？"'规范'是表达某人应当如何行为这一事实的一个规则，而并没有任何人真正'要'他这样做的含义。"⑤ 所以，"一个非个人的、无名的'命令'，就是规范"⑥。所谓"某人应当如何行为"，既不是指另一个人的"意志"或"命令"要他这样行为，也不是指任何应当作的人实际上就这样做。"规范所表达的思想是，某种事应当发生，特别是人们应当如何行为。"⑦ "对说明法律来说，'应当'和'现实'的区别是根本的"。⑧ "应

① Austin, Lectures on Jurisprudence , P11 ~ 12.
② Austin, Lectures on Jurisprudence , P82.
③ Austin, Lectures on Jurisprudence , P143.
④ 凯尔森：《法和国家的一般理论》，哈佛大学出版社 1945 年版，第 3、5 页。
⑤ 凯尔森：《法和国家的一般理论》，哈佛大学出版社 1945 年版，第 35 页。
⑥ 凯尔森：《法和国家的一般理论》，哈佛大学出版社 1945 年版，第 36 页。
⑦ 凯尔森：《法和国家的一般理论》，哈佛大学出版社 1945 年版，第 36 页。
⑧ 凯尔森：《法和国家的一般理论》，哈佛大学出版社 1945 年版，第 37 页。

当”和“现实”的区别在于，规范的含义仅指它规定人们“应当如何行为”，而不是指人们“实际上如何行为”。所谓“应当”和“现实”的区别，对法律而论言，就是指法律的“效力”和“实效”的区别。法律效力是指法律规范有拘束力，人们应当像法律规范规定的那样行为，应当遵守和适用法律规范。至于法律的实效，是指人们实际上就按照规范所规定的那样行为，法律规范实际上得到遵守。

针对自奥斯丁以来围绕法律概念的各种各样的争论，哈特认为，发生这些争论的主要原因实际上是一种语言上的原因，或者说是人类语言本身的缺陷导致人们对法律概念的无休止的争论。他反对对法律概念传统的下定义的方法，主张采用根据这些概念的具体情况进行逻辑分析的方法。哈特的主要著作《法律的概念》就是运用语言分析的方法来分析法律的概念。他重点分析了奥斯丁的法律命令说，指出其缺点：这一定义似乎只适用于刑法，而刑法只是所有法律中的一种；除了义务性的法律规范，还有授权性的法律规范；有的法律的产生形式也不同于命令，例如习惯法，它并不是以明文规定的形式产生的；按照奥斯丁的学说，掌握主权者是指习惯地让人服从但自己却不受法律限制的人，这种解释不能反映现代立法的一个重要特征，即立法权力的连续性，而且掌握主权者这一用语也不足以说明现代国家的全体选民或立法机关它们本身也都是受法律限制的。哈特认为这一失败的根源在于：用以创立这一学说的那些因素，即命令、服从、习惯和威胁的观念，都没有包括“规则”这一观念，而没有这一观念，我们就根本谈不上去阐明法律。法律规则包括“主要规则”和“次要规则”。主要规则设定义务，即要求人们从事或不从事某种行为，而不管他们愿意与否；次要规则授予权力。哈特以小型社会为原型说明法律是如何产生的。小型的、简单的原始社会仅存在主要规则，即设定义务的规则，它存在三个缺点：不确定性、静态性和用以维护规则的社会压力的无效性。大型社会中，必须要有一种法律制度，以消除以上三个缺点，因此要补充三种次要规则：承认规则、改变规则和审判规则。其中，承认规则是最重要的，事实上它是法律制度的基础，它提供了用以评价这一制度其他规则的效力的准则。哈特十分强调主要规则和次要规则的结合，认为这是“法律科学的关键”、“法律制度的中心”①。哈特还进

① 哈特：《法律的概念》，英国 Clarendon 出版社 1972 年版，第 79、95 页。

一步分析了对法律规则的两种观点：一种是内在的观点，持有这种观点的人是指接受这种规则并以此作为指导的人；另一种是外在的观点，持有这种观点的人是指他本人并未接受，但却是观察这些规则的人。哈特从这两种观点的学说出发，对法律的本质和作用下了一个结论。他说，一个具有法律的社会，既有从内在的观点出发将法律规则当作已接受的行为准则的人，也包括了必须以武力或武力的威胁为之强行设定这些法律准则的人。"这两部分人之间的平衡将取决于许多不同因素。如果这一制度是公正的，并真正关注所有它所要求服从的人的巨大利益的话，它就可以取得和保持大部分人长期对它的忠诚，从而也将是稳定的。相反的，这一制度可能日益成为压制性的和动摇的，具有产生动乱的潜在威胁。"①

新分析实证主义法学的代表人物拉兹提出了以渊源为基础的法律概念。他认为，围绕实证主义法学的争论主要是以下三个问题，即是否法律、法律的道德价值及法律基本术语的含义。这三个问题可以称为分析实证主义法学的社会论、道德论和语义论。社会论是指是否法律是一个社会事实；道德论是指法律的道德价值是一个以法律内容和应用法律的社会情况为转移的偶然事件；语义论的意义只能从消极意义上讲，即权利和义务等同的意义在法律和道德中是不同的。这三论中，社会论是基本的，它也表明实证主义这一名称，即法律是实定的，是由于人的活动而产生的。是否法律是一个事实问题，法律的认定与道德无关。法律的存在和内容完全是由社会渊源决定的，"法律渊源就是法律借以生效并认定其内容的那些事实"②。因此实证主义法学的社会论也可以称为以渊源为基础的法律概念，简称渊源论。和以渊源论来认定法律的概念相关的问题是法律的同一性问题，即"决定某个法律是否是特定法律制度的组成部分的标准问题"③。拉兹认为哈特最认真地探讨了这一问题。哈特主张，凡法院必须承认和适用的就是法律制度的组成部分，但事实上法院还经常适用其他国家的法律或私人组织的规则，但它们并不是本国法律制度的组成部分；同时承认规则也没有解决法律制度的连

① 哈特：《法律的概念》，英国 Clarendon 出版社 1972 年版，第 197 页。

② 拉兹：《法律的权威：法律和道德论文集》，英国 Clarendon 出版社 1979 年版，第 47 ~ 48 页。

③ 拉兹：《法律的权威：法律和道德论文集》，英国 Clarendon 出版社 1979 年版，第 79 页。

续性问题，一个法律制度由另一法律制度所代替也就带来承认规则的更换。拉兹认为，哈特忽视了国家和法律的关系；同时还认为，“法律理论必须（至少部分地）以国家理论为基础。否认这一点是凯尔森的最严重的错误。但国家理论也部分地以法律理论为基础——二者是密切联系的”①。

（二）法律和道德

法学学科的起点，在近现代法哲学看来，是不能回避的问题。而在奥斯丁看来，起点就是阐述“法”的特征，确定“法”的概念。说明了基本对象的特征和概念，阐述了法律科学范围的任务，其完成就是指日可待的。奥斯丁将法定义为一种命令，并且是一种普遍性质的命令。但为什么还存在诸如“自然法”、“万民法”、“国际法”呢？奥斯丁认为，正是基于我们采用类似于语词的类比修辞活动来考察对象，从而将一种原来不属于正宗“法律家族”的对象设想为“法律家族”的成员。法理学的任务，就是清理这门学科中语言修辞活动滋养的“病灶”。奥斯丁严格区分了“实际存在的法”和“应当存在的法”。法理学要变成一门科学，必须剔除“应当存在的法”。通过对法律主导术语的分析，奥斯丁将法律从道德中分离出来，法理学从立法科学中分离出来。法理学从此变成了不包含任何道德价值判断的、纯粹的科学。

凯尔森的纯粹法学“旨在从结构上分析实在法，而不是从心理上或经济上解释它的条件或从道德上或政治上对它的目的进行评价”②。这也就意味着纯粹法学将道德等主观价值判断排除在外。纯粹法学“之所以纯粹，就因为它设法从对实在法的认识中排除一切与此相关的因素。这一主题以及认识的范围必须确定两个方向：特定的法律科学，通称为法学的学科，一方面必须同正义哲学区别开来，另一方面，同社会学，或对社会现实的认识区别开来”③。纯粹法学主张将法律和正义作为两个不同的问题来研究，反对将法律和正义混为一谈。由于人们分属许多不同的国家、阶级，有不同的宗教信仰，所以就有许多截然不同的正义概念。正义是一种主观的、

---

① 拉兹：《法律的权威：法律和道德论文集》，英国 Clarendon 出版社 1979 年版，第 99 页。

② 凯尔森：《法和国家的一般理论》，哈佛大学出版社 1945 年版，序言。

③ 凯尔森：《什么是正义》，第 266 页，转引自沈宗灵：《现代西方法理学》，北京大学出版社 1992 年版，第 157 页。

相对的价值判断。因此，纯粹法学宣布："自己不能够回答某一法律是否合乎正义以及正义究竟包括什么要素。纯粹法学作为一门科学之所以不能回答这一问题，因为这一问题是根本不能科学地回答的。"① 由此可见，纯粹法学努力回答的是"法律是什么"而不是"它应当是什么"，它脱离了任何意识形态的考虑，对法律体系没有作任何价值判断，道德和法律是分离的。

哈特在区分"法律实际是什么"和"法律应当是什么"的基础上，详细讨论了法律和道德的关系。他的基本观点是：任何法律都会受到一定社会集团的传统道德的深刻影响，也会受到个人的、超过流行道德水平的、更开明的道德观点的影响；但不能由此得出结论说，一个法律制度必须符合某种道德或正义，或一个法律制度必须依靠服从法律的道德义务，或一定法律制度的法律效力的根据必须包括某种道德或正义原则。总之，法律和道德是有联系的，但并无"必然的联系"。"这里我们说的法律实证主义的意思，是指这样一个简明的观点：法律必须反映和符合一定道德要求，尽管实施上往往如此，然而不是一个必然的真理"。② 显然，哈特的观点既坚持了法律实证主义的立场，同时又倾向于向自然法学说靠拢，这更明显地体现在"最低限度内容的自然法"理论。该理论认为：人的目的是为了生存。"我们关心的是为了继续生存进行社会安排，而不是为自杀俱乐部进行安排"。③ 因此，根据人性及人类生存世界的事实的明显判断，就必须有某些行为规则，它们构成了一个社会的法律和道德的共同因素。这些行为规则就是哈特所说的"自然法的最低限度的内容"。这些规则包含五个简单判断和公理：人的脆弱性、大体上的平等、有限的利他主义、有限的资源及有限的理解和意志力。哈特进一步认为，对法律和道德之间关系的不同理解，往往体现在怎样看待一个在法定形式下制定的，但在道德上却是不正义的、邪恶的法律。哈特提出了广义的法律概念和狭义的法律概念。广义的法律概念，包括良法和恶法，狭义的法律概念仅指良法。哈特主张，广义的法律概念胜过狭义的法律概念，因为前一概念能帮助我们看到法律问题的复杂性和多样性，狭义的法律概念却使我们对这些问题视而不见。

① 凯尔森：《法和国家的一般理论》，哈佛大学出版社 1945 年版，第 6 页。
② 哈特：《法律的概念》，英国 Clarendon 出版社 1972 年版，第 181 ~ 182 页。
③ 哈特：《法律的概念》，英国 Clarendon 出版社 1972 年版，第 188 页。

拉兹提出了以渊源为基础的法律概念，主张是否法律是一个事实问题，法律的认定与道德无关；法律符合道德并不是成为法律或有道德约束力的一个条件。法律之符合道德并不是必然的，是以法律的创建和应用的特定情况而定的。同样地，法律上的权利和义务可能同道德上的权利和义务是对立的。法律虽不同于道德，但两者是密切联系的：一个理由是人们在考虑法官的任命时，既要考虑到他的法律才能又要考虑到他的道德品质和修养，人们对法庭判决的评价也是既考虑到法律上能否成立又考虑到道德上是否良好。人们通常认为，法官适用法律时利用法律才能，发展法律时利用道德论据。这些客观现象都足以说明道德和法律之间的区别和联系。另一个理由是法律的作用。社会生活需要社会成员间的协调和合作，但他们又都有不同看法和要求。为此，社会需要很多权威性规则，但并不是所有规则，包括道德，都是法律。这一现象同样也表明了法律和道德之间的区别和联系。

（三）法律的体系和法律的方法

在法律实证主义看来，法律是一个封闭的体系，这个体系不利用其他学科中的任何东西作为它的前提。在这样一个合乎逻辑的内部一致的乌托邦中，实在法应该被制定出来并得到服从，司法判决就是从事先存在的前提中逻辑地演绎出来的。

奥斯丁在《法理学的范围》中限定了法理学的研究范围，系统地阐述了他对法律和法学的理解。而在《法理学讲义》中，他提出了一般法理学的内容。首先，奥斯丁提出了若干法律的基本名词概念，即“主导术语的分析”。在这些基本概念中，他详细地分析了“自由—权利”、“义务—责任”、“权力”、“伤害—义务”、“过失”和“自然人—法人或者虚拟的人”。其次，奥斯丁勾勒出一幅法律体系的图画。他将法律体系最一般地区分为人法和物法。在物法中，他区分了对世权和对人权。在人法中，他又区分了三种情况：第一，为私人的情况，其中又包括家庭中的人和职业的人，前者比如丈夫和妻子、父母和子女、主人和奴隶、主人和仆人及其他；第二，为政治的情况，其中包括法官、司法部长、国防官员、税务官员、教育官员、公共事务官员；第三，为相似的和其他的情况，其中有外国人、宗教无能力人和犯罪无能力人。最后，奥斯丁论述了法理学的意义。他区分了一般法理学和特殊法理学，前者涉及许多国家法律体系共同的原则、概念和特征，后者是一个特定国家的法律理论。

区分了法理学和立法学，前者的对象是实在法，在很大程度上不涉及它的好坏，后者涉及法律体系的原则，也就是功利主义原则。还对法律主导术语进行分析，认为法律可以从道德中分离出来，成文法可以从不成文法中分离出来，法理学可以从立法学中分离出来。

凯尔森认为，一个共同体的法律规范的总和构成一个法律秩序，或法律规范体系。但是什么东西使许多规范构成一个秩序或体系呢？什么时候某一规范属于这一规范体系和秩序呢？在凯尔森看来，一个规范的效力来自于另一个规范，每一个规范效力的理由都来自另一个更高的规范，“一个不能从更高规范中引出其效力的规范，我们就称之为‘基本规范’。凡能从同一个基本规范中追溯其效力的所有规范，组成一个规范体系或一个秩序”[①]。这一基本规范是组成一个体系或秩序的各个规范之间的纽带。一个规范是否属于某一规范体系或秩序，标准就是它是否从这一体系或秩序的基本规范中引出其效力。凯尔森区分了两种规范体系：一种是静态的规范体系，其特点是，这一体系的规范之所以有效力，是由于它的所有特殊规范及基本规范的内容具有一种自明的效力。道德规范就属于静态规范体系。自然法也像道德规范一样，是从一个自明的“自然意志”或“纯粹理性”的基本规范中推导出来的。另一种是动态的规范体系，其特点是，这一体系的规范之所以有效力，不是通过逻辑推理的智力活动从基本规范中推论出来的，而是通过一种特殊的意志行为创立的，即每一特殊规范是由另一更高的规范，最终由基本规范规定的方式所创立的。基本规范仅建立了一定的权威，这一权威又依次把创立规范的权力授予其他权威。这种体系中的各个规范，只能由某一更高规范授权创立规范的人通过意志行为加以创立。这种授权是一种委托。一个动态的规范体系体现为一个以基本规范作为顶峰的、层层委托、层层授权的规范等级体系，从而也就构成了规范秩序的统一化。基本规范的效力来源何处？“它是被假定有效力的；而它之所以被假定有效力，因为没有这一假定，人们的任何行为都不能被解释为法律行为，尤其是创立规范的行为”。[②] 实在法就属于动态规范体系。

在哈特看来，要纠正奥斯丁法律命令说的错误，阐明最基本形

① 凯尔森：《法和国家的一般理论》，哈佛大学出版社 1945 年版，第 111 页。
② 凯尔森：《法和国家的一般理论》，哈佛大学出版社 1945 年版，第 116 页。

式的法律，需要一个新的开端。这个新的开端就是法律规则说，即所谓第一性规则和第二性规则的结合。基本规则或第一性规则要求人们做一定的行为或者禁止人们去做一定的行为；第二性规则是附属性的，它引入新的规则，以废除、修改旧的规则，决定它们的范围和运作的方式。第一类规则设定义务，第二类规则授予权力。第一类规则涉及物质运动和变化有关的行为，第二类规则引起义务或责任的产生和变更。“法理学科学的关键”就在于“这两类规则的结合”①。哈特认为小型社会仅存在主要规则，即设定义务的规则，它存在三个缺点：不确定性、静态性和用以维护规则的社会压力的无效性。大型社会中，必须要有一种法律制度，以消除以上三个缺点，因此要补充三种次要规则：承认规则、改变规则和审判规则。其中，承认规则是最重要的，即确认具有某些特征的规则，使它们成为这个社会所要遵循、有社会压力支持的规则。事实上它是法律制度的基础，是一个最终的规则，也是一个最高的规则，它提供了用以评价这一制度其他规则的效力的准则。虽然哈特认为，两种规则的结合是充分解释法律的最好方式，但他也意识到无法克服的难题，他甚至认为，法律制度本身就存在一种自身的病状，一种法律本身的空缺，这种空缺源于人类语言本身的空缺。由于这种空缺，出现两种极端的理论，一个是坚信规则的机械法学，即形式主义；另一个是拒绝规则的现实主义法学，特别是其中的规则怀疑主义。哈特最终回到他的规则论，形式主义和规则怀疑主义是法律理论中的两极。它们都极为夸张，但都不无裨益，而真理就在它们之间。法律的真理只能通过它的承认规则予以解释，即承认规则是法律制度的基础，它将法律效力具体化和标准化。在承认规则具有一般权威性的同时，也要承认规则适用时法官的创造性。

拉兹在分析自奥斯丁以来的实证主义法学传统的基础上，认为要准确地分析法律制度，需要从四个方面进行。法律体系理论所包含的这四个问题，在大多数情况下，为几乎所有的分析法学家所忽视：第一，法律制度的存在问题。一种法律体系存在的标准是什么？他继承和发展了奥斯丁和凯尔森的观点，认为如果服从法律的情况与遵守法律的机会总数之比达到一定的比例，那么这种法律制度就存在。在确定法律制度得到遵守和服从的程度时，他提出了一些参

① 哈特：《法律的概念》，英国 Clarendon 出版社 1972 年版，第 83 页。

考性的因素：避免过于简单的计算；考虑到不同犯罪的不同危害性；考虑到与法律无关的情况和意图；考虑到法律知识及其对人们行为的影响；考虑到权利的行使和义务的遵守；给予宪法性法律以更大的重要性。第二，法律制度的确认问题。决定一种法律归属于某一体系的标准是什么？一个主要的法律适用机关所适用和认定的法律，就构成了一个法律制度。主要的法律适用机关是指有权决定是否使用强制力以禁止或许可的机关。尽管立法机关的法律创制活动是现代社会法律制度的特征，但这并不是任何一种法律制度的特征，而所有的法律制度并非都是立法机关的产物。第三，法律制度的结构问题。所有的法律体系是否都有一个共同的结构？或者某类法律体系是否具有共同的结构？他认为应该从法律的个体和整体的关系上分析法律的结构，为此，他提出了法律的个别化理论，即法律理论是由个别的法律命题所构成的。拉兹提出了下列法律命题：每个法律制度都有设置义务和授予权利的规则；它们都是法律规范；每个法律制度都有若干种非法律规范；所有非法律规范都与法律规范存在一种内在的关系；法律规则之间可能发生冲突。关于法律之间的关系，拉兹强调，法律制度是由许多相互影响的法律所组成的复杂的体系，其中存在两种基本的关系：一种是法律之间存在一种创始性结构，即法律之间的决定和被决定的关系；另一种是法律的操作性结构，即法律被适用的条件下的相互作用。第四，法律制度的内容问题。究竟有没有一些法律，会以这样或那样的形式出现在所有的法律体系中或者某类体系中？有没有一些内容对于所有的法律体系都是不可缺少的？或者有没有一些重要的内容可以区分重要的法律类型？拉兹的《法律体系的概念》重点分析前三个问题。①

麦考密克的制度法学重点分析了法律推理的方法。他的法律推理学说具有两个特征：一个是将法律推理同法律理论联系在一起，即将法律推理看做是法律理论中的一种重要内容。另一个是将法律推理问题和休谟的实践理性的一般学说联系在一起。他认为，法律辩论实际上是说服人，而说服的功能是指出“正当理由”。无论是原告提出主张，还是被告辩护，或是法庭判决，都是为了提出正当理由。他研究了提出正当理由的辩论过程，认为演绎推理对法律辩论

① 参见拉兹：《法律体系的概念》“导言”，吴玉章译，中国法制出版社 2003 年版。

的作用是明显的。这种推理旨在说明："一个命题（辩论的结论）是其他某个或某些命题（辩论的前提）中所默示的。一个演绎辩论，不管前提和结论是什么内容，如果它的形式它的前提，事实上意味（或造成）结论，那么它就是有效的。任何人如果肯定前提同时又否认结论，那就构成了自我矛盾。"[①] 但这种推理方式是有局限的，在发生法律争论的大部分案件中，演绎推理是不适用的。他列举了三种例外的情况：一是所谓"有关"问题，即在什么法律规则同有关问题上发生争论；二是"解释"问题，即如果法律用语含糊不清，法院必须在两种不同的解释中作出选择；三是所谓"分类"问题，即对事实的不同的认识。以上三个问题都属于形式正义的要求。形式正义的条件是任何决定必须是普遍化的。此外，还有一致性和协调性的实质要求问题。总之，符合形式正义的要求，一致性和协调性的实质，以及在法律原则和类推范围内，都属于他所称的"结果论辩论"或后果推理的范畴。这里所讲的结果有三种评价准则：一是改正正义的考虑，即"任何过错都有补救办法"；二是对"常识"的考虑，司法上的表示归根到底反映在社会道德准则上；三是对公共政策的考虑。

二、社会学法学

对法律进行一种社会学的解释，最早产生于19世纪末，创始人是法国的孔德。这种理论与方法有三种名称：一是社会法学，二是社会学法学，三是法律社会学。三种名称实质上指的是同一含义，都是以社会学观点和方法研究法，强调法对社会生活的作用和效果及各种社会因素对法的影响，并认为法或法学不应像19世纪那样强调个人权利和自由，而应强调社会利益和法的社会化。社会法学家不仅主张法律是一种社会现象，而且特别强调法的社会作用和效果；他们不仅强调个人的权利和自由，而且强调社会利益和社会调和；不仅是从人文科学、生物学、心理学等某一个单独的角度去解释法律，而且综合各门学科解释法律现象。

社会学法学最早产生于欧洲，后传入美国，20世纪的社会学法学包括欧洲社会学法学和美国社会学法学。其中美国社会学法学有

---

① 麦考密克：《法律推理和法律理论》，牛津大学出版社1978年版，第21～22页。

自己的独特特点：首先，它以在美国实用主义哲学作为思想基础。其次，它体现了美国法律制度的许多特点，如美国是判例法国家、法官地位突出等。最后，它的兴起和当时美国总统罗斯福推行的“新政”及美国最高法院的改组密切联系。因而美国的社会学法学具有较多的自由主义和改良主义色彩。因此，有法学家认为，实用主义哲学、社会学法学和现实主义法学一起共同构成了美国第一个本国的法律哲学。①

关于社会学法学的基本思想，庞德在《社会学法学的范围和目的》论文中指出，社会学法学家所要解决的主要问题是，在创立、解释和适用法律方面，更加注意与法律有关的社会事实。为此，他提出了八点纲领性意见：第一，研究法律制度和法律学说的实际社会效果；第二，为准备立法进行社会学的研究；第三，研究使法律生效的手段；第四，法律研究的方法应该是既要对司法、行政和立法及法学的活动进行心理学的研究，又要对理想的哲理进行研究；第五，对法制史应进行社会学的研究，要研究法律原理在过去发生了什么社会效果及如何发生的；第六，承认对法律规则分情况加以适用的重要性，力求对各个案件都能正当、合理地加以解决；第七，在普通法系国家中司法部的作用；第八，所有以上各点都是达到一个目的的手段，即力求使法律秩序的目的更有效地实现。② 庞德还进而提出了社会学法学和其他主要法学派别的区别：第一，社会学法学注重的是法律的作用而不是它的抽象内容；第二，和分析法学认为法律是人们有意识的创造，历史法学和哲理法学认为法律是被发现的观点不同，社会学法学认为，法律是一项社会制度，是可以通过人的智慧和努力加以改善的；第三，社会学法学强调法律所要促进的社会目的，而不是强调制裁；第四，社会学法学认为法律规则的种种形式仅仅是手段问题，更重要的是法律制度、法律学说和法律规则的作用，并认为应研究如何使法律形式最适合当时当地的法律秩序的问题；第五，社会学法学所使用的是实用主义方法，但其哲学观点却各种各样。实证主义者、经验主义者或现实主义者，都

---

① 参见帕特森：《法理学》，第556页，转引自沈宗灵：《现代西方法理学》，北京大学出版社1992年版，第249页。

② 参见庞德：《法理学》，第358页，《哈佛法律评论》1912年4月号，第512～516页，转引自沈宗灵：《现代西方法理学》，北京大学出版社1992年版，第282～284页。

可以从不同的出发点来阐释社会学法学。[①]

(一) 什么是法律?

狄骥是社会连带主义法学的代表,社会连带关系的观念是狄骥的全部学说的核心。"人们相互有连带关系,即他们有共同需要,只能共同加以满足;他们有不同的才能和需要,只有通过相互服务才能使自己得到满足。因而,人们如果想要生存,就必须遵循连带关系的社会法则。连带关系并不是行为规则,它是一个事实,一切人类社会的基本事实"。[②] 社会连带关系可以分为两种:第一种是同求的。人既是个人的又是社会的,他的个性越发展,也就越感到与他人的密切,从而也越是社会的。这种连带关系不同于社会契约论,后者是建立在自然状态下孤独的个体基础上,而前者所处的社会本身是一个自然事实,人们始终只能生活在社会中。第二种是分工的。这是因为,人固然有相同的思想、愿望和需要,但同时又存在相反的情况,即人们之间存在差异性和不同个性的发展。因此,人与人之间意识到必须相互服务,而且只有自己更多地活动,才能与人有更多的交换。所以,社会性和分工的发展成正比例,分工又和每个人的不同个性成正比例。狄骥认为,社会连带关系既然是一切人类社会的基本事实,因而尽管它本身不是人们的行为规则或社会规范,但却是所有这些规则或规范的基础。这种规则或规范包括三个原则:第一,尊重旨在达到社会连带关系的一切行为,绝不妨碍其实现并尽可能地促其实现;第二,不应从事任何有悖于社会连带关系的行为;第三,在实现社会连带关系中进行合作。他将这种行为规则或社会规范分为经济、道德和法律三种,它们构成一个体系,其中法律规则居最高级。狄骥进而认为,这种法律规则或社会规范就是所谓的"客观法",它不同于实在法,即国家制定的法律。客观法是和人类社会同时存在的,它本身就具有制裁力,即使在国家出现以前就已存在。它存在于国家之外,国家的职能在于实现客观法,因而客观法高于国家及其制定的实在法。客观法,即"……法律规则的概念,如果理解为赋有社会制裁的一种社会规则来说,是全然不依

---

① 参见庞德:《法理学》,第 291～294 页,《哈佛法律评论》1912 年 4 月号,第 516 页,转引自沈宗灵:《现代西方法理学》,北京大学出版社 1992 年版,第 284～285 页。

② 狄骥:《国家、客观法和实在法》(选录),载美国法学院协会主编:《现代法国法律哲学》1921 年版,第 259 页。

国家观念为转移的。这一概念先于并高于国家观念，并比后一观念更为广泛”。实在法仅仅是客观法的“陈述”，是用来保证尊重客观法的“手段的组织”。[①]

埃利希在《法律社会学的基本原理》一书中提出了他的法律社会学的基本思想：“无论是现在或者是其他任何时候，法律发展的重心不在立法，不在法学，也不在司法判决，而在社会本身。这段话也许就包含了陈述法律社会学基本原理每一个企图的实质”，“社会就是具有相互关系的各种人类联合的总和”。[②] 他在分析法律概念时反对传统的法律概念，即法律是一种由国家维护的强制性秩序。这一概念包含四个因素：第一，它是由国家创立的；第二，它是法院判决的根据；第三，它是因判决而来的法律强制力的根据；第四，法律是一种秩序化。其中只有第四个因素是要保留的，并作为他的学说的出发点。他认为，法律有两种：一种是国家制定的，即“国家法”；另一种是“社会秩序”本身，或者叫人类联合的内在秩序。但以往了解法律性质的企图都是失败的，因为其都不是以联合的秩序而是以法律命题作为基础。法律是社会秩序本身，就是联合的内在秩序。这种法律，埃利希称为“活法”，它不同于国家制定的或由法院强制执行的法律。“活法”的出现比国家法的出现要早，并且“活法”的作用要比国家法的作用大。

庞德认为，法律这一概念具有三种意义：第一种意义是法律秩序，即通过有系统、有秩序地运用政治组织社会的强力来调整关系和安排行为的制度。第二种意义是指一批据以作出司法和行政决定的权威性资料、根据或指示。第三种意义是指司法和行政过程，即为维护法律秩序而根据权威性指示以解决各种争端的过程。庞德认为，法律的这三种意义，只有用社会控制的观念才能加以统一。因此，总的来说，法律就是“一种制度，它是依照一批在司法和行政过程中运用权威性律令来实施的、高度专门形式的社会控制”[③]。庞德指出，关于法律概念的争论往往集中在以上所讲的第二种意义上，但这一意义上的法律是由律令、技术和理想构成的。“一批权威性的

---

① 参见狄骥：《国家、客观法和实在法》（选录），载美国法学院协会主编：《现代法国法律哲学》，1921 年版，第 320、342 ~ 343 页。

② 埃利希：《法律社会学基本原理》“序言”，哈佛大学出版社 1936 年英文版。

③ 庞德：《法理学》第 1 卷，第 15 页，转引自沈宗灵：《现代西方法理学》，北京大学出版社 1992 年版，第 299 页。

律令，并根据权威性的传统的理想或以它为背景，以权威性的技术对其加以发展和适用”。[①] 人们在讲第二种意义上的法律时，往往简单地解释为它的第一种成分，即权威性律令，而忽视了技术和理想的成分。法律概念的复杂性还在于上述第一种成分“律令”本身，“它是由规则、原则、确定概念的律令和建立标准的律令构成的”[②]。总之，庞德认为，法律概念是十分复杂的，各个学派对法律概念的理解差异很大。分析法学派主要讲的是权威性律令中的立法因素，历史法学派了解社会控制的连续性，却看不到一种高度专门化的社会控制，而哲理法学派仅注意到了法律中的理想成分。庞德要强调的是法律中司法和行政过程的意义。

以卢埃林为代表的现实主义法学比庞德的社会学法学走得更远。他贬低甚至否认法律规则或规范，主张法律即是法官或其他官员处理案件的行为或对这种行为的预测。在卢埃林看来，“那些负责做这种事的人，无论是法官、警长、书记官、监管人员或律师，都是官员。这些官员关于纠纷做的事，在我看来，就是法律本身”[③]。这一法律概念包括了他的两个基本思想：一是解决纠纷，二是官员行为。现实主义法学的另一个代表人物弗兰克坚决反对法律的确定性，认为法律并不是“书本上的法律”，而是“行动中的法律”；不是固定的规则，而是官员，特别是法官的行为；不是一个规则体系，而是一批“事实”。“就任何具体情况而言，法律或者是：（1）实际的法律，即关于这一情况的一个已作出的判决；或者是（2）大概的法律，即关于一个未来判决的预测”。[④]

（二）法律的研究方法

埃利希反对传统的法学研究方法，即法学家习惯于将国家制定的法律条文当作是自己的主要研究对象，他们推定全部法律就在法律条文中，所以研究者的工作就是收集法律条文，并解释这些材料的内容。与此相反，埃利希认为，法学研究的主要对象是“活法”，

---

① 庞德：《法理学》第2卷，第107页，转引自沈宗灵：《现代西方法理学》，北京大学出版社1992年版，第299页。

② 庞德：《法理学》第2卷，第124页，转引自沈宗灵：《现代西方法理学》，北京大学出版社1992年版，第300页。

③ 卢埃林：《棘丛》，美国Ocean出版公司1960年版，第12页。

④ 弗兰克：《法律和现代精神》，第50～51页，转引自沈宗灵：《现代西方法理学》，北京大学出版社1992年版，第335页。

因为这是“支配生活本身的法律，尽管这种法律并未被制定成法律条文”①。活法的科学意义不限于它对法院所适用的裁决规范或对成文法内容的影响。活法的知识具有一种独立的价值，它是人类社会法律秩序的基础。活法的知识来源有两个：“第一，现代法律性文件；第二，对生活、商业、惯例、所有联合的直接观察，不仅有法律所承认的，而且还有为法律条文所忽视和省略掉的东西，其实甚至还有为法律条文所不赞成的东西”。② 现代的法律生活并不是法律条文占统治地位，而是这些法律性文件。但法律性文件也不代表全部“活法”，“活法”才是支配生活本身的，是人们在实际生活中遵守的，因此要把实际观察当作知识的第二个来源。

霍姆斯从“法律的生命不是逻辑，而是经验”表达了他对法律研究方法的看法。他认为，以往的历史说明了在法的发展过程中，存在形式与实体之间的矛盾。就形式而言，法的演进是逻辑的，每一个新的判决都是根据已有的先例推理出来的，但历史是发展的，以前先例存在的理由逐步被忘却。就实体而言，法的成长是立法。但是，法院对于已有法律所作的判决实际是新的法律。立法的确是判决的基础，但法官更多吸取的是生活中的养料。因此，这里的“经验”是指法官在遵循先例的前提下，充分根据变化中的社会生活，给予先例以新的生命。不仅如此，霍姆斯还进一步提出了“法官哲学”的概念。“法律研究的目的是一种预测，即对公共权力通过法院的工具性活动产生影响的预测”。③ 法官哲学的出发点——以法官为中心，以法官判决的可能内容作为研究对象。什么是法官哲学的研究方法？就是阅读、分析各种判决和成文法，这些法律文件蕴含着对法官今后判决的种种预测。从预测的角度来看待法，就是以坏人的眼光，分析可使他预测实在结果的知识，而不论这种知识在法之内还是在法之外。“法院实际将做什么的预测，而不是其他自命不凡的什么，就是我所谓的法律的含义”。④

---

① 埃利希：《法律社会学基本原理》，哈佛大学出版社 1936 年英文版，第 493 页。

② 埃利希：《法律社会学基本原理》，哈佛大学出版社 1936 年英文版，第 493 页。

③ 霍姆斯：《法律的道路》，转引自张乃根：《西方法哲学史纲》，中国政法大学出版社 1993 年版，第 259 页。

④ 霍姆斯：《法律的道路》，转引自张乃根：《西方法哲学史纲》，中国政法大学出版社 1993 年版，第 260 页。

（三）法律的作用和任务

庞德的社会学法学从强调法律的社会作用和效果这一核心思想出发，提出了法律是一种“社会工程”或“社会控制”工具的学说。法学是一门社会工程学，它要求人们对待法律看法要和对待工程的看法一样。工程是指一个过程，一种活动，而不仅仅是一些知识或一个固定的建筑体系。人们对一个工程师的才能的判断，是以他所从事的工程的质量的优劣来衡量，而不是根据他的工作是否符合一个传统的理想形式来判断。庞德还认为，法律是一种社会控制的工具。为什么要进行社会控制，这是由人类的本性所决定的。在庞德看来，人具有双重本性：一方面是相互合作的社会本性，另一方面是个人主义的本性。因而有不同的主张和要求，这里就存在矛盾和冲突：人们各自不同的要求是无限的，但社会满足这些要求的机会是有限的，这种情况必然发生相互利益的冲突。所谓利益就是“人们，个别地或通过集团、联合或关系，企求满足的一种要求、愿望或期待；因而利益也就是通过政治组织社会的武力对人们关系进行调整和对人们的行为加以安排时所必须考虑到的东西”①。法律的任务和作用，并不是创造利益，而只是承认、确定、实现和保障利益。法律秩序通过以下办法实现自己的目的：第一，承认某些利益，个人的、公共的和社会的；第二，确定应予承认的利益，并通过司法和行政活动加以实现；第三，力求保障在划定范围内所承认的利益。庞德和耶林一样，将利益分成三类：个人利益、公共利益和社会利益。个人利益是直接从个人生活本身出发，以个人生活名义所提出的主张、要求和愿望；公共利益是从政治组织社会生活角度出发，以政治组织社会名义提出的主张、要求和愿望；社会利益是从社会生活角度出发，为维护社会秩序、社会的正常生活而提出的主张、要求和愿望。这些利益之间是有重叠或冲突的，“对这些利益如何估量，对它们如何评价？用什么原则来决定它们相互之间的分量？在发生冲突情况下，哪些利益应让位？”② 这些是法律的价值、价值准则或尺度问题。庞德认为，没有一种为每个人都能接受并遵守的价值准则，但“即使我们不能证明它们，但我们可以利用它们，把

---

① 庞德：《法理学》第 3 卷，第 16 页，转引自沈宗灵：《现代西方法理学》，北京大学出版社 1992 年版，第 291 页。

② 庞德：《法理学》第 3 卷，第 327～328 页，转引自沈宗灵：《现代西方法理学》，北京大学出版社 1992 年版，第 295 页。

它们看做……已经足够地接近真实”①。庞德从法律规则的制定、发展和适用出发，总结了三种获得法律价值的方法：经验、理性和权威性的观念。

卢埃林现实主义法学中一个重要部分就是有关法律功能的理论。他认为，就法律功能而言，法律是一种制度，而制度是围绕一项工作或一连串工作的有组织的活动。因此，法律功能就是法律工作。法律制度是复杂的，它不仅包括由概念和原则组成的规则，还有对法律制度产生巨大影响的意识形态，以及大量的社会实践，所有这些以不同形式控制了“法律人”的活动。卢埃林将法律功能或法律工作分为六项：第一，解决麻烦事件，所谓“麻烦事件”是指不满、纠纷和冒犯行为等；第二，在充满潜在矛盾的环境中对行为进行引导，引导的目的在于消极地减少或防止麻烦事件，积极地使人们能相互合作；第三，特别是在一个像美国这样的流动社会中，需要对行为进行再引导，以建立新的习惯和期望，使之适应不断变化的生活；第四，在发生疑难或麻烦情况下作出权威性的决定权的分配及对这种决定权形式的调节；第五，对社会和集体的组织和工作提供刺激，其目的是实现有效的领导和管理，为社会和集体提供动力；第六，司法方法的工作，即建立和利用使一切法律工作人员和机制出色地进行工作的技能，这一功能渗入到以上所有功能。这些功能可以包括两个方面：一方面是为了保持社会和集体继续生存的最低限度的条件，另一个方面就是追求正义。正义包括四种属性：第一，这是良好的一个方面；第二，它必须致力于消除、避免和调整人们的冲突；第三，它必须体现公平、公正；第四，由于它是在可靠的短缺状态下起作用的，因而东西不够分配，解决的办法只能是照顾某些人而不是其他人后实行妥协。

（四）法律和道德的关系

法律应该服从和服务于其之外的权威，法律的实现就是伦理的实现，强调法律和道德的紧密关系，这是自然法学的基本思想。而区分法律与道德的关系，切断法律和道德的联系，法理学只涉及实在法，即所谓的严格的法律，而不关心法律的善与恶，这是分析法学的显著特征。对于社会学法学而言，它也是严格区分法律和道德，

① 庞德：《通过法律的社会控制》，第 109 页，转引自沈宗灵：《现代西方法理学》，北京大学出版社 1992 年版，第 297 页。

主张混淆法律和道德只会造成执法的混乱。但它同时也强调法律和道德的联系，特别是在社会中的联系。

正如霍姆斯所说，不可否认，法律是我们道德生活的见证人和外在表现。法律的历史就是一个民族道德的发展史。法律实践的目的就是要造就好的公民和善良的人们。但是，要学好和弄懂什么是法律，就必须区分法律和道德。他说，在尽量避免公共权力的制裁方面，一个“坏人”要比一个“好人”更具有理智。区分法律和道德的现实意义在于：一个并不在意和实践伦理规则的人最有可能避免支付金钱和远离审判。实际上，坏人只看法律的实在结果，从而进行预测，而好人总是用模糊的良心准则从法律里面和外面来寻找其行为的理由。理论上讲，法律充满了来源于道德的术语，通过语言的力量就可以应用法律，而不必从道德上再去认识它们。而且，诸如权利、义务、恶意、目的和过失等法律术语的内容比其道德含义简单。如果把一个人的道德意义上的权利等同于宪法或法律上的含义，其结果只能导致思想的混乱。

关于法律和道德的联系，狄骥认为，既然社会连带关系是一切人类社会的基本事实，因而，尽管它本身不是人们的行为规则或社会规范，但却是所有这些规则或规范的基础。这种行为规则或社会规范分为经济、道德和法律三种。它们构成一个完整的体系，其中法律规则居最高级。经济规则规定有关财富的生产、流通和消费的行为，违反这种规则会产生有关财富及其生产和使用的社会反应。道德规则是有关社会风尚的规则，违反这种规则会引起一种自发的社会反应。法律规则可以同时也是经济规则或道德规则。或者说，经济或道德规则只在一定条件下才上升为法律规则，这种条件是：人们认为这些规则对社会生活及对人们的“双重感觉”都极为重要，因而对违反这些规则的行为应以集体的、有组织的强制干预作为社会反应。所谓“双重感觉”首先是指人们的“社交感”，即人们普遍感到这些规则一经违反，社会连带关系就会趋于破裂；其次是指“正义感”，即感到自己负有对违反社会连带关系的行为必须作出反应的责任。他把这种法律规则称为“客观法”，并和实在法相区别。

庞德则认为，法律是一种社会控制的工具，是对人类内在本性的控制，其有三种主要手段：法律、道德和宗教。最初，这三者是一个整体。在希腊城邦，人们使用一个词来表达宗教仪式、伦理习惯、调整关系的传统方式、城邦立法，当时的“法律”就包含了社会控制的所有手段。当道德发展成一种体系时，人们试图将法律和道德等同起来，而宗教则在很长一段时间里担当了大部分社会控制的责任。但16世纪以后，法律已成为社会控制的首要工具，因为从那时起，社会组织已成为首要的。它具有一种对强力的垄断，所有其他的社会控制手段只能行使从属于法律或在法律确定范围内的权力。但是，法律作为社会控制的首要手段，仍需要其他社会控制的配合。

（五）法律的过程

对于社会学法学而言，法律是一种社会控制，法律就是对法院事实上将做什么的预测，因而它十分重视司法过程或判决过程，甚至将法哲学归结为法官哲学。

埃利希十分反对概念法学，即认为法律是供国家官员作出决定或法官作出判决的根据。他认为这种规则不过是法律的一小部分。同时，法律的目的也不是仅仅为了解决人们之间的争端。法律是社会有机体的组成部分。因此，法官仅仅依靠国家制定的成文法规则是不够的，每一种制定出来的规则，一旦当被确定下来，就已经过时了。负责适用法律的人是本民族和本时代的人，他将根据本民族和本时代的精神，而不是根据立法者的意图来适用法律。为此，他提出了和传统技术主义的判决方法相区别的“自由判决的方法”。自由判决的方法，不是根据成文法规则而是根据法官自由发现的法律来判决。这种方法主张发挥法官的个性和个人的巨大创造力，但不意味着法官专横。“自由判决原则实际上并不关系到法律实质，而却关系到对法官的适当选择。换句话说，这是一个如何组织司法机关，从而为发挥有力的个性提供足够的范围”。[①]

司法过程是现实主义法学的一个重要内容。卢埃林对这一问题的研究主要是他所称的普通法传统的上诉审风格问题。他首先指出，美国60年代初律师界对一般上诉法院的判决感到不安，认为它们已从较稳定的判决转向随意的判决，故这种判决缺乏“可估性”，使人难以预料，结果对法院产生“信任危机”。卢埃林不同意这种看法，他认为当前对上诉法院作出判决的“可估性”远超过了任何健全的人对处理纠纷机构的期望，其可估性足以使有熟练技能的人对类似

---

① 埃利希：《法律社会学基本原理》，哈佛大学出版社1936年英文版，第295页。

情况作出有价值的判断。为此，他系统研究了普通法传统中关于判例法用以保证上诉法院判决可估性的主要稳定因素。这些因素包括：以法律为条件的官员；法律教条；公认的教条技巧；对正义的责任；单一的正确答案；法院的一种意见；来自下面的冻结了的记录；预先使问题限定、突出并拟定措词；律师的对抗性辩论；集体判决；司法保障和诚实；已知的法庭；一般的时期风格；专业的司法官职。稳定因素是美国普通法传统中存在对上诉审判决结果的可估性或可预测性的一系列条件。他区分了两种不同的上诉法院的风格：一种是庄重风格，主要是指诉诸理性而不是死板地服从前例，每一个现在的判决都应根据生活智慧来检验，法律规则也应根据生活智慧来改造。但它也尊重前例，如果前例已没有现实意义，则应重新审视。另一种是形式风格。它仅仅根据法律规则判案，认为政策仅与立法相关，而与法院无关，判决意见是通过演绎的方式、固定形式来表述的，案件应服从原则。显然，卢埃林是赞成前一种风格，反对后一种风格的。

弗兰克反对法律的确定性，认为法律是“行动中的法律”，不是固定的规则，而是官员，特别是法官的行为。他进而具体分析了法官判决的过程。传统的理论认为，法官将规则和原则适用于事实，即将某些规则或原则当作大前提，应用在作为小前提的事实，然后通过纯粹推理过程得出判断，这就是判决的过程。但事实是，法官实际上是通过感觉而不是通过判断来判决的，是通过预感而不是通过推理来判决的，这种推理只出现在判决理由中。对判决最重要的推动力是在一个具体案件中关于是非的直觉感。一个机灵的法官，一旦这样判决后，就动员他的全部才智和心神，不仅要对他本人证明这种直觉的正当，而且要使这种直觉能通过他的批评者的检查。因而他就要回想直接或间接有用的一切规则、原则、范畴和概念，以便选出在他看来将证明他所希望的结果是正当的那些东西。因此，法官获得其预感的方式就是司法活动的关键所在。是什么制造出法官的预感呢？又是什么在刺激法官得出结论的呢？弗兰克认为，通常所说的规则和原则无疑是这种刺激中的一种，但还有其他许多刺激，它们被掩盖而未被揭示出来。法官的判决过程有许多错综复杂的因素，这些因素根据每个人的特点而定，其重要性超过政治、经济或道德的偏见。他把这些因素称为“法官的个性”。弗兰克的结论是：要知道法官创造法律的、制造预感的东西，我们就一定要彻底地知道我们称之为法官个性的东西。“如果法官的个性是司法中的中枢因素，那么法律就可能要依碰巧审理某一具体案件的法官的个性而定”。①

第二节　自然法的复兴

雅斯贝尔斯曾指出，哲学有三种主要根源：惊异、怀疑和震撼。相应的，哲学有三个基本领域：本体论、认识论和存在哲学。每一种本体论哲学首先专注于存在，即客体，其态度就是对一切奇事的奇异表示惊异，这就迫使人们去探求，去发出疑问，因为人们感到惊奇，所以领悟到自己一无所知，并将去探求为何存在者存在，而无反倒不存在。显而易见，这样一种立于存在信赖之上，以客观现实实在性为导向的哲学，只是在一个井然有序、基础稳固，尤其是充满自信的时代才可能出现。因而，在一种精神和文化高度发达的时代，本体论遂成为占支配地位的哲学思潮。客观主义法哲学也是以惊异为其出发点，它所惊异的是：存在本身就包含着秩序和建构；一种事物和关系的“自然”秩序就摆在那里；在人一起生活的共同体中，处处原在地就有法。假如对人类文明自身固有的法则这一存在无动于衷，人们绝不可能提出自然法问题。因为，一个把法看做是纯人为之物的人，如何也会提出公正一类的、不可把握的法的这种问题来呢？唯有从本性上，把法理解成一种外在于我们的思维和意志的既存之物，唯有不否认法的存在属性，才可能有真正的自然法学说。除了存在，自然法别无其他合适的根据。说到底，自然法学说不外是法律本体论，因而，本体论当红之日，就是自然法风光之时。②

自然法的复兴正应验了以上说法。自然法的理论一直是西方法哲学的主导问题。在古希腊和古罗马，自然法代表着人类和宇宙的规律，在中世纪，它代表着神意，而在古典自然法那里，自然法代表着人的理性。到了19世纪，自然法思想受到了分析法学和社会学

---

① 弗兰克：《法律和现代精神》，第120页，转引自沈宗灵：《现代西方法理学》，北京大学出版社1992年版，第340页。

② 参见［德］阿图尔·考夫曼、温弗里德·哈斯默尔主编：《当代法哲学和法律理论导论》，郑永流译，法律出版社2002年版，第15～16页。

法学等的广泛质疑，自然法被指责为虚构、狂热和空洞的代名词。由于自然法学和历史法学的巨大影响，自然法逐渐不再有昔日的辉煌和影响，主张道德和法律分离的、倡导所谓科学的实证主义法学占据了主流。但是第二次世界大战以后，人们从纳粹的血腥法律中认识到，法律未尝不能成为集权和暴行的工具。因此，人们又开始重新探讨法律的价值，重新审视人性和人的尊严，自然法的思想得以复兴。当然，自然法的复兴也存在理论自身发展的需要，实证主义法学的发展也绕不开道德价值问题，因为法律和道德的绝对分离是不可能的。自然法的复兴不是简单的古典自然法的重复，它首先是作为对分析实证主义法学的反动，对二战纳粹法律的反思而出现，它注重法律自身的价值，注重法律之外的因素，同时也在先验和经验、内容和形式、实体和程序之间进行平衡和妥协。在形式上，自然法学的复兴表现为神学的自然法思想和世俗的自然法思想。自然法学的论证范围也不局限于法律范围，甚至政治哲学家也参与到法律价值的探讨中来，比较有影响的如罗尔斯的“正义论”、德沃金的权利科学等，在更广泛的范围内自由主义和社群主义展开了论战，其影响一直持续到当代。

一、新托马斯主义法学

新托马斯主义法学的代表人物是法国人雅克·马里旦。马里旦的学说的主要思想渊源是中世纪的托马斯·阿奎那、古希腊的亚里士多德的思想及现代西方社会学。马里旦的法律思想是和他的社会、政治思想紧密结合在一起的。其主要内容是：提倡以基督教教义改造社会为核心的新人道主义或人格主义；主张国家应为人服务，最终为人能够与上帝生活这一目的服务；自然法是对上帝的永恒法的参与，是人权的哲学基础。

马里旦的社会、政治思想是从分析人的概念及人和社会的关系开始的。他认为，人既是一个个人，同时又是一个人格人。个人和人格人是有区别的，前者是从物质方面出发，而后者则引自精神，人格的根源是这种精神，这是人区别于动物或其他物的地方。因此，人格的观念包含了整体性和独立性。人的本性倾向于社会交往和生活。社会因人性的需要而产生，通过理性和意志而自由地实现。社会的目的是它自身的共同福利，而不是个人的福利或仅仅是构成社会的每个个人的福利的总和。另一方面，作为社会自身目的的共同福利，就是众人的共同福利。个人和社会的关系，就如阿奎那所言，每个人和整个共同体具有像部分对整体一样的那种关系。因此，在马里旦看来，社会这一概念具有四个特征：第一，这一概念是人格主义的。社会是由人格人组成的一个整体，人的尊严先于社会，其本性中包含了独立性的根源，并渴望超越于社会之上的精神自由。第二，这种概念是交往的。人自然倾向于社会和交往，特别是倾向于政治社会，在具体的政治领域中及在人是政治社会的一个组成部分这一意义上，社会的共同福利优于个人的福利。第三，这种概念是多元论的。人的发展需要多数自律的共同体，它们拥有自己的权利、自由和权力，其中有些共同体低于国家，有些则高于国家。第四，这一概念是有神论的或基督教的。上帝，作为人和自然法的原则、目的或首源，也是政治社会和权力的首源；自由和博爱的潮流来自福音；正义和友谊的美德由福音所批准；对人的尊重由福音所宣告等。

马里旦认为，政治社会和国家二者尽管属于一个范畴，但却有区别："政治体或政治社会是整体，国家是这一整体的一个部分——最高的部分"。[①]"国家只是政治体中特别与维持法律、促进共同福利和公共秩序以及管理公共事务有关的那一部分"。[②]人民的概念是所有概念中最尊贵的概念，它不仅是组成政治社会的成员，而且他们每个人都有一个精神的灵魂和超世俗的命运。"人民高于国家，人民不是为国家服务的，国家是为人民服务的"。[③]马里旦称他的以上观点是"工具主义"理论，是真正的政治和国家观念。与此根本对立的是以"实体主义"或"绝对主义"为理论基础的"专制主义"国家观念。和老托马斯主义比较，马里旦的新托马斯主义国家理论，在上帝和国家这两个概念中间，又插进了一个抽象的人民的标志，在上帝是国家最终决定因素这一大前提下，又强调了人民的地位和作用，因而国家是人民建立的；国家的目的在于人民的共同福利；统治者的权威来自人民；人民高于国家，人民的概念是最崇高和尊贵的概念；国家只是一个为人民服务的工具等。

马里旦的主权学说也是和他的工具主义的国家学说密切联系的。他分析了启蒙思想家的主权学说，认为主权这一概念主要指以下因

① 马里旦：《人和国家》，霍宗彦译，商务印书馆1964年版，第12页。
② 马里旦：《人和国家》，霍宗彦译，商务印书馆1964年版，第15页。
③ 马里旦：《人和国家》，霍宗彦译，商务印书馆1964年版，第27页。

素："第一，一种享有最高独立性和最高权力的权利，这种权利是一种自然的不可让与的权利。第二，一种享有某种独立性和某种权力的权利，这种能够独立性和权力在它们固有的范围内是绝对地或超越地最高的……它和主权者所统治的整体是分开的，因此主权者对这一整体的独立性和他统治这一整体的权力是最高的。"[①] 马里旦认为，无论是政治社会、国家或人民都不能拥有这种意义的主权，但"当它从政治移植到形而上学中去时，它就失去了它的毒性了。在精神领域里，是有一个有效的主权概念的。上帝，这个分开的整体，是统治被创造的世界的主权者"[②]。总之，国家、政治社会和人民都不享有主权，只有上帝及基督的代理人和神学家才具有主权。

自然法是新托马斯主义法律思想的核心。像中世纪神学家一样，他也将法律分为永恒法、自然法和实在法，将自然法作为上帝同尘世的社会、政治和法律制度之间的桥梁，他的自然法学说是神学政治论的延伸。马里旦认为，自然法包含两种因素：第一，是本体论因素。自然法的本体论就是指自然法的本质问题，人皆有一种共同的人性而且又是一种赋有智慧的生物，他在行动时知道他在做什么，能决定他所追求的目的。另一方面，他还拥有一种本性，使他本人符合人的本性所要求的目的。因此，"正是靠着人性的力量，才有这样一种秩序和安排，它们是人的理性所能发现的，并且人的意志为了要使它自己同人类基本的和必然的目的合拍，就一定要按照它们而行动。不成文法或自然法就不外乎是这样"[③]。"就其本体论方面，自然法是有关人的行动的理想程序，是合适和不合适行动、正当和不正当行动的一条分水岭，它依靠着人的本性或本质以及根源于这种本性或本质的不变的必然性。"[④] 第二，是认识论要素。人们对自然法的认识是随着人的道德良知的发展一点一点增加的。人的道德良知起初是朦胧的，直到现在仍是不完备的，只要人类存在，这种知识将继续增加和变得更加精细。"只有等福音渗入到了人的本体的最深之处，自然法才会开花并达到完善的境地"。[⑤] 通过人的理性发现自然法，只是指通过人类本性倾向这种方式去发现。"在这中间，

① 马里旦：《人和国家》，霍宗彦译，商务印书馆 1964 年版，第 37～38 页。
② 马里旦：《人和国家》，霍宗彦译，商务印书馆 1964 年版，第 48 页。
③ 马里旦：《人和国家》，霍宗彦译，商务印书馆 1964 年版，第 81 页。
④ 马里旦：《人和国家》，霍宗彦译，商务印书馆 1964 年版，第 83 页。
⑤ 马里旦：《人和国家》，霍宗彦译，商务印书馆 1964 年版，第 86 页。

理智为了要进行判断，就求教并倾听悠久趋向的颤动的弦线在这一问题所发出的内在的旋律”。[①]

此外，马里旦还从人权的高度论述了自然法。他认为，自然法是人权的哲学基础或理性基础。如果没有一个充分的自然法观念，人们根本不可能了解人权，因为规定我们基本义务或为我们指定基本权利的都是同一自然法。法律必须是一种理性的秩序，自然法是一种神圣理性的秩序，它之所以是法律，仅仅是因为它是对上帝的永恒法的参与，而每一创造物，归根到底，都依靠它的本原发生作用。同样地，“人所拥有的每一权利，都依靠上帝……的权利”[②]。

二、新自然主义法学和价值论法学

（一）法律的道德性

富勒是新自然法学的主要代表人物，他的学说是在与以哈特为代表的分析实证主义法学长期论战中形成和发展起来的，他不仅强调法律与道德不可分，而且强调法律本身的存在也必须以一系列法制原则作为前提，这些法制原则就是法律的“内在道德”，亦即“程序的自然法”。

富勒建立了一种世俗形式的自然法，把法律定义为一种目的性的人类活动。他指出法律实证主义者存在的几个缺点：第一，没有说明他们是如何设计重要问题的，对他们自己的立场没有进行任何反思。第二，对社会学意义上的基本事实问题往往试图做出纯法律的回答。第三，错误地认为法律研究涉及两方面：一是描述“昭然若揭的事实，研究它实际上是什么和做什么，而不是它正试图做什么或者试图成为什么”；二是要么痴迷于消除概念的模糊性而越来越脱离社会现实，要么把语言和文本的分析方法上升到核心位置，而事实上这“（只）应当被视为哲学思想的有益补充”。第四，他拒绝把法律归结于任何目的，无论这种归结是多么温和还是多么严格。因为他们专注于描述实然的法律，所以他们认为他们对法律的应然不能提出任何科学见解。[③]

在富勒看来，法律规则具有表达性：每一规则都包含一个旨在

① 马里旦：《人和国家》，霍宗彦译，商务印书馆1964年版，第87页。

② 马里旦：《人和国家》，霍宗彦译，商务印书馆1964年版，第90页。

③ 参见［英］韦恩·莫里森：《法理学——从古希腊到后现代》，李桂林等译，武汉大学出版社2003年版，第409~410页。

实现某种法律秩序价值的目的，因而规则既是事实又是评判事实的标准。为此，他区分了两种道德：愿望的道德和义务的道德。愿望的道德是关于幸福生活、优良和人的力量的充分实现这些方面的道德。这种道德和美学最为类似，而和法律没有直接的联系。违背了这种道德，意味着一个人可能没有实现他的全部能力，他受到的不是惩罚，而是一种同情。义务的道德则指的是一个有秩序的社会所必不可少的一些基本原则，体现社会生存最基本的要求。《圣经》中记载的“十戒”便是其表现。这种道德和法律最为类似，如果违背了这种道德，就要受到谴责和处罚。

两种意义上的道德都与法律有关系，富勒称之为法律的内在道德和外在道德的区别和相互作用。法律的外在道德指法律本身合乎一种外在的道德标准，是指法律的实体目标，比如正义、公正、好坏和正误，历史上的自然法学所倡导的法律价值就是这个意义上的道德，即所谓的实体自然法。法律的内在道德则是一种法律制度所必须具备的一系列条件或法制原则，是一种特殊的、扩大意义上的程序问题，即所谓的程序的自然法。这个意义上的道德是从前自然法学所没有发现的东西。而这正是他所谓法律的道德性所探讨的东西，他把这种法律的内在道德归结为八个方面：第一，法律规则的普遍性；第二，法律规则必须公布；第三，法律不能溯及既往；第四，法律必须明确，为人们所能容易理解；第五，法律规则不能互相矛盾；第六，法律不应要求不可能实现的事情；第七，法律规则应该具有相对的稳定性；第八，法律的规定与实施必须相一致。[①] 以上八个原则，富勒又称之为法制的原则，其中任何一个原则的丧失，“并不单纯导致坏的法律制度，而是导致一个根本不宜称之为法律制度的东西”[②]。

富勒实际上发展了一种自由主义的法律与社会进步学说，这一学说对“人类的目的是什么”这一问题采取了不可知论的方法。尽管我们踏上了现代的旅程，但我们不能知道最后的结果。目标就是美德，我们的事业将致力于美德，但我们并不知道这整体上包含什么。相反，我们必须保持“交往”畅通的渠道。我们的任务不是按照我们所认知的与人性的某种自然一致性来安排法律，而是按照社

---

① 参见富勒：《法律的道德性》，耶鲁大学出版社 1977 年版，第 209 ~ 210 页。

② 富勒：《法律的道德性》，耶鲁大学出版社 1977 年版，第 39 页。

会改善的不懈努力来安排法律。“交往不只是活着的手段。它是保持活力的方法。正是通过交往，我们才继承了人类过去的努力所达到的成就。交往的可能性向我们保证我们取得的成就将丰富后来者的生活，它由此而使我们不会对死亡的观念感到不安”。“打开、保持和保留交往渠道的整体性，因为人们借助于交往彼此传达着我们的认知、感觉和希望”。法律是一种表达的媒介，这一媒介的根本任务并不是确保稳定性、秩序和义务，而是创造一种使交往及自由的社会互动得以发生的社会秩序。富勒相信，一个遵从法律内在道德的法律秩序，在实体内容上通常具有实质上的合理性和正当性。①

（二）认真对待权利

和富勒的程序自然法不同，德沃金强调的是实体自然法，突出了如何实现和保障个人权利的问题。

1. 对法律实证主义的批判

德沃金认为，法律实证主义是一种规则模式论，其基本观点可归纳为三点：第一，一个社会的法律就是这一社会直接或间接地使用的一批特殊规则，旨在决定什么行为应由公共权力加以惩罚和强制执行。这些规则可以由一定的标准来确认，与规则的内容无关，而仅与制定和发展规则的形式相关。第二，就法律而言，这些法律规则是无所不包的，代表了法律的全部。因此，在某一案件无规则可循或由于规则模糊不清而不能直接适用时，法官必须行使他的自由裁量权。第三，说某人有“法律义务”，就是说有一个在特定情况下适用于他的有效的法律规则。说某人有某项法律权利或权力、特权、豁免权，也就是表明其他人具有一定的行为或不行为的法律义务。因此，法官在行使自由裁量权作出决定时，并不是在这一问题上强制实现一个法律权利。

针对法律实证主义关于法律仅是规则的观点，德沃金指出，当法官或律师等人在为法律权利或义务进行辩护或争论时，特别是在那些疑难案件中，往往要用规则以外的其他标准，如原则和政策等，法律实证主义恰恰忽略了这些因素。他认为，法律原则和法律规则是有区别的：第一，在适用规则时，要么有效，要么无效，而法律原则的适用就比较灵活；第二，法律原则是人们在一定情况下所必

① 参见［英］韦恩·莫里森：《法理学——从古希腊到后现代》，李桂林等译，武汉大学出版社 2003 年版，第 414～415 页。

须考虑的，但它本身并不一定解决问题；第三，在几个原则发生冲突时，人们在解决这种冲突时权衡几个原则相对的分量，其中一个可能作为决定的主要依据，但其他原则也是作出决定时必须考虑的。与此相反，在几个规则发生冲突时，只能是一个有效，其他无效或加以修正。从德沃金对规则和原则的分析，强调应把原则也看做是法律的一个重要组成部分，因而就必须否定法律实证主义的第一个基本论点。同样，法律实证主义的第二个观点，即关于法官自由裁量的思想，也是不能成立的。法律实证主义讲的自由裁量权是一种较强的自由裁量权，它对法律原则的态度是法官根本不受法律权威所定标准的约束，也就是说，他不受法律原则的约束。德沃金认为，这种观点自然是不能成立的。否定了前面两种观点，第三个观点，即只有法律规则才设定法律义务，自然也是不能成立的。如果把原则作为法律看待并且否定自由裁量权，那就可以推断，不仅是法律规则，而且法律原则也设定法律义务。

德沃金还批判了功利主义法学的观点，即把一般福利的集体目标这种政策问题当作制定新法的唯一标准，因而混淆了政策与法律原则的界限。但司法与立法不同，在司法中，特别是在疑难案件中，更多依靠的是原则而不是政策。政策是促进或保护社会整体利益的集体目标的政治决定，而原则则是分配性的，是指尊重和保障个人权利的一种政治决定，例如支持反对种族歧视法，主张少数民族的平等权利等。政策可以灵活实用地处理问题，如为加强国防而临时给予飞机制造商财政津贴，但原则要求分配利益要同等情况同等对待。因此，司法机关大量处理的是法律原则问题，而功利主义法学恰恰忽视了个人权利，把社会福利也当作司法的根本目标。

2. 认真地对待平等的权利

德沃金特别强调原则的地位和作用，他所讲的原则事实上就是指他的学说的核心——权利论的问题。“权利论指出了英美社会给予法律的特殊尊崇的来源。它反映出这一社会的理性的政治道德，正是这种法律的合法性和政治道德之间的关系给予了法律特殊的尊敬和特定的有效性”。[①]

德沃金在解释权利的概念时，特别强调个人权利和社会目标之

① 德沃金：《认真对待权利》，信春鹰、吴玉章译，中国大百科全书出版社1998年版，第3页。

间的区别问题。他认为，集体目标始终指向社会的整体福利。经济效率是一种集体目标，它要求机会和责任的分配能产生最大的经济利益。为了实现经济效率，政府可以有选择地对某些工业部门实行补贴，而在个别情况下又可惩罚性地征税。平等观念可以作为一种集体目标。任何一种集体目标都意味着在一定情况下的某种分配，平等作为一个目标，意味着在某种情况下立即和完全的再分配，在另一些情况下则是部分的和有差别的再分配。无论何时，分配原则都应服从总的共同福利的概念。他强调，在所有个人权利中，最重要的是平等权利，即关怀和尊重的平等权利，尤其是政府应当平等地关怀和尊重人民。"政府必须关怀它所治理的人……也必须尊重他们……政府必须不仅关怀和尊重人民，而且要平等地关怀和尊重人民"。①

德沃金肯定公民非暴力反抗的权利，他指出，总的来说，个人出于道义理由对现行法律和制度的非暴力反抗源于个人对法律的理性判断。但也可分为几种情况：第一，个人认为按照法律命令去做是不道德的，如和平主义者就侵略战争拒绝服从兵役法；第二，法律本身并未命令不道德的行为，而是个人试图反对自己认为是不正当的某一个别法律或特定的政策；第三，非暴力反抗是为了施加政治影响，制定新法代替旧法，如阻止核电站建设的示威。政府对此类非暴力反抗和违法行为的制裁涉及政府是否有权限制公民享有宪法规定的言论自由权利。在此问题上有两种观点：第一种观点是传统的观点，认为政府的行动应采取中间路线，即平衡社会利益和个人权利，使两者各得其所。然而，这种观点错误地混淆社会的权利和社会成员的权利这两者的区别。第二种观点则是德沃金所支持的观点，它主张只有在出现不得已的理由时，即有理由认为不符合原先的权利所根据的设想时，政府才能剥夺个人的这种权利。

为了认真地对待权利，德沃金认为，必须接受以下两个观念，或至少是其中之一：第一，人类尊严的观念，认识到对待人的某些方式是同承认他是人类社会正式成员的地位不相称的，并认识到这种待遇是不公正的；第二，政治平等的观念，即政治和社会地位较低的成员，有权像比他高的成员一样取得政府同样的关怀和尊重。

① 德沃金：《认真对待权利》，信春鹰、吴玉章译，哈佛大学出版社 1977 年版，第 90 页。

所以，任何一个声明承认个人权利的政府，不必要求公民永远无权违反一项法律，也一定不要限定公民们的权利，特别是为了想象的公共福利来废除这些公民权。因此，凡政府严厉对待非暴力反抗或反对口头抗议活动，都可能被认为有损政府的真诚。

（三）法律的帝国

“法律的帝国并非由疆界、权力或程序界定，而是由态度界定。从最广泛的意义来说，它是一种涉及政治的阐释性的、自我反思的态度，它是一种表示异议的态度。每个公民都应该知晓社会对原则的公开承诺是什么及在新的情况下这些承诺要求的又是什么”。①

德沃金认为，法律是一个解释的概念，因为要通过法官对法律的解释来决定什么是法律。所以对我们来说，一般法律理论就是对我们自己的司法实践的一般解释。从“法律是解释”这一基本观点出发，他认为，有三种法律观，也就是三种对法律解释的看法：第一，是惯例主义，主张最好的解释就是法官发现和执行特定的惯例。第二，是实用主义，主张法官仿佛是一个对美好未来的独立的建筑师，他们可以不顾原则一致性而行事。第三，是德沃金本人将法律看做“整体性”的观点，主张“法律的内容不应依靠特定惯例或独立的征战，而应依靠对已经解释的同一法律实践的比较精致的和具体的解释”②。他反对前两种观点，特别是第一种，即惯例主义的法律解释论。尽管它似乎反映了一般公民对法律的理解，但却是最弱的观点。第二种即实用主义观点虽然比第一种观点稍强一些，但从政治哲学来看，它就站不住了。只有第三种即完整性的观点才是对律师、法学教师和法官实际上做的和大体上讲的事情的最好的解释。

德沃金将他的“完整性”的法律解释论与惯例主义和实用主义作了对比。首先，完整性观点真正接受法律和权利，而不是像实用主义那样对它们采用怀疑论态度。其次，完整性观点认为，法律的制约之所以有利于社会，不像惯例主义那样，仅为了可预测性和程序上的公正等理由，而且是为了保证公民平等，使他们的共同体更加纯真并改善行使政治权力的道德根据。最后，完整性观点也主张与过去的政治决定有一致性，但其理由与惯例主义不同，完整性观点主张来自过去决定的权利和责任不仅在决定中明确规定，而且也

① 德沃金：《法律的帝国》，哈佛大学出版社 1986 年版，第 413 页。
② 德沃金：《法律的帝国》，哈佛大学出版社 1986 年版，第 410 页。

遵循个人和政治道德的原则。完整性是一种“政治道德原则”、一种“独特的政治理想”，它有时要求与其他理想妥协，即人们对正义和公正有不同认识时，国家也能根据一定原则来活动。同时，完整性这种政治理想也适合并说明了美国的宪政结构和实践。完整性作为政治的核心，也意味着“政治上的合法性”。

（四）作为公平的正义

罗尔斯的“正义论”是在批判功利主义的学说基础上提出来的。他批判功利主义仅仅关心整体的社会福利的增加，而基本不关心这些福利或欲望的满足是如何实现的。在罗尔斯看来，个人的最基本的权利，如自由等，是不能以其他人的功利的理由加以剥夺的。他明确宣称，自己的目的是提出一种正义概念，正义是至高无上的，它是“社会制度的首要价值，正像真理是思想体系的首要价值一样。一种理论，无论它多么精致和简洁，只要它不真实，就必须加以拒绝或修正；同样，某些法律和制度，不管它们如何有效率和有条理，只要它们不正义，就必须加以改造或废除”。他强调“每个人都拥有一种基于正义的不可侵犯性，这种不可侵犯性即使以社会整体利益之名也不能逾越”①。

罗尔斯在社会契约论的基础上阐述了正义原则，它把社会看做是人们或多或少自给自足的联合体，人们在相互关系中认识到某些具有约束力的行为规则，这些规则详细规定了一种合作机制，分配参与其中的人们的利益。正义原则提供了在社会基本制度中分配权利和责任的一种方式，并规定了社会合作的利益和负担的合理分配。一个秩序良好的社会的条件是：不仅促进其成员的利益，而且由一种共同的正义概念有效地支配着。在这个社会里，一方面每个人接受并知道其他人也接受同样的正义原则；另一方面各种基本的社会机制普遍符合并普遍为人所知地符合这些原则。罗尔斯宣称，处在这种原始平等地位上的个人并不知道自己在社会中的阶级立场或社会地位，也不知道自己在天赋和才能、智慧和力量等的分配方面的命运如何，甚至不知道自己的善的概念和特定的心理倾向。这样就保证了在选择正义原则时，任何人都不会由于自然或社会的偶然机会而得利或吃亏。这就是说，正义原则是在所谓“无知之幕”的后

---

① 罗尔斯：《正义论》，何怀宏、何包刚、廖申白译，中国社会科学出版社1988年版，第3页。

面选择出来的。因为一切都是同样地安排的，任何人都无法设计出有利于自己的特殊条件的原则，所以，正义原则是在一种原始的公正的协议或谈判下达成的。

罗尔斯按照主体的不同，区分了两种正义：对制度来说的正义和对个人来说的正义。他认为，人们首先要决定一种社会制度是否合乎正义，然后才能决定个人的道德准则，决定个人须承担的义务和职责。看一个社会体制是否正义，主要是看其基本权利和义务如何分配，以及不同社会部门中的经济机会和社会条件。因此，社会基本结构的正义原则是："第一个原则：每个人对与其他人所拥有的最广泛的基本自由体系相容的类似自由体系都应有一种平等的权利。第二个原则：社会的和经济的不平等应这样安排，使它们（1）被合理地期望适合于每一个人的利益；并且（2）依系于地位和职务向所有人开放。"[①] 第一个原则又称为平等自由原则，它是首要的原则，它适用于社会基本结构的第一个部分，即社会制度规定和保障公民的各种基本的平等自由方面。如果违反了第一个原则，第二个原则也就无足轻重了。第二个原则适用于社会基本结构的另一个部分，即社会制度规定和建立社会、经济不平等的方面，也即社会合作中利益和负担的分配。它包含两个方面：一是"差别原则"，二是"公正平等机会原则"。其中，"公正平等机会原则"又先于"差别原则"，因而就随之产生了两个优先规则：一是自由的优先性，二是正义对效率和福利的优先性。至于对个人来说的正义原则，首先是指公正的原则，即个人在以下两个条件下应尽制度所规定的责任：第一，这一制度本身是正义的，它符合以上所讲的对制度来说的两个正义原则。第二，一个人已自愿地接受了这种制度所安排的利益，或利用了它所提供的机会来促进自己的利益。此外，对个人来说，正义原则还包括了许多积极的和消极的自然义务。

罗尔斯还提出了形式正义，即法治的学说。形式正义是和实质正义相并行的两个概念。实质正义是指制度本身的正义，形式正义是指对法律和制度的公正和一贯的执行，而不管它们的实质原则是什么。形式正义又可称为"作为正规性的正义"，也就是法治。在他看来，如果人们认为正义总是表示着某种平等，那么形式的正义便

---

① 罗尔斯：《正义论》，何怀宏、何包刚、廖申白译，中国社会科学出版社1988年版，第60~61页。

要求法律和制度方面的管理平等地适用于其他对象，亦即对原则的坚持或对体系的服从。形式正义不能保证实质正义，但是形式正义可以防止某些重要的非正义。从这个意义上讲，实质正义需要形式正义作为辅助或保障，否则仍无法实现真正的正义。罗尔斯进而提出了法治的基本原则：第一，“应当意味着能够”的准则，即法治所要求和禁止的行为应该是可合理地预期人们去做或不做的行为；第二，“同等情况同等对待”的原则；第三，“法无明文规定不为罪”的原则；第四，那些规定自然正义观的律令。

第三节　现代法哲学的进步及存在的问题

从古典自然法思想和追求形而上学统一的德国古典法哲学，到现代西方法哲学分裂为实然和应然、不再追求统一的非形而上学，就像任何转型都是一场革命，将造成哲学史上的断裂一样，西方法哲学近现代的第一次转型也造成西方法哲学史上思维范型的重大转变，延续了十几个世纪的自然法哲学的正义原则在此受到了空前的挑战，它逐渐失去了作为最高原则和绝对真理的尊崇地位。虽然不同的法哲学家各自思想的转变具体情形有所不同、相互观点有所差异，但从总体上说，西方法哲学的这次近现代转型在理论上取得了以下积极成果：

第一，所谓法的最高原则和终极价值遭到了彻底的否定。从文艺复兴时期的法哲学，到古典自然法哲学和德国古典法哲学，都具有形而上学的特征，表现为都是借助于某些经验背后的抽象思维或最高原则来解释法。如自然法哲学家的永恒不变的理性，黑格尔的绝对精神，都是脱离或超越经验的抽象思想原则。而实证主义反对先验的思辨，力图将其自身限定在经验材料的范围内，反对提倡玄虚的精神，并把学术工作限制在分析“给定事实”的范围之内，拒绝越出认知现象的范围，否认理解自然“本质”的可能性。法律实证主义大体上和实证主义理论一样都反对形而上学的思辨方式和寻求终极原理的做法，反对法理学家试图辨识和阐释超越现行法律制度之经验现实的法律观的任何企图。法律实证主义试图将价值考虑排除在法理学科学研究的范围之外，并把法理学的任务限定在分析和剖析实在法律制度的范围之内。“凯尔森正是要力图割开法律与褒奖历史的意识形态之间的联系……它主张法律规则是人制定的；它们是制定的，而不是由某种建立在历史宿命上的理性结构发现的……我们限制我们的智识能力，不是为了削弱我们的人性；而是为了了解我们知识的局限性，把我们从卑劣的独裁者们的狂热下拯救出来，他们总是想让我们相信他们那一边拥有历史的正义、神的正义。"① 法律实证主义认为，只有实在法才是法律，而所谓实在法，在他们看来，就是国家确立的法律规范。法律实证主义还坚持要把实在法和伦理规范、社会政策严格区分开来，并倾向于认为正义就是合法律性，亦即服从国家所制定的规则。

第二，思辨理性主义离不开现实的经验。分析实证主义和社会学法学都认为法哲学的研究对象应当是法的经验事实，以可观察得到和可描述的法的事实来概括和检验法的命题和概念，从而反对近现代法哲学对纯理性的终极原则和最高价值的探求，反对以黑格尔为代表的抽象的理性思维。分析实证主义强调法是主权者或国家的命令，而不是源于理性主义法哲学家所说的基于正义原则之上的理性，强调要排除法定义中的任何道德价值，要否认理性自然法的存在，强调是立法、判例和习惯等经验上可观察到的标准确定了法的规定性，从而排除了对法作任何超验的规定。社会学法学同样强调法的本质是国家权力的实施，同样把法与理性、自由、和平等这些自然法的核心概念对立起来。分析实证主义和社会学法学甚至比历史法学派对近代理性主义法哲学的批判走得更远，它不仅反对近代法哲学从思辨理性那里寻找法的根据，而且反对历史法学派在历史、传统、习惯那里寻找法的根源和力量，而是关注现实的经验生活。

第三，道德价值和正义具有相对性。从古代到近代，自然法有一个显著的特征，即预先假定存在着唯一有效的、绝对的道德和绝对的正义，自然法往往被理解为一种与正义的要求相一致的最高原则和价值追求，自然法坚信法与道德之间存在着必然关联。但自19世纪中叶开始，实证主义的法哲学和社会学法学大多已不再探讨法的最终目的、最高理想和终极价值，转而讨论幸福、自由、社会和谐和公共利益等具体的经验的事实。从当时科学发展的立场出发，它们拒斥绝对价值，尤其是独一无二的、排除了其他可能性并自认

---

① ［英］韦恩·莫里森：《法理学——从古希腊到后现代》，李桂林等译，武汉大学出版社2003年版，第345页。

为有效的绝对道德价值，认为只有在对绝对的和超验的神性权威的宗教信仰的基础上才能假定价值。无论是新康德主义者古斯塔夫·拉德布鲁赫，还是社会学法学家卡多佐，都持相对主义态度。“因为不可能断定什么是公正的，所以我们必须判断什么应当是合法的。假如真理行为是不可能的，那么就有必要代之以权威的行为。相对主义属于实证主义。”“相对主义不想把法哲学的任务限定在微薄可怜的方面，专注于自己的方法，毫无希望地尝试在啃光形式法的正确性之后，还要剔除其肉末。”① 以后的实在主义法哲学同样厌恶形而上学的思辨和探求终极真理的绝对主义，热衷于探讨法律生活中的经验事实，避免建立一种合乎理性的有关法的目的和社会理想的法哲学。凯尔森主张道德价值和正义的相对性，强调相对主义的价值论并不像人们通常所误解的那样意味着没有价值，没有正义，而是意味着没有绝对的价值，只有相对的价值，没有绝对的正义，只有相对的正义。

西方法哲学的这次转型也是同西方哲学的发展紧密联系在一起的。西方哲学思维方式的每一次变革都可在西方法哲学史上得到印证，西方哲学思潮的产生、发展和消亡都可引起法哲学领域中相应学派的产生、发展和消亡。

在哲学史上，西方哲学经过了三次危机。西方哲学的最初形态是古希腊的自然哲学，公元前 5 世纪智者的相对主义、怀疑主义的诡辩对之进行了质疑和挑战，这是西方哲学的第一次危机。危机之后，迎来了古代哲学最为辉煌的成果——柏拉图和亚里士多德的哲学。希腊化哲学在罗马时期被伦理化，罗马官方哲学家的道德洽谈和虚伪说教造成了伦理化哲学的危机，这是西方哲学的第二次危机。新兴的基督教以信仰的决定性和道德实践性满足了人们对普遍原则和道德理想的追求，并在 13 世纪达到了顶峰。15 世纪、16 世纪的文艺复兴时期虽然是文化上的繁荣时期，但却发生了第三次哲学危机，这一时期的哲学具有前两次危机的特征：新旧学说交替、真伪科学混杂、相对主义流行、哲学的功能和信誉下降。直到 17 世纪之后，哲学和新兴的自然科学结盟，哲学才又进入了繁荣发展时期。近代哲学对科学的发展、社会变革与进步、人们思想观念和价值观

① ［德］古斯塔夫·拉德布鲁赫：《法律智慧警句集》，舒国滢译，中国法制出版社 2001 年版，第 20 页。

念的转变都起到了巨大的推动作用，近代哲学在黑格尔那里发展到了顶峰。黑格尔之后，西方哲学进入了第四次危机时期。①

黑格尔之后，在对待哲学和科学的关系上，主要存在两种不同的立场：一种是主张科学和哲学结盟，哲学为科学服务。强调哲学应当以实证自然科学为基础，应成为自然科学的方法论和认识论。他们由此既反对以黑格尔为代表的理性派思辨唯心主义，也反对17～18世纪的唯物主义，认为二者把哲学变成了形而上学，而后者还束缚和限制了科学，但他们由此反对哲学探索自然的本质、寻求事物的客观规律，主张哲学应以描述经验事实为限，以取得实际效用为目标。他们大体继承了以休谟为代表的经验派哲学的传统，但是又不满意休谟的怀疑论，更不满意旧的经验论由于缺乏实证自然科学根据而带有的思辨性，他们要求建立一种排除思辨形而上学，追求实证经验知识的可靠性、确切性的哲学。实证主义、功利主义、实用主义大体上都是持这种主张，只是这些派别崇尚科学的程度不一样。另一种立场主张哲学高于、独立于科学。它用一些主体能够作直观性体验的概念代替了“绝对观念”，如“意志”、“生命冲动”、“存在”等，把这些概念上升到本体论的高度。主张哲学应当突破以认识论为核心的传统哲学的模式，应当由以往经验派和理性派哲学家所强调的对外部自然界的研究转向对人本身的内心结构的研究；由对主客二元分立的关系、思维和存在的关系的研究转向对主体本身的内在结构的研究；由倡导感觉经验或者理性思维的可靠性转向肯定人的内在的心理体验和非理性的直觉；由对普遍的人性，即人类共同性，以及普遍的自由、平等、博爱的颂扬转向对它们的否定，转向对个人的独特个性、生命、本能的强调。由此，开创了所谓的人本主义思潮或非理性主义思潮。此外，还存在和前面这两种思潮紧密联系的新康德主义流派，该流派以康德“先验范畴”式的概念原则代替“绝对观念”，在坚持先验论的立场的同时，适应科学发展提出的新问题，对科学的先验性质作了新的解释，如将科学的先验条件解释为纯粹的逻辑结构等。遵循康德关于理论理性和实践理性的区分与联系的基本思路，积极寻求科学的统一原则和差别原则，如主张价值论是一切科学的统一原则等。

---

① 参见赵敦华：《现代西方哲学新编》，北京大学出版社2000年版，第454～455页。

西方哲学现代以来的重要转变，对法哲学的影响是显而易见的。首先，从实证主义角度来看，它对法哲学的渗透和影响是全面的。实证主义法学否定了法与道德的必然联系，强调对法进行像自然科学一样进行“科学”的研究，而不应该关涉道德。功利主义者边沁强调在法律改革中并不包含任何道德价值，并断言自然法观念是夸张的废话。分析实证主义法哲学创始人奥斯丁把法的观念和君权的观念联系在一起，而君权、命令和服从这些概念是不包含道德因素的，从而把实在法和正义截然分割开来。社会学实证主义法学家龚普洛维奇则认为法的指导思想是支持和维护一个群体在政治、社会和经济上对另一个群体的不平等，认为“自由意志”或“理性”、“自然法”或“不可让渡的权利”这些概念都是毫无意义的，纯粹产生于想象出来的虚构。因而，法律不能保障和维护公民的自由和平等，相反，法律恰恰是自由和平等的对立面。其次，非理性主义的思潮对法哲学也产生了重要的影响。如果说近代西方法哲学家大多把理性当作法、正义和国家的保障和源泉，研究的是法的宗旨和目的，而非法的历史和传统，那么，历史主义的、非理性主义的法哲学则把注意力集中于法的历史和传统，反对从理性的角度思辨地研究法的理想性质、效果和社会目的。如英国的柏克认为只有历史、习俗和宗教才是社会革命的真正指南；德国的萨维尼认为法起源于人民的信仰、习惯、传统和共同意识，法取决于人民的民族精神；英国的梅因断定任何进步社会的发展都是从身份到契约的运动，认为处于不同社会秩序中的各民族的法律史都体现了在类似历史境遇中重演的进化模式。显然，非理性的历史主义法学认为法起源于非理性的、无意识的和神秘的民族精神和历史力量，认为法的原则只具有民族性和成长性，因为其注重过去而不具有革命性。尽管历史主义法学推动了民法的产生和发展，但在政治上是一种倒退和复辟，它表现为向封建旧秩序的一种回归。对此，马克思进行了彻底的揭露和批判：“有个学派以昨天的卑鄙行为为今天的卑鄙行为进行辩护，把农奴反抗鞭子——只要它是陈旧的、祖传的、历史性的鞭子——的每个呼声宣布为叛乱；历史对这一学派，正像以色列上帝对他的奴仆摩西一样，只是表明了自己的过去，因此，这个法的历史学派本身如果不是德国历史的产物，那它就是杜撰了德国的历史。"①正因为历史主义法学政治上的反动性，所以它只是昙花一现，并未发挥主导作用。最后，新康德主义对法哲学的影响，集中表现在现代法哲学的困境与出路上。

康德的《纯粹理性批判》已经证明，抛开经验，单从形式的先天原理中，不可能推导出形而上学——自然法的内容，因而，内容的形而上学从不可能是普遍适用的。那种从“自然”中可以建构一个适用于所有人所有时代的、具有明确内容的自然法的主张，因此也就被驳倒。“由于知性无力把握‘质料本身’‘法本身’，即自然法的全部内容也必定不能为我们所认识。‘正确的法’只能仍作为我们知性的目录存在，作为我们运用到经验给予的法之质料上的空洞思维形式存在，借助这一思维形式，我们把实证规范当成法，正确的法来思考。”“‘正确的法’，不外乎是一个‘纯思维形式’，一个‘形式的方法’，一个关于‘预设的法律内容的基本特征’之‘设问’”。② 但是纯粹形式的法哲学又如何证明是正当的？现代法哲学都试图在形式或程序的过程中融合进材料或内容，在材料和形式、内容和程序之间进行调和。

施塔姆勒关于“正确的法”的学说试图证明形式性质的、先验的理智结构的存在。因为在他看来，只有形式的东西才是实质性的，一种方法越是形式的，它就越是实质性的。他从人的关于现象的思维出发，以此检验人的意识内容，并且探索人的思维的最终的、逻辑的种种前提，在他看来，先验被理解为那种只能在逻辑的领域里能够找到其逻辑的辩解理由的东西。他在研究法的现象时，也是从对法的现象所形成的各种概念出发。就我们具体的观念来说，普遍的概念是逻辑的前提。“如果说一个概念的形式是它的各种恒久的和决定性的思想要素的统一，那么，探讨这类普遍条件的问题也可以在一个概念之内重复提出，这个概念恰恰表现为意识的特殊内容的形式的条件。然后，在这个高一级的概念里，普遍的和持久的要素又必须同证明是变换无定的和多姿多彩的、因而在逻辑上是受普遍的和决定性的要素制约的要素区别开来。这可以重复进行，直至达

① 马克思：《〈黑格尔法哲学批判〉导言》，载《马克思恩格斯全集》第1卷，第454页。

② ［德］阿图尔·考夫曼、温弗里德·哈斯默尔主编：《当代法哲学和法律理论导论》，郑永流译，法律出版社2002年版，第112页。

到一些在其概念的把握上不再能够分解的思想时为止。"[①] 这些无法进一步分解的基本概念，是一些形式的顺序概念，只有借助这个概念，才能把握社会的生活本身。施塔姆勒用相同的方法分析法的概念：法是"不可违背的、专制独断地起约束作用的愿望"[②]。由于法的概念被界定为愿望的一部分，因此可能超出法的概念，在逻辑上进一步追述愿望及其种种可能的目的的概念。这样我们就到达理念，它在法的概念和目的的纯粹王国的概念之间建立联结。"想统一规定一切可能的目的和手段的绝对适用的程序，这种思想我们称之为……法的理念。"[③] 因此，法的理念也不是一种必须实现的理想状态，不是一种令人承担义务的、思想的内容，而是一种程序，它使得有可能把整个法的愿望理解为针对某些特定的、最高的目的，即在程序的种种实际目标的统一之下的最高目的。某一项具体的法律原则与在这个意义上的法的理念相一致，施塔姆勒就把这称之为法的"正确性"，这样的法就是"正确的法"。他一再强调，在法的正确性的问题上，所涉及的仅仅是一种形式的程序，而不是对某些特定的、社会道德的内容进行检查，正确的法的思想仅仅具有形式的意义。然而，他也把这理解为一种纯粹的社会道德的愿望，这样一来，社会的理想又获得了物质的内容。他进而提出了一些基本原则："一个愿望的内容不许可听任另一个愿望去随意断决"、"任何法的要求只许可在这样的意义上存在：即承担责任者还可能是最亲近的人"、"一个在法律受约束的人，是不许可让共同体随意排斥的"、"任何法律上授予的支配权力只有在被排斥的人仍然可能是最亲近的人的意义上，才许可是排斥性的"。在应用这些原则时，人们必须把参加某一种具体的法的关系的有关人员视为一个特殊的共同体，然后必须审视，在调节他们的关系的有关实在法的规定里，这些基本原则是否得到尊重。在这种情况下，在个案里有关的法就是正确的法。由此我们看到，施塔姆勒的正确的法不单单只是形式的概念，它同时包含了物质的内容，尽管他采用了形式的外表。

---

① 转引自［德］H. 科殷：《法哲学》，林荣远译，华夏出版社 2002 年版，第 52 页。

② 转引自［德］H. 科殷：《法哲学》，林荣远译，华夏出版社 2002 年版，第 53 页。

③ 转引自［德］H. 科殷：《法哲学》，林荣远译，华夏出版社 2002 年版，第 53 页。

拉德布鲁赫接受了施塔姆勒的学说，划分出法律的理念和法律的概念。法律的理念就是法律的价值，而法律的概念是一个文化概念，是与价值相关的现实的概念，这一现实的概念是为法律价值即法律的理念服务的。“法律概念是以法律理念为定向的。”拉德布鲁赫认为，法律的理念即法律的价值，首先是指正义，正义是一种绝对价值，是一种不可能来自任何其他价值的价值。正义的实质是平等，即对平等的平等对待，不平等的不平等对待。但正义仅规定了法律的形式而未规定法律的内容。其次，为了说明法律的内容，必须加上法律理念的第二个因素——功利，即对任何目的的合适性。这种价值有三种：个人价值、集体价值和创造价值。与这三种价值相对应，有三种观点：个人主义观点、超个人主义观点和超人格观点。但对功利的分析也仅能归结为不同政党的意识形态及对国家和法律的不同观点。这些又都是相对的，仍然不能得出最终的结论。最后，必须加上法律理念的第三个因素——法律确定性，法律确定性要求法律是实在的。如果对什么是正确的定不下来，那么就必须规定什么是应当正确的，而且一定要由一个能将规定的事加以贯彻的机构来实行。在这里，我们看到了拉德布鲁赫的相对主义法学观点。他继承了康德关于现实和价值之分的二元论学说，认为应当的陈述不可能从实际的陈述中获得，而只能由其他应当的陈述来加以确认或证明。相对主义的法哲学无法使个人避免在相互对立的最终假设中系统地提出的法律观点作出选择。它只能限于向个人充分提供各种可能的决定性，但决定本身仍留待他本人的决心，诉诸他的良心。也就是说，相对主义的法哲学虽然不能提供最终价值判断，但它可以确认为实现应当实现的目的的手段，可以澄清世界观的最终假设，可以系统地发挥可以设想的最终假设。他的结论是：相对主义的任务，是在特定的价值观和世界观的范围内，就特定的最高价值判断而论，来决定任何价值判断是否正确，而不是决定这种价值判断及这种价值观和世界观本身是否正确。

考夫曼致力于建立一种“材料和形式”、“程序和内容”统一的法哲学。他认为，人们需要两种因素：“材料和形式”及“程序和内容的理论”，即“一种程序的理论和一种道德的伦理学”。由此起点出发，努力建构一种实际是真理和正义的根本性程序理论。他说，战后自然法的复兴是一个插曲，它告诫我们，不能再有任何法哲学完全地局限于形式而却忽略其内容，即听任政治为所欲为。现代法哲学中的中心立场是采用“程序原理”，这种理论尝试着单从一种思想过程中获得内容上的表述，如罗尔斯从人类原初状态出发，或从“唯理性的论辩”之中来考察正义，如哈贝马斯以一种虚拟的“理想的对话情境”来保证取得的合意的效力。一种唯理的法哲学必须不仅只注重法权形式、概念和逻辑上的结构，而且要首先关注其内容。考夫曼强调了知性和理性的区别，理性高于知性，理性需要在相互承认和理解的对话过程中得以体现。但如何能达到这种主体间性呢？果真存在着那种“关于基本价值的基本合意”吗？这自然是不可能的。因为如此一来，真理发现就会导致这样一种结果，即成了一种强迫人们把合意的恶意也作为合法的东西予以承认的自我行为。因此，合意即合意性必须以内容质量来确立，而不能只从形式上予以保证。罗尔斯的契约理论和哈贝马斯的交往理论，以为内容可以产生于形式（程序）是自欺欺人的。而内容产生于经验，那么，它就不是绝对有效的。纯粹程序理论的缺陷在于它以为可以放弃内容和经验，因而它是需要补充的。考夫曼从理性原则中产生出实践论辩的三个重要支柱——论证原则、合意原则和缺陷原则，进一步论证以内容为基础的真理或正义程序理论。之所以强调合意的重要性，是因为一种表述的真实性或正当性的本来标准就不是某种合意的呈现，而是多个相互独立的主体从其本身的“对象”出发达到实际上趋同的认识。“真理趋同论”的基础在于每一主观的因素起因于另外一种源泉，相反，客观的因素则产生于其本身的存在。因而，彼此对立的主观因素相互削弱或完全扬弃，而客观因素则全部指向存在的统一点并证明其合理性。从此意义上讲，趋同不仅仅是获得具体认识的手段，而且还是真理的标准。证明客观实际的最重要的手段是合意，但合意的真实性（正当性）的根据不是（以理想的方式所获得的）合意，而是作为真实性（正当性）本来标准的趋同。“合意是正当法的源泉；正当法是合意的界限。”什么是正义论辩的对象？是作为“关系总和”的人，作为人格人的人。在内容上法哲学观念只能是人的观念，因而法权的实际唯理性也只能是以整体的人为基础建立的。法哲学必须不断地面对这样的问题，即它多大程度上可服务于人类，于是必须不断地宣称，法哲学追求的是对人及人的世界承担责任。

第三章

理性法的颠覆

——近现代法哲学的第二次转型

LIXINGFA DE DIANFU

第一节 批判法学运动

20世纪60年代中后期，反战运动、黑人民权运动和学生造反运动席卷美国，极大地冲击着美国社会的统治秩序和正统观念，在美国法学界孕育着一场反抗自由主义法学传统的思潮。1977年春季在威斯康星大学召开了批判法学运动的大会，“会议的邀请函只提到一个相当模糊的概念：它是追求关于法律与社会研究的批判性方法的人们的聚会。该邀请函事先并没有说明这次会议关心的问题是什么，但它提到，与会的几位学者正在努力发展一些方法以强调法律学说及其内在结构的意识形态性质”①。从那以后几乎每年都要召开一到两次会议。参加会议的人员从第一次会议的50多人，发展到80年代初期和中期的1000多人。产生了如昂格尔、肯尼迪等具有代表性的人物。研究领域从法理学、法制史、法学教育，扩展到宪法、财产法、合同法、侵权法、刑法、劳动法等各个部门法，在美国乃至西方法学界产生了重大影响，对后现代法学的产生更是起了发端的作用，甚至被认为是后现代法学的一部分。

批判法学运动批判的对象直指自由主义法学。美国自由主义的法律思想大致经历了前古典时期的自然法思想、古典时期的概念主义法学、20世纪二三十年代的现实主义法学及当代的权利法学和经济分析法学等几个发展阶段。前古典时期的自然法思想将自然法作为合法性的渊源，普通法根源于自然法即普遍的道德原则之中，自然法是理性和普遍真理的体现。但自然法思想存在两个不可避免的矛盾：一是自然法太不确定，不同立场的法学家对自然法有各自不同的看法，它几乎不能产生具体的规则和结果，不能作为案件司法判决的根据；二是自然法同普通法的矛盾，普通法的根源并不在自然法的普遍规则中，而是来自英国古代的习惯和惯例，很难认为每个普通法的规则都有自然法、永恒普遍真理的体现。古典时期概念主义法学的核心思想是，法官在进行判决时只考虑适用法律规则，而逐渐脱离政治的影响。这一时期的法律思想的形成和发展伴随着

① ［英］韦恩·莫里森：《法理学——从古希腊到后现代》，李桂林等译，武汉大学出版社2003年版，第481页。

法律合理化的过程，伴随着法律与实际社会关系、与道德标准的逐步分离。在这一过程中所出现的法治的思想，意味着实证化的、客观的和形式确定的权利，法律世界不再是大批具体的、传统的关系，而是被保护的权利和权力的结构。现实主义法学的矛头直接指向古典法学的形式主义和概念主义。现实主义法学认为，法律推理是非确定的，司法求助于一种客观的、公正的法律思想体系只不过是一种幻想。权利不是客观的，也不是事先存在的，存在的只是法院的选择，权利是法院对当事人相互冲突的权利进行选择的结果，而解释行为是一种社会选择的行为，法官的每一个判决都是一种道德和政治的选择。新分析法学、新自然法学和经济分析法学有一个共同的目标，就是维护美国司法机关的权威和司法的地位，它们认为司法判决的过程不是像现实主义法学所说的那样是非确定的，受到法律之外的种种因素的影响，而是以被普遍接受的“中性原则”为基础的。其中，以德沃金为代表的一些学者认为法律不能独立于道德发挥作用，不能把法官仅仅看做是在当事人面前随意作出决定，法律和道德之间存在着密切的和重要的关系，法官判决必须受到道德原则的约束。另外以波斯纳为代表的一些学者则更注意法院判决的效率问题，法官判决不是任意的，法院判决的法律规律实际上是一种经济规律，权力分配的效率标准提供了一个中性标准用以评价司法工作。

在批判法学看来，无论是前古典时期的自然法学，古典时期的概念法学、现实主义法学，还是当代的新自然法学、经济分析法学，有一点是共同的，即都是从不同侧面为当代资本主义制度辩护，或者为改革和完善资本主义制度出谋划策。因此，昂格尔提出，自由主义既是一种意识形态又是一种社会秩序。作为一种社会秩序，自由主义是指工业和资本主义的社会秩序。它在经济上的特征是财产的私人所有制，在政治上的特征包括人们在形式上的平等，政府不得侵犯私人生活领域、民主和宪政、民选代表行使权力等。作为一种观念体系或思想模式，它与自由主义社会秩序在观念上紧密联系，自由主义思想体系只是自由主义社会秩序在观念领域中的反映，而自由主义国家则是自由主义思想体系所对应的现实。“法律自由主义是为社会与经济不平等的现状之维持服务的。自由主义的法学作品和决定掩盖了这种不平等。自由主义法哲学以平等，尤其是法治观念下法律面前的平等来谈论法律。当代法学家们（如罗纳德·德沃金）是神话的编造者，因为他们建构了一贯性和理性的叙事，而实际上法律是政治性的、是矛盾的。"[①] 批判法学的态度似乎与现实主义法学的态度相似，甚至有的学者将批判法学描述成美国现实主义的发展，这并不完全正确。"美国的法律现实主义者对现代西方社会传统的（大体上讲可以说是法律实证主义的）法律意想持怀疑态度，对形式主义或假想的保守主义持怀疑态度。然而，现实主义者的努力方向是想使法律制度在它作为社会变革和社会发展的工具这一作用方面比主流的自由主义政治思想更加有效。现实主义者并不怀疑外部知识或外在知识，他们认为这些外部知识或外在知识应当完善传统法学并影响法律发展。""批判法学的坚持者所怀疑的正是现代自由主义的基础，他们认为法律实践大多数都是那些构成了不平等不公正的社会安排的政治统治形式的帮手，而且，批判法学学者相信现代的社会安排就是这种不平等不公正的社会安排。法学赋予现代社会安排以某种合理的或自然的理由，而不是说它们其实是复杂的政治权力过程的结果，这样它就论证了现代社会安排的正当性。"[②]

批判法学对自由主义法学的批判集中表现在对德沃金的权利哲学和对波斯纳经济分析法学的批判上。在《认真对待权利》一书出版不久，批判法学的著名代表加贝尔就指出："《认真对待权利》是以抽象和普遍的形式表现出来的对当代美国法律实践的辩护"，"这本书的目的在于通过诉诸于自然法使我们的历史合法化"。[③] 他提出了破译抽象的法哲学理论所掩盖的社会实质性内容的"具体化"方法：一是把理论观点的抽象性、规范性转变为具体性和功能性；二是确定该理论得以产生的社会经济过程的调整原则；三是明确社会经济过程与各种理论模式之间的联系。最后的结论是：每种理论模式只不过是相应的社会现实的代表。在加贝尔看来，法律实证主义是一种合法化模式，它使自由市场资本主义的功能要求浪漫化，这种社会经济形式的生产关系在19世纪后半期达到了最高峰。但当代资本主义社会经济结构发生了巨大变化，国家进入市场，公共企业出现，资本日益垄断化，出现了现实的必然性和规范之间的深刻矛

① ［英］韦恩·莫里森：《法理学——从古希腊到后现代》，李桂林等译，武汉大学出版社2003年版，第489页。

② ［英］韦恩·莫里森：《法理学——从古希腊到后现代》，李桂林等译，武汉大学出版社2003年版，第481～482页。

③ P. Gabel, Book Review, 91 Harvard Law Review 302（1977）.

盾。德沃金的合法化模式将必然性和规范重新统一起来，通过把像福利这样的社会经济过程转变为一种权利哲学，试图缓解由于社会经济过程的转变而引起的社会混乱。德沃金的理论试图通过认真对待权利，让人们看待国家权力的转变。后期的德沃金在理论上发生了重大转移，集中在法律解释的理论上。在《法律帝国》中，他提出了法哲学的基本问题：什么是对我们的法律实践的最好的解释？他批驳了外部怀疑主义和内部怀疑主义后，提出了他的法律解释理论——作为统一性的法。统一性是一种原则，要求我们对不同的案件同样处理，要求政府用同一个声音讲话，用一种有原则的一致的态度对待所有的公民，对每个人都运用正义或公平的实质性标准。实际上，统一性要求不同的规则反映和执行同样的道德和政治原则。批判法学对所谓的统一性的法提出了批评，事实上法律材料内部缺乏统一性，法官用来支持法律理论的理由是多种多样的和相互矛盾的，存在所谓的“理论之谜”，即一个层次上被接受并用来为某种规则选择辩护的理由在下一个理论层次及在其他领域中往往被拒绝。这是因为，我们的道德和法律意识是自相矛盾的，个人主义和集体主义之间的矛盾在时刻影响着法官的判决。德沃金对意识形态对法律概念的形成和法律推理方法的影响关注得太少，对于法官或律师的意识形态渗透到法律解释中的问题没有给予应有的关注。而在批判法学看来，所有的法律实践在某种意义上都是意识形态的。以波斯纳为代表的经济分析法学包含了四个方面的主张：第一，行为的主张。认为经济学理论提供了预测人们在法律规则存在的条件下将如何行为的好的理论。法经济学理论把法律规则看做是价格，法律行为者看做是完全合理的个人。个人在决定行为时，考虑每个可能行为的一切个人的成本和利益。第二，规范的主张。认为法律应该是有效益的，它提供了选择法律规则的标准，即选择导致有效益的行为的法律规则。第三，实证的主张。认为普通法实际是有效益的，事实上所有的法律规则都导致有效益的行为，尽管有时法官在运用时是无意识的。第四，发生的主张。认为普通法倾向于选择与效益的规则。批判法学对经济分析法学的批判集中在对所谓“行为的主张”上。批判法学认为，合理行为的经济学概念依赖于一个基本的意识形态观念，它企图把不利条件和特权都解释为合理的个人选择的结果并为之辩护。在批判法学看来，行为之所以是“合理的”、“有理性的”，仅仅是因为它符合一种特殊的政治意识形态。法律意识性是个人关于法的信念，特别是指体现在法律制度或法律材料中的信念、思想和价值，它直接影响人们的行为，改变人们的偏好或愿望，或以某种特殊的方式改变人们的选择。意识形态通过“合法化”或“领导权”，促使人们“自愿”遵守法律，接受现存的社会安排。

批判法学在思想渊源上受西方马克思主义的影响。西方马克思主义首先是对西方发达资本主义社会现状的分析和对西方革命途径的探索，其次是对苏联模式的批评，主张重新发现和创造马克思主义，最后就是用现代西方哲学中某一个学派的基本精神去解释补充和革新马克思的哲学世界观。西方马克思主义在法的基本问题上认为：在法与国家的关系问题上，法律制度尽管与国家制度密切联系，但法不是国家的工具，法律学说不同于国家学说，法律制度相对于国家来说具有独特的地位；在法的阶级性问题上，在现代资本主义国家，统治阶级不直接作为权力的化身出现，国家并不完全是一个镇压的工具，国家以一种中立的、非政治化的面目出现，通过经济干预限制统治阶级的一部分权利，这很难把法律与统治阶级的工具完全等同起来；在法与意识形态的关系问题上，认为在现代资本主义社会并不能简单地把法律看做是统治阶级意识形态的反映，其中也反映了其他阶级、个人的意识形态，其主要通过政治行动来体现自身的意志，但是这种体现也是相对的，法律主要反映统治阶级的意识形态；在法与经济的关系问题上，反对把法律简单地归结为经济关系和经济过程中简单或直接的反映，必须探讨法律和规则在经济发展和转变过程中的效用和影响。西方马克思主义的这些思想对批判法学产生了很大的影响，特别是有关意识形态的观点。葛兰西认为，资产阶级国家具有两种职能，即强制和领导权。而所谓的领导权就是指资产阶级国家对思想意识的操纵控制。他认为，与以暴力为代表的强权结合在一起的这种操纵控制是资本主义制度的支柱。这种控制通过一系列的价值原则、信仰体系，甚至神话和习惯，力图打消人们对资本主义制度合理性的怀疑。为此，葛兰西主张，无产阶级必须在夺取政权之前全力破坏资产阶级在思想意识上的领导权。马尔库塞也认为，支配人们的意识形式也在阻止着人们把自己从统治者的统治和剥削中解放出来，他大声疾呼，“革命”应当从“意识革命”入手，只有这样才能打破牢牢束缚被压迫群众的精神枷锁，迎接人的彻底解放。这些思想对批判法学产生了直接的影响。

归纳起来，批判法学包括以下主要观点：

第一，法律并不反映人类理性。在自由主义法学看来，法律是人类理性的反应，而法律制度和规则是理性的客观的逻辑或经验系统。与之相反，批判法学则认为法律是不同利益集团间利益的妥协和人为因素作用的结果，并非客观的逻辑系统。法律不反映人类的理性，而一些主要的法律原则，诸如正义、权利、自由等，都具有相对性而不是绝对的。

第二，法的独立性、确定性、统一性受到质疑。自由主义法学认为法律是独立自主的，不受其他因素的影响，法的执行也不受非法律机构的干涉；而批判法学认为，法律制度不是封闭的体系，它无时不受社会、政治、经济、宗教及其他各种因素的影响。自由主义法学认为法的内容是基本确定的，人们对某一条规则的理解大致可以达到共识，即使法律语言具有一些灰色地带，但不影响法律整体的确定性；批判法学则认为法律从根本上是不确定的，因为法律是以语言来表述的，而语言是可以有截然不同的解释的，人们对于一条规则的理解由于受到各种因素的影响会大不相同，从而导致在应用上的不同。自由主义法学主张法律制度的统一性，把法律制度看成是一个金字塔式的结构，从下往上可以追溯到一个赋予了某一法律制度的合法性及规则系统的有效性的最终权威；而批判法学则主张法律制度的多元化，强调探讨各种非西方的传统或多元传统的选择，法律研究应该更加注重不同的法律经验及法律知识的局限性，而不应该把目光只停留在整个法律系统的大结构及其统一性和完整性上。

第三，司法判决具有任意性。自由主义法学一般认为法官在作出司法判决时依赖一种独特的法律推理方法或者过程，比如三段论的演绎模式、形式推理、实质性推理、模拟推理、归纳推理、“遵循先例”等。无论采用哪一种推理方法，司法判决的过程是一个相对严密的推理过程。批判法学则认为司法判决并非一个严密的推理过程的必然产物，而是充满了法官个人意志的非必然的结果。也就是说，一项已经作出的司法判决并不是对某一案件的唯一正确的判决，而可能只是几种选择中的一种选择，不同法官很可能会作出不同的选择。

批判法学对自由主义法学的批判具有很重要的意义。它一劳永逸地改变了人们对自由主义法律制度的看法和对自由主义法学的基本态度。这使得维护自由主义法律传统和法学神话变得日益艰难起来。遗憾的是，批判法学在对自由主义法学批判之后，没有能够建立起一套取代自由主义法学和法律制度的观念、制度和方法等。正因为如此，从一种期望中的所谓变革的法学沦为一种事实上的过渡性的法学，批判法学成为从现代法学走向后现代法学的过程中的一个必不可少的环节，其批判精神和一些主要的命题得以存续。

第二节 后现代法学

后现代法学产生于20世纪80年代末90年代初，是从后现代主义的哲学思想进入法学和法理学后开始的。后现代主义思潮表达了西方社会进入后现代社会，对于人类生存状况的焦虑和不安。这种由西方社会面临的危机而引发的思想反省首先是从文学艺术开始的，然后是哲学领域，法学似乎是现代主义的最后堡垒，这可能是因为现代法律制度所强调的秩序在西方社会始终维持着稳定的结构和与之相适应的理念的缘故。

后现代主义哲学出现在20世纪70年代末，以法国哲学家利奥塔《后现代状态》一书的出版为标志，在书中他将后现代主义与知识批判和反基础主义认同起来。按照后现代哲学家的规定，后现代有一系列的特征：从后现代的社会特征来讲，它是后工业社会、是信息和科学技术膨胀和泛滥的新时代；后现代的知识特征是，一切知识都被数字化、符号化及商品化，不能数字化、计算机化和商品化的知识，都不被看做是知识；后现代的文化特征是，颠倒文化的原有定义，扬弃传统的语言、意义系统、形式和道德原则，走向零散化、边缘化、平面化、无深度；后现代的心态和思维特征是，后现代所要表达的是一种不确定性、模糊、偶然、不可捉摸、不可表达、不可设定及不可化约等精神状态和思想品位；后现代生活方式的特征是，游戏式的生活。[①] 后现代主义哲学就是上述的社会特征、知识特征、文化特征、心态和思维特征及其生活方式在理论上的反映。

---

① 参见冯俊等：《后现代主义哲学讲演录》，商务印书馆2003年版，第6~8页。

后现代主义哲学中的“后现代”主要不是指“时代化”意义上的一个历史时期，而是指一种思维模式，它是相对于现代而言。后现代主义哲学的本质特征是对于起源于西方哲学传统，特别是继承和发扬这个传统的“现代主义哲学”的全面批判。后现代主义哲学对现代主义哲学的批判和否定主要表现在以下几个方面：[①] 第一，用“延异”解构“逻各斯中心主义”。德里达将西方哲学的传统归结为“逻各斯中心主义”，这种逻各斯中心主义一方面表现为以当下存在或在场为中心的本体论，另一方面表现为口头语言即言语中心论或语音中心论的语言学。德里达要用“差异”原则来取代“中心”概念，他认为“差异”不仅体现在空间中，而且也展示在时间中，差异是空间和时间的联结，他用“延异”一词来表达这种共时性和历时性的统一。“延异”打破结构，震撼整体，批判形而上学全体。第二，从纵向思维转向横向思维。德勒兹论证，传统的形而上学是一种纵向性的思维方式。形而上学为了建立一种体系，力图从不证自明的第一原则出发演绎出其他事物。这种哲学按照不同的等级来安排事物，确定它们的地位，整个世界成为一个等级体系。德勒兹用“树状结构”比喻这种思维模式。与此相对的后现代的横向思维模式则是“根状茎”式的思维模式。根状茎是非等级体系、非地域化的，它在一种随意的、无规则的关系中和其他根系发生关系。这种思维模式，是动态的、异质的、非二元对立的，意味着开放而不是封闭，是朝多个方向而不是朝一个方向流动的。它没有开头，也没有结尾，永远处在运动之中。第三，用差异对抗理性的总体化。传统的形而上学的思维遵从“同一性”原则，把一切变化都看做是同一的，把每种存在都看做是再现，这里没有差异只有同一性的循环。作为启蒙运动神话的理性，是一种统一的、总体化的和极权化的理论模式，它模糊了社会领域的分化和多元的性质。从柏拉图到黑格尔的理性主义者竭力压制差异 、矛盾、非永恒、非同一性。后现代主义与此相对立，高扬不可通约性、差异性和断片性、特殊性和间断性，用知识形式的多样性和微观分析去超越总体性、总括性和强制性。第四，注重个体性和自我关切，反对主体性和人道主义。近代以来的一切人道主义都是以形而上学为基础的。它们总是把人的最一般的

① 参见冯俊等：《后现代主义哲学讲演录》，商务印书馆 2003 年版，第 8～23 页。

本质看做是当然的、现成的前提。人被看做是“理性的生物”，“人是存在者的主人”，这些定义都是形而上学的。福柯通过对思想史的研究，揭示出的只是“知识型”或知识结构，主体即人被移出结构之外，人在认识中是不起作用的，思想是无作者的，知识是无主体的，历史也是无主体的，甚至得出了“人死了”、“人已消失”的反人道主义的极端结论。第五，用透视主义和相对主义取代表象论和基础主义的认识论。现代主义把认识看做是心灵或精神对于外部世界的表象，真理就是主体对客体的正确表象，主体无需中介就可接近实在，把握外部世界的本质和规律。后现代主义否认事实的存在，而坚持只存在某种对世界的解释。世界的意义不是单一的，而是不可计数的。解释世界的方式是无限的，我们应该寻求对于现象的多种解释。还有一些后现代主义者采取相对主义的态度，他们认为理论最多只能提供现象的部分景观，对于对象的全部认识表象都是以历史为条件，以语言为中介的。意识、同一意义等是历史地产生的，也是随着历史的变化而变化的。第六，用不确定性和小型叙事取代元话语和宏大叙事。利奥塔认为，现代主义在知识问题上的特点就在于：求助于元话语或宏大叙事来使知识合法化。这类宏大叙事有两种，一种是思辨的宏大叙事，一种是启蒙叙事。同时这种理论还求助于知识的发出者和知识的接受者之间对于陈述的真理价值的共识，使语言游戏同质化，排除语言游戏的多样性。利奥塔批评了现代主义知识求助于两种宏大叙事的合法化方式及“共识”观念，认为我们应该保存差异、分歧，而防止潜在的压迫和控制。他强调小型叙事的作用，认为知识的获得不是接受普遍真理或同意共识，而是不断地怀疑现存的范式，发明新的范式。第七，用“精神分裂分析”取代“精神分析”。精神分析把欲望限制在俄狄浦斯情结和家庭的范围之内；而精神分裂分析则把永不停歇的流动看做是欲望自身唯一的客观性。精神分析将无意识理解为想象的、象征的表象，是某种主观的东西；而精神分裂分析认为，无意识是无人称的、前人格的、独立的，自己创造自己，无意识包含着一种“革命的分析力量”，它要把欲望的运动从等级体系的社会强加的形式中解放出来，它要打破被压抑在欲望之中的主体，创造出后现代的新的欲望主体。第八，用微观政治学取代宏观政治学。后现代主义者认为传统的马克思主义的政治理论是一种宏观政治学，他们主张应该拒绝这种宏观政治学而转向微观政治学。他们青睐的不再是阶级斗争、社会革命、人类解放，而是女性主义、环境保护和生态团体、同性恋组织和反种族歧视等局部的和微观层次上的多元化的政治运动。

后现代哲学思维和方法进入法学，直接挑战了在西方社会统治了几百年的法律信念，动摇了现代法学所安身立命的基础和原则，打破了西方法律的神话。这种神话主要包括：理性的个人是社会生活的主体，法律的使命就是把人们的社会活动纳入理性范围之内，尊重和遵守规则；规则是客观的且对任何人都是平等的。规则由不受任何社会和政治因素干扰的法官和其他的法律职业者来操作。它不仅规范社会行为，甚至规范政治行为，可以讲法律高于政治；为了保证规则的实施，严格的法律推理和法律结果是必需的，它们保证法律精神的实现。神话被打破，由此带来的结果是法律的至上性、自治性、一致性受到了空前的挑战和质疑。法律究竟是什么？它还是公正和超然的吗？它是表现真理和真实的规则吗？人们深信不疑的法治还可能吗？女性主义法学、批判种族主义法学和法律与文学运动分别从不同的角度给予了回答。

女性主义法学是女权主义与法学结合的产物。女权主义进入法学领域是在20世纪的60年代末期。70年代，女权主义法学与批判法学融为一体，二者没有严格的界限。80年代末，女权主义和批判法学分道扬镳，走向了独立发展的道路。90年代以后，女性主义法学呈多样化的发展趋势。早期的女性主义法学分为三个学派：自由主义的女性主义、文化女性主义和激进的女性主义。自由主义的女性主义主张男女平等，主张在坚持现行政治、经济和法律制度的前提下争取妇女的平等权利，要求主流社会把妇女包容进去，给妇女平等的机会，建立“两性平等”，女人要取得社会政治权利就要进入男性的领域，把达到男性的标准看做是女性的解放。文化女权主义强调男女之间的差别，认为女性观察道德和法律难题的特殊方式在法律教条和学术中被忽视和排斥了。“网络设想”（把社会看做是由关系组成的世界，而不是孤立的人组成的世界，是通过人联系起来的世界，而不是通过规则体系联系的世界）是女性的视角，而与之相对的“等级设想”是男性的视角。在传统的观点看来，等级设想优于网络设想，是道德发展的更高的阶段。正因为如此，在法律话语中女性声音消失了。所以必须使之重建，使法律考虑女性的关系和联系的价值。激进的女性主义认为，法律中的性别不平等不是不合理的歧视的结果，而是妇女系统性的社会从属地位的结果，性、建立性别等级制，是男人的社会建构。两性平等是男人的标准，而特殊保护规则也仅仅是女性的标准，不具有决定性，因为男性是二者的参照。男女之间的确存在差异，但是最重要的差别是女性是被男性夺取性的群体，就像工人是被资本家夺取劳动的群体一样。性是权力问题，特别是男人的统治地位和女人的从属地位。性虐待是妇女在社会中的从属地位的产物。只有建立一个完全以妇女为中心的模式，才能彻底改变不平等的社会性别结构。“法是按照男人看待和对待女人的方式看待和对待女人的”。法律将妇女看做是母性化的群体和性的群体，法律的性别化使妇女相对于男性而言处于从属地位。80 年代后期出现的后现代的女性主义对现代女性主义法学关于客观性、普适性、本质主义的观点提出了挑战。提出现代主义的自我概念是建构的，是话语和分析所控制的主体，主体的身份是由性的话语所产生的人工制品。“人不是生来就是妇女，而是变成妇女”。人的经验离不开语言，女性主义不应该忽视法律语言的建构作用。法律话语应该被看做是一种关于性的差别的政治斗争。后现代的女性主义法学甚至认为，自由主义的女性主义将妇女看做铁板一块，似乎所有的妇女都面临同样的问题和困境，但实际上它只反映了特权的白人女性的利益，而将其他大多数女性的利益排除在外，忽视了种族和阶级的因素。激进的女性主义法学又分化出黑人女性主义法学和第三世界女性主义法学等。

种族批判法学是 20 世纪 80 年代后期从批判法律研究运动中分离出来的一股法学思潮。种族批判法学批判占主流的法学是反映白人利益的法学，是用白人的眼光来看待社会与法律问题，包括种族问题。在传统上黑人不得不放弃真正的自我意识，而只能通过别人流露出来的信息认识自我。种族批判法学主张“种族意识”的方法，即黑人要用自己的眼光来看待自己，唤起黑人及其他少数种族的自我意识。种族批判法学应从下面几个方面来定位：第一，种族批判法学认为，种族主义是美国人民生活中的一种特殊现象；第二，种族批判法学对法律的要求，如法律的中立性、客观性、无差别地对待有色人种以及贤人政治等问题，表示怀疑；第三，种族批判法学对法学研究中的非历史主义提出挑战，坚持对法律进行历史的分析或把种族问题与法律的关系结合进行分析；第四，种族批判法学强调，在分析法律和社会时，注意对有色人种和原始种族团体的经验知识的认识，因为这种知识源于对种族生活的认同，以及为消除种族主义而进行的政治斗争的一种批判性反馈；第五，种族批判法学是一种学科际的，从其他学科中取得素材的学科，它从自由主义、法律和社会、女权主义、马克思主义、后结构主义、批判法学、实用主义、国家主义的传统中吸取了许多养分；第六，种族批判法学的目的是为了消除作为所有压迫形式的一部分的种族压迫现象。[①] 种族批判法学的后现代性主要表现在以下三个方面：一是反对现实主义和概念主义，主张“视角”（Perspective）和“条件”（Context）在对真理进行评判时的重要性。如应从黑人及其他受歧视种族的角度而不是从白人的角度来认定歧视行为；歧视行为的产生、认定也要与该行为所处的特定环境相联系。这里可以看出种族批判法学和后现代主义的重要组成部分——视角主义之间的联系。二是种族批判法学反对法律条文与法律实践具有客观性、中立性之意义，而代之以解构主义。三是种族批判法学反对“种族”这一概念具有一成不变的属性，而主张对其进行重新界定。他们认为“种族”应该是一种政治结构，即认为“种族”是一个在不懈的政治斗争的压力下形成并不断因此而改变的复杂的概念。这也反映了种族批判法学与后现代思潮中的非理性主义的联系。特别是种族批判法学主张讲故事（story telling）的方法。传统的教条式的方法坚持知识的确定性，认为法律问题都有确定的是非答案，主流意识将它们打扮成真理。讲故事的方法将各种事件置于一个前后连贯的环境中，主张从不同的文化、伦理、经济、种族及个人的角度看问题，从而引发我们对这些事件之所以发生的政治、文化和社会背景进行思考。这样，讲故事的方法对真理的唯一性的观点提出了挑战。

法律与文学运动是20世纪70年代以来在美国兴起的一种新的法学流派。它最早可以追溯到怀特教授1973年出版的《法律想象：法律思想和表述的属性研究》。他在书中认为文学研究很类似于法律中的解释活动，法律与文学有着密切的联系，因为二者都依赖于语言和阅读、书写和说话的方式，包含着类似的解释实践，作为特定文化世界的话语共同体的语言可以将法律与文学统一在一起；可以将文学带入到对法律和秩序的属性、正义与非正义、法律的人文背景等问题的研究，文学研究有助于法律伦理属性的研究，文学思想

---

① 参见 Mari J. Matsuda, “Words That wound; Critical Race Theory, Assaultive Speech, and the First Amendment ”, West view Press, P3 (1993)，转引自朱景文主编：《当代西方后现代法学》，法律出版社2002年版，第269～270页。

与实践为法律中的人文主题提供了洞见；运用文学视角，法律和判决可以得到更加充分的分析等。早期的法律与文学运动主要有两支：一支是“文学中的法律”（law-in-literature），另一支是“作为文学的法律”（law-as-literature）。“文学中的法律”关注小说和戏剧中的法律问题，指的是“对小说中法律秩序描写的研究”，通过研究经典的文学作品中的法律问题，有利于理解一些典型的法律问题，有益于从文学的观点研究对目的主义、形式主义、客观性等这样一些概念的解释；“作为文学的法律”则把文学批评技巧运用于法律文本，运用“文学批评和理论中的洞见来帮助阅读和理解法律文本、特定司法判决”，它不再集中于文学本身，而注重作为文本的法律及由此产生的法律解释问题。法律只不过是另一个被解释的故事，它依赖于讲故事的技术和叙事，对传统的法律解释所遵循的原则提出了挑战。“把法律看做是所有人的故事，其重要意义就显现出来了。故事是复线展开的，而且不同角色之间存在着对话关系，这就打破了法律语言的话语霸权。按照故事的逻辑来思维，不同的正义观念都能得到表达，而不仅仅是法官一个人的表达。在表达过程中，每个角色都是平等的，他们通过沟通和对话阐释自己对公平的主张，粉碎传统的思维定式，带来新的法律智慧。”[①] 20 世纪 80 年代以后，法律与文学运动发生了“解释学转向”，采用了法律就是解释的观点。在解释过程中，出现了两种不同的倾向：一些学者注重法律文本的内在解读，将法律视为一种解释活动；另一些学者则认为，文学具有揭示法律的政治性的重要价值，法律是政治、权力而不是文本、解释。在这一过程中还贯穿着基础主义和反基础主义的争论。具体体现在：每一法律问题是否都能找到正确答案？人们在法律体系的价值和目标上是否可以达成一致？法律基础主义相信正确答案能够在社会的价值和目标共识之内寻找到；而反基础主义拒绝共同的思想基础这样的观念，它对客观性、理性及普遍知识等提出了质疑，要么否认有所谓的正确答案，要么承认共识只是一种可能。

第三节　后现代法学的理论挑战及范式转换

如果我们把后现代法学视为批判法学的延续，批判法学的批判

① 朱景文主编：《当代西方后现代法学》，法律出版社 2002 年版，第 36 页。

精神和主要命题在后现代法学中得以发扬光大的话，那么，我们概括起来，从批判法学到后现代法学，和传统的以理性为基础的法学相比较，在法学基本观念上发生了重大的变化，对现代法学理论提出了挑战。

一、主体理性的迷失

认识自我是哲学的最高目标，它是阿基米德基点，是一切思想的基础和中心。“人是什么”的问题一开始就困扰着人类。亚里士多德宣称，一切人类知识都来源于人类本性的一种基本倾向——这种倾向在人的各种最基本的行为和反应中都表现出来。感性活动的全部内容被这种倾向所决定，并且充分体现着这种倾向。而在柏拉图看来，感性生活和理性生活是两个截然不同的世界，知识和真理属于先验的世界，属于一个纯粹的永恒理念的王国。但在苏格拉底那里，不再有一个独立的自然理论或逻辑理论，甚至没有一贯和系统的伦理学说。苏格拉底唯一的问题就是“人是什么”。苏格拉底始终坚持和捍卫一个客观的、绝对的、普遍真理的理想，他所知道及全部探究所指向的唯一世界，就是人的世界。他把人定义为：人是一个对理性问题给予理性回答的存在物。人的知识和道德都包含在这种循环的回答活动中。正是依靠这种基本的能力——对自己和他人作出回答的能力，人成为一个有责任的存在物，成为一个道德主体。斯多葛主义继承了苏格拉底的思想，自我质询的要求是人的特权和他的首要职责。“一定要向你自己提出这个问题，并且这样盘问自己：我与我身上被称为统治一切的理性的这一部分有什么样的关系?”[①] 生活本身是变动的，但是生活的真正价值应当从永恒的秩序中寻找。这种秩序不是在我们的感官世界，而是只有依靠我们的理性才能把握。理性是人类主要的力量，是真理和道德的共同源泉。只有在理性上，人才是整个地依赖于他自己，理性是自主、自由、自足的。

人类对自身的理性并非没有过怀疑。站在古希腊、古罗马和中世纪交会点上的奥古斯丁认为，在耶稣基督降生以前的所有哲学，都有一个根本性的错误，并且受同一异端的影响。这就是把理性的

① ［德］恩斯特·卡西尔：《人论》，甘阳译，上海译文出版社1985年版，第11页。

力量捧为人的最高力量。但是，当人被一种特殊神明的启示开导之后就会发现：理性本身是世界上最成问题、最含糊不清的东西之一。理性不可能向我们指示通向澄明、真理和智慧的道路，因为它本身就是含糊不清的，而关于它的来源则笼罩着一片神秘——这种神秘只有依靠基督教的启示才能解决。对奥古斯丁来说，理性的本性并不是单性的和唯一的，而是双重的和分裂的。人是根据上帝的形象而被创造的，而且他出自上帝之手时的原始状态是与他的原型不相上下的。但是所有这一切都由于亚当的堕落而丧失了。从那时起，理性的一切原始的力量都被遮蔽了。而且理性如果只是诉诸自身和自己的能力，就绝不可能找到回返之路。它不可能重建自身，不可能靠自己的努力去恢复它原先的纯粹本质。如果这样一种改过自新是可能的话，那么就只能靠超自然力量的帮助，靠神恩赐的力量。

在斯多葛主义和基督教神学中，人被看做是宇宙的目的。它们都认为存在一个普遍的天道，它统治着世界和人的命运。这些假定被看做是基本假定之一。可是哥白尼的日心说彻底摧毁了这个基本假定，人要求成为宇宙中心的权利失去了它的基础。近代哲学和近代科学必须证明，新的宇宙学说不会削弱和阻碍人类理性的力量，而是确立和巩固了这种力量。无限的宇宙并没有给人类理性设置障碍，恰恰相反，它会极大地激发人类的理性。人类理智通过以无限的宇宙来衡量自己的力量从而意识到了自身的无限性。伽利略主张，在数学的领域中，人可以达到一切可能知识的顶点，这种知识并不低于神圣理智的知识。笛卡儿从普遍的怀疑出发，重新确立了人类理性的基础，“我思故我在”。莱布尼茨发现了一个新的数学思维的工具——微积分，依据这一工具，物理宇宙成了可以理解的，自然规律被看做理性的普遍规律的特殊例子而已。而斯宾诺莎创立了一种新的伦理学，一种关于道德世界的数学理论，重新建立了人的哲学。这些不同的主张有一个共同的话题，就是关于人的问题的理性主义的解释：数学理性是人与宇宙之间的纽带，它使得我们能够自由地从一端通向另一端。数学理性是真正理解宇宙秩序和道德秩序的钥匙。

19 世纪，一种新的力量开始出现，这就是达尔文的进化论，生物学的思想取得了高于数学思想的地位。达尔文惊叹于各种各样的家养动植物种属，而且同一大纲之内的最为不同的各种属和目全都是同一个祖先的后裔，这些不同类型之间的天壤之别最初都是由简单的变异性引起的。在每一个有机体的生命中所发生的那些偶然变化，就足以解释引导我们从一个原生动物的最简单的生命形式到最高级最复杂的生命形式的渐进转化。这似乎在提示我们再不能沉溺于空幻的思辨中，不必寻找一个关于人的本性或者本质的一般定义，我们的问题是收集经验的证据。但生物界的规律是否同样适用于人类世界呢？我们能够满足于仅仅以经验的方式去把握人的本质吗？非理性主义给理性主义以回答。

非理性主义首先向理性的权威性进行发难。海德格尔追问道："什么是理性？理性之为理性，是在什么地方，通过谁人决定的？理性已经自称哲学之王了吗？"① 理性的自立为王，是与它的以绝对真理的化身自居相联系的。非理性主义则从根本上摈弃了这种"绝对真理的幻想"。尼采宣称"上帝死了"，也就意味着宣告"绝对真理"的终结和理性的死亡。传统哲学对理性体系的迷恋是幼稚的、不成熟的表现。人的存在是变动的、开放性的，而体系则是封闭性的，所谓理性、真理的体系一旦形成，就把思想自身束缚了。理性并不是人的本质，人并不能理性地控制自己的行动。弗洛伊德的精神分析学证明，所谓统一的理性是由本我、自我和超我三部分组成的，实际上是由非理性的东西统摄着。传统理性的无限权威是建立在对非理性贬低、压制、扭曲的基础上的。利奥塔认为："理性与权力是一个东西，是同一的。你可以用预知或辩证法来装扮前者，但你将仍有一道（未触动的）菜端上来：监狱，禁止，选择程序，公共利益。"② 福柯考察了西方人在长达数百年的漫长过程中对待疯狂和疯人的变迁，一部疯狂史，就是一部残酷监禁、野蛮驱逐疯人的历史，是人类以理性名义对无理性的疯人进行镇压的历史。正是依靠对癫狂病人实行大禁闭的方式，理性将非理性排除在社会之外，从而确立了自己在近代资本主义社会中的正统权威地位，理性也逐渐以权威替代了强制。"理性战胜非理性的过程一度只靠物质力量，并以某种真正的冲突来得到保证。而现在，这种冲突总是事先就定局了，在某种情况下，当癫狂病人和有理性的人相遇时，非理性失

① 海德格尔：《什么是哲学?》，译文载《现代外国哲学》第七集。

② 转引自王治河：《扑朔迷离的游戏——后现代哲学思潮研究》，社会科学文献出版社 1998 年版，第 110 页。

败也早已不言而喻。”①

在非理性主义看来，理性并非像它自己认为的那样具有至高无上的权威性，理性并不是人的本质，所谓人的本质，只是建立在理性主义基础上的一个神话，人并不能理性地控制自己的行动。非理性主义者发难理性的工具性，赋予情感、直觉、体悟等生命体验以方法论的意义，纷纷将各式各样的非理性的东西推上前台。如尼采的“权力意志”、海德格尔的“思”、德里达的“本文”、福柯的“历史”等，这些非理性都是以混沌、流动、无序为特征。还有一些哲学家更是直截了当地宣称理性不存在。罗蒂说："康德把我们分成了两块，一块称为理性，我们的理性是共同的，另一块（经验、情绪、欲望）是盲目、偶然、特异。但我们应该认真对待这种可能性，即不存在什么被称为理性的东西。”② 利奥塔直截了当地指出：“不存在理性政治，无论在理性意义上和概念上都不存在。”③

理性不存在，所谓理性的主体也是被理性所创造出来的。理性经常是从国家的正式主张，从党派的宣言，从法律的文本中表现出来。“自由主义并不依赖于对理性的探索，而是依赖于对理性的假设，根据这些假设，理性和信仰之间的对立就被制造出来了”。④ 西方法律传统中法律的主体不是“我们”或者“人民”，而是政治权力或者说是政治精英。法律的实施是通过法官的解释来适用的，解释者不是“人民”，而是法官。而法官不是单数，而是复数，是一个生活在现实社会中的个人，个人的利益归属决定他符合解释法律，他会把他个人的价值观强加给其他的人。真正的、带着面罩的法律主体是政治权力的代表，是占主导地位的强大背景。理性和情感、法律目的和法律手段、先验和经验、抽象和具体、公共领域和私人领域、历史与现实等，都是法律主体必须面对的冲突，冲突的结果是法律演绎官僚制度和这个制度的实践，法律主体的问题实质上是法律阶级本质的问题。

---

① 福柯：《癫狂与文明——理性时代的精神病史》，孙淑强、金筑云译，浙江人民出版社 1991 年版，第 226～227 页。

② Rorty, Contincy, Zrony an Solidarity, London: Cambridge University Press, 1989, P32～33.

③ Lyotard, Just Gaming Translation, Wlad, Godizieh university of Minnesota Press, 1985, P82.

④ Stanley Fish, “Liberalism Doesn’ t Exist”, 997 Duke Law Review, 1987, P997～1001.

二、自由意志是否可能?

资本主义的启蒙思想家认为，人生而自由，主张天赋人权、生而平等。黑格尔认为，人是能够进行思维和实践活动的主体，是自由的，而自由只有作为意志、作为主体，才是现实的。既然人的本质特征就是思维和意志，而意志是自由的，自由就是法的实体，而法就是权利，法的体系就是实现了的自由王国。“法的基地，一般说来是精神的东西，它的确立地位和出发点是意志。意志是自由的，所以自由就构成法的实体和规定性。至于法的体系是实现了的自由王国，是从精神自身产生出来的，作为第二性的精神的世界。”① 但在福柯看来，人生而就不是自由的，因为权力无所不在，人的一切都被笼罩在庞大的权力网中，自由也不能幸免。

在《癫狂与文明》中，福柯通过揭露近代西方资本主义社会对一部分人——疯人的禁锢和压制，抨击了“人的本质是自由”观点的虚伪性。在近代西方，癫狂被认为是一种罪恶，因此对付癫狂的办法异常残酷。起初是把疯人装上“愚人船”，驱逐到远方，随后对他们实行“大禁闭”。1656年，在巴黎建立了“总医院”，对癫狂病人全面实行“大禁闭”。“大禁闭”的目的不是为救治他们，而是惩治他们。1770年后开始试图将他们改造成劳动者以创造财富，为政府节约开支。18世纪末开始释放禁闭的病人。释放出来的病人尽管获得了人身自由，但由于贫困和丧失了劳动能力，他们并没有获得真正的自由，精神上也仍然受到严厉的禁锢。在《惩罚与规训》中，他通过分析监狱和刑罚，揭露在“监狱式的社会”中人是没有自由可言的。随着启蒙运动的深入，以肉刑为主的刑罚制度虽然逐渐被废止，但取而代之的是一种“道德技巧”，其意图是使囚犯了解对他们进行惩罚的原因，刑法的改良者这样做的目的并不是为了减少对囚犯的惩罚，而是为了使惩罚具有更大的普遍性和必然性，使惩罚的权力更深入地插入社会的躯体之中。资本主义社会并非什么自由、理想的社会，而是监狱的缩影，资本主义社会就是一座“圆形监狱”。每个人都在并不知道的情况下受到不断的监视，每一个主体都发现自己被一种惩罚的可能性所抓住，惩罚从而具有普遍性。这种

① 黑格尔：《法哲学原理》，范杨、张企泰译，商务印书馆1982版，第10页。

监视—惩罚之网的最终目的是使人类成为驯服工具，以适应“合理”、“高效”、“技术”的社会需要。人作为材料，被制成社会可以接受的模式。而达到这一驯服目的的最主要的方法是在男女老少各种人之中造成一种好人与坏人不断对比的道德压力。正是监视使规范化的判断茁壮成长。福柯的结论是：我们——作为处于上升高潮的资本主义社会的推动力及这一制度最初证明者的直接继承人，生活在一种“规范普遍统治之下”。在这张庞大的、异常结实的统治之网中，有何自我可言，又有何自由可言？自我在福柯看来与其说是个人自由的工具，不如说是作为权力的一个工具。主体与自由的关系被主体与征服的关系所替代。正是在这种意义上，福柯宣称“知识型”（episteme）先于个体而存在，认为人类主体本身是有限的意识，从属于不由他选择和创造的规则。人是被建构的外形。人的日益增长的关于他自己的知识并不导致肯定人道主义的超越的自由和创造性的主体，而是导致这一观念的根除。

三、法律主体可以认识法律客体吗？

在思维与存在的关系上，传统的形而上学坚信人具有天赋的、无限的认识能力，思维可以绝对地认识一切事物的真理。人类的这种自信，充分体现在“人是万物的尺度”上。法律主体经过主体的经验、知觉可以认识法律客体，从而能预测法律和计算法律。马克斯·韦伯认为，现代法律在双重意义上是合理的：第一，法律是代议制立法机构自觉意识地制定和创造的，这种法规是在人们明确其意义，具有明确意识的情况下形成的，因而人们对合法和非法的界限有清醒的理性认识。第二，现代的立法程序本身受到法规的制约，立法活动是在遵守法律形式结构的要求下进行的。这种由法规支配的立法程序制定的法规在构成上是合理的。在这种理想的合理性的情况下，使司法判决具有可靠的预测性和可计算性。后现代哲学彻底颠覆了人道主义的这种自信。

在后形而上学哲学家那里，人类绝对地把握事物是不可能的，只能相对地认识事物。维特根斯坦坦言，确实有不能讲述的东西。它们自己显示出来，这就是神秘的东西。列维-斯特劳斯也曾谈到一个无人以始也将无人以终的世界。一切并非都是给定的，一切也并非都是已知的。海德格尔指出了“未思”东西的不可避免性，批评形而上学错误地理解了“未思”的东西，不是将其看做客体的抽象形式，就是看做主体的抽象形式。传统的形而上学都犯了简单化的错误，将复杂、多样的事物人为地还原成简单、单一的事物。后形而上学所做的工作恰恰相反，视思想为某种进一步产生复杂性的东西。根本不存在不证自明的思想，在大多数的情况下，我们不知道我们如何认识，认识什么。笛卡儿的“我思”并不是认识的前提，而是认识的结果。笛卡儿的反省、自我考察、自我研究方法不再起作用，对于我们来说，我们不再是自我透明的。

在后人道主义看来，人道主义是一种唯心主义的谬误，因为它将一个自足的和权威的主体概念作为决定一切事物定向的基点，使一切知识都和人有关系，它是我们思想中的一个累赘。其本身是一种抽象，一种意识形态。阿尔都塞认为，人道主义的本质之所以是意识形态的，乃是因为它是建立在“人”和“主体”这个非科学的总问题基础上的。人道主义的另一个谬误，是盲目的乐观主义，将人摆在上帝的位置上，将“人类自由的进步”与“人类理性的进步”等同起来。人类拥有文明，但为什么却日趋苦恼孤独？人类拥有科学，但为什么仍然困惑？人类知识不断丰富，但为什么自由却更见遥远？所谓人类进步的观念只是一种虚构。尼采说：“人类并没有像所相信的那样展现一个更好、更强、更高级的发展。‘进步’只是一个现代概念，就是说，它是一个虚假的概念。”[①] 福柯则说：“人类并不是从互相征服逐渐走向进步，直到达到普遍的互惠状态，在这种状态下法治最终取代战争；人类在一个规则制度中仍然坚持其暴力，因而取代统治的仍然是统治。”[②]

否定主体可以认识客体，也必然导致否定法律主体可以认识法律客体。德里达认为，宇宙人生无任何本体真相，一切是空荡荡的开放性，人是无任何办法去知道真实世界的。人与人，人与天地，人与上帝，无沟通的可能，因终极是虚无的。在后现代法学家看来，现代法学只注重法的确定性、法的本质研究，注重认识和反映法的本质，而后现代法学则逐渐转移到非确定性及法的非本质性，如女权主义法学已经由早期的普遍的妇女视角的主张转变为多文化的、反本质的女权主义立场，法律与文学运动似乎已经从“文学中的法

---

① Friedrich Nietzsche, The Anti - Christ, In the Complete Works of Friedrich Nietzsche, Penguin Books, 1968, P116.

② Quoted in Douglas E. Litowitz, Postmodern Philosophy and Law, Univ. Press of Kansas, 1997, P16.

律”的本质主义转移到“作为文学的法律”的非本质主义视角。这些趋向都表明，后现代法学否定真理的存在，否定法的本质的存在，从而也否定对法的本质的认识。“法律并不具有什么核心意义。法律的本质，以及对‘什么是法律’和‘法律受什么指引’这些问题的回答也许并不存在。也许唯一的秘密就是根本就不存在答案这一秘密。”① 法律的一致性受到挑战。法律不再作为一个整体，而明显地碎片化。法律不再被看做是法律内在逻辑发展的结果，而更多地受到法律之外的政治和社会因素的影响，法律的实施有赖于法官的判决。而法官的判决取决于解释规则多大程度上受到法律之外的影响。“西方法律传统陷于危机！除了训练学生的分析技巧外，我们不再能够发现共同的价值目标。”② 单一的正义、公平的观念不再存在，取而代之的是多元的、局部的、以多种方式存在的正义。“人们认为，在一种非结构化的多元化的宏大事件下，社会会运转得更好；一个多中心的社会比一个自觉的有计划的社会更好。同时，宏大故事是恶的，而小的故事则是好的。我们对法律的所有期待是它参与到多元的小的战役中，形成一个由多元的竞争的语言游戏构成的社会秩序。”③

现代法学遭受的最沉痛的打击是自然法思想的衰败。自然法学的思想经历了古代、中世纪和近代三个不同的时期，其共同特点是：第一，自然法是不变的和普适的，适于一切时间和一切人；第二，借助理性，自然法是可以认识的；第三，自然法不仅是实证法的标准，而且当实证法与它相悖时，取而代之。康德告诉我们，一切知识包含两种成分：直观和概念。直观给予我们对象，概念使对象被思考。“直观无概念则盲，思维无内容则空”。“知性不能直观，感性不能思维”。事实上，康德是要证明：“抛开经验，仅从形式的先天原理中，不可能推导出形而上学——自然法的内容，因而，内容的形而上学从不可能普适的和十分精确的。那种从‘自然’中可以建构一个适于所有人所有时代的、具有明确内容的自然法之主张，因

① ［英］韦恩·莫里森：《法理学——从古希腊到后现代》，李桂林等译，武汉大学出版社2003年版，第550页。

② Stephene C. Hichs, Modern Legal Theory: Problems and Perspectives, Fred B. Rothman Publication, 1998, P34.

③ ［英］韦恩·莫里森：《法理学——从古希腊到后现代》，李桂林等译，武汉大学出版社2003年版，第553~554页。

此也被驳倒。"[①] 以后的法哲学或是从经验出发，以哈特、凯尔森的实证主义法学为代表，在当代则以波斯纳的经济分析法学为代表；或是仍追求普遍的正义，以罗尔斯的正义论、德沃金的权利论和法律解释理论为代表。而在后现代法学看来，以上都是现代性的表现，都应彻底摧毁和解构。

四、主体—客体二元模式之开放性

传统形而上学是建立在将世界区分为主体和客体基础上的，并进而强调主体可以认识客体，主体可以改造客体，并由此建立了形而上学的大厦。尽管人类不只一次地怀疑过主体是否可以认识客体，但"我思故我在"，以主体为基础的形而上学体系岿然不动。这个体系带来了科学的昌明、人类文明的繁荣、物质生活的丰裕，但也带来了对自然环境的破坏、战争和灾难。人类不禁要反问，将世界分裂为主体和客体的思维方式是合适的吗？

"后现代对于现代予以谴责的关键之处是，这种完全以统治和利用科学为基础的'循环启蒙'的发展结果是，它证明了其本身没有能力回答对于人类确实重要的问题"。"后现代思想首先应该克服现代的两元论：即，主体与客体的分离，一切欲望的冲动压抑或自由释放之间的选择以及（人们极为看重！）唯理性和非唯理性之间的对立。"[②] "人们甚至发现，即便在自然科学领域，也不可能处处排除知识的主体性。这尤适于也包括法学在内的理解性科学，一如还将展示的，无疑，法学起始就未形成主体—客体图式。"[③] 后现代主义解构了人文主义的主体观，摈弃了"主—客"对立的思维模式，提倡"我—你相关"的模式，认为，如果我们抛弃了"主—客"对立的模式，又不想陷入虚无主义的自相矛盾中，就必须转移向"我—你相关"的模式，而以人与人的情际关系为核心，在关系中看沟通的全面性，而无须界定主体和客体，更无须谈主体向客体的转化，客体对主体的异化。"我—你相关"的模式是马丁·布伯所提出的主

① ［德］阿图尔·考夫曼、温弗里德·哈斯默尔主编：《当代法哲学和法律理论导论》，郑永流译，法律出版社2002年版，第93页。

② ［德］阿图尔·考夫曼：《后现代法哲学——告别演讲》，米健译，法律出版社2000年版，第7~8页。

③ ［德］阿图尔·考夫曼、温弗里德·哈斯默尔主编：《当代法哲学和法律理论导论》，郑永流译，法律出版社2002年版，第51页。

客体沟通的模式，他认为，沟通者（主体）不能将对方视为外在的“死物”或客体，而必须将对方视为可以进行信息交流的情意的“你”，只有当双方都视对方是“你”时，方可融入对方的情格和历史中，才能有所沟通，相互间才有理解。这就是要建立人的沟通本体。后现代法学，运用这种理论来分析法律主体和法律客体，认为区分法律主体和法律客体是毫无意义的，法律主体对法律客体的沟通和认识，就像是对“你”的认识，必须将法律置于一定的情格和历史中，才能有所沟通。福拉格认为，法律家应该放弃按照主观和客观的二分法来理解世界，这种二分法是人的创造物而不是真实世界的反映。法律教条反映和调整着社会生活，但它不是世界的真实的或客观的代表。在关于主观性和客观性的特殊法律思想的特权形式中，重要的人类价值和可能性被忽略和忘记了。① 考夫曼认为："一个想要理解某种意义的人完全必然地将其先入之见，从而也首先将其自我理解带进理解过程。这样一种理解并不是对象性的，但也不是主观的。相反，它始终是主体——客体同时并存。任何一种要把知性科学中的唯理性和知性个性分离开来的尝试，都是注定要失败的。"② 美国学者 Hermann 利用结构主义的方法研究了纽约法院关于产品生产者对无合同关系的第三人的产品责任的判决。他的研究表明：纽约法院最早把生产者对第三人的责任建立在产品的内在质量问题上，认为生产者对无合同关系的第三人的责任是由于产品的危险性所导致的。这反映了一种“主体与环境”二元分离的思维模式。法院后来的判决推翻了先前的理论，认为生产者对无合同关系的第三人的责任基础是生产者对有可能给他人带来的危险是具有可预见性的，从而把责任的立论根据从“主体—客体”转换为“主体—他人”。③ 这可以看做是反“主体—客体”思维模式在司法领域中的直接体现。

“主体—客体”模式的打破也对法律的自治性提出了挑战。在西方法律传统中，法律有自己独立的体系，有运作这一体系的独立的

---

① Gerald F. Frug, The ideology of Bureaucracy in American Law, 97Harvard Law Review1277 (1984).

② ［德］阿图尔·考夫曼：《后现代法哲学——告别演讲》，米健译，法律出版社 2000 年版，第 33 页。

③ Donald H. J. Hermann, University of Miami Law Review, Vol. 36 (1982) P393 ~399.

法律职业，他们接受专门的法律职业教育，一定程度上和世俗社会保持距离，以保证法律的神秘性、权威性和公正性。然而，这一封闭的、独立的体系开始在改变。20 世纪 60 年代在西方兴起的法律与社会运动把法律与社会现实运动联系在一起，“法律与社会”、“法律与政治”、“法律与经济”、“法律与文学”成为法律研究的热点。“法律自治信念的支持因素被踢开了。首先，与‘意识形态终结’相联系，政治共识不复存在。20 世纪 60 年代，伴随政治共识的衰亡的是一大批新的理论的产生，如经济学和哲学中的博弈论、统计学，公共选择理论，文学理论，都在以越来越强的力量影响着法律。”①

五、法律人格人形象之重新确立

什么是正义论辩的对象和论题？作为人格人的人、“关系总和”的人。人不是实体，人是关系。只有处于具体的实在形式中的人得以享有的历史的法权，才是真实的人的法权。每一种内容上的法哲学观念只能是人的观念，因为法权的实际唯理性也只能是以整体的人为基础建立。法哲学必须不断地面对这样的问题，即它在多大程度上服务于人类。于是必须不断地一再宣称法哲学追求的是：对人及人的世界承担责任。②

法律之人格人是何形象？他是抹去了一切感性特征的理性人的形象。“英国普通法不厌其烦地虚构出一个神话般的人物——理性的人。他是一种理想，一种标准，是我们要求优秀公民具备的品德的化身……在构成英国普通法的令人迷惑的博学的审判中旅行或长途跋涉，不与理性的人相遇是不可能的”。③ “理性人的标准是一个客观的标准，这一标准是把被告的预防行为与一个理性的人在相同情况下可能会做到的事加以比较”。④ 这样一个从生活中抽象出来的，试图涵盖一切生活中人的法律人形象，他是海德格尔讲的“常人”、凯特莱所说的“平均人”，他的个性被抹平，感性的色彩被褪去，生

① Robert W. Gordon, New Development in Legal Theory in the Politics of Law, New York; Pantheon Books, 1982, P414 ~ 415.

② 参见［德］阿图尔·考夫曼：《后现代法哲学——告别演讲》，米健译，法律出版社 2000 年版，第 50 ~ 54 页。

③ 转引自罗伯特·考特和托马斯·尤伦：《法和经济学》，张军等译，上海三联书店、上海人民出版社 1994 年版，第 455 ~ 456 页。

④ 转引自罗伯特·考特和托马斯·尤伦：《法和经济学》，张军等译，上海三联书店、上海人民出版社 1994 年版，第 454 页。

活中的所有人都从具体的人变成了法律中抽象的人。“理性人事实上是法官或陪审团社会判断的拟人化……显而易见，普通法中并没有‘理性的妇女’这个概念。”[①] 拉德布鲁赫通过考察权利、义务来进一步认识法律上的人的形象。他将法按历史的发展分为：礼俗社会法、个人法和社会法。与之相对应，存在以宗教义务为出发点，服从于礼俗的人的形象；以个人权利（利益）为出发点、抽象的、普遍的、平均的、经验的人的形象；以社会、集体利益为出发点，服从于集体、社会的人的形象。[②]

这样一种理性的人、平均的人的形象受到了后现代法学思想的挑战。首先，所谓“理性的人”根本不存在。法律主体是被法律制造出来的，所谓“理性的个人是自然的、自由的、自治的”是根本不存在的。法律的主体不是“我们”或者“人民”，而是政治权力或法律精英。“美国的法律思想只有一个故事和一个问题。这个故事就是形式主义，这个问题就是法律主体问题。形式主义的故事从未触及法律主体问题，法律主体也从未成为这个故事的一部分。”[③] 其次，所谓“理性的人”实际上指的是“理性的男人”。在西方哲学传统中，男人代表理性原则，女人代表感性原则。男性是理性、积极、权力、客观等的代名词，法律也赋予了他这些特点。而女性则被放在从属地位，她们被认为是非理性的、消极的、情感的和主观的。“法是按照男人看待和对待女人的方式看待和对待女人的”。[④] 玛丽·弗拉格进一步论证：一是法律规则允许并为对全体妇女进行控制提供了手段。法律规则为保障妇女的安全提供了并不完整的规定，同时法律规则鼓励妇女为这种不安全寻求避难所，因此，法律无形中将妇女看做是整日处于惊恐不安中的人群。二是法律将妇女看做是母性化的群体。许多法律规则都给予这样一个假设，即妇女应该将更多的时间放在照料孩子和家务上，远离劳务市场。而且法律通过对遗弃的限制及强调妇女在家庭中作为母亲的地位来强化妇

---

① David M. Walker (ed.), The Oxford Companion to Law, “reasonable man”, Oxford: Clarendon Press, 1980, P1038.

② 参见拉德布鲁赫：《法律上的人》，载［德］古斯塔夫·拉德布鲁赫：《法律智慧警句集》，舒国滢译，中国法制出版社 2001 年版。

③ Pierre Schlag, “The Problem of the Subject”, Texas Law Review, Vol. 69. 1991, P1627.

④ Catharine A. Mackinon: “Feminism, Marxism, Method, and the State; Toward Feminist Jurisprudence ”, Journal of Women in Culture and Society 1983, Vol. 8, No. 4.

女的母性化。三是法律将妇女看做性的群体。这表现为法律禁止卖淫、同性恋，当然，在强奸法和性骚扰有关的法律中也有类似表现。[①] 最后，在种族主义法学看来，"理性的人"排斥黑人和有色人种。主流的法学是反映白人利益的法学，是用白人的眼光来看待社会和法律问题，黑人不得不放弃真正的自我意识，只能通过别人流露出的信息来认识自我。种族主义已经深深地渗入到法律体系中，看似平等的、中立的法律结构是并不平等和中立的。法律是等级制度和阶级偏见的融合，是种族主义的奴婢。

对"理性人"概念的颠覆反映在法律上，表现为从"抽象人"向"具体人"的转变。在现代民法想象的强者与弱者尖锐的对立格局中，消费者与劳动者不仅被视为弱者，而且还被视为"愚者"，他们不再被法律视为古典经济学中的完全理性人，而且理智不十分成熟。这首先体现为对消费者的反悔权的规定。其次体现为一些国家（如法国）对合同缔约期的"强行持续"规定，其立法目的在于，使消费者在订约前踌躇再三、权衡利弊；再如无过错责任的蓬勃兴起，使个人的主观因素对确定责任的有无及大小基本上没有意义，这对民法人的主体地位是一个致命的打击，因为过错责任之所以成为民法的基本归责原则，是因为行为只有作为意志的过错才能归责于我，这意味着传统民法自律主体的死亡。[②]

后现代法学对现代法学理论的挑战，是同后现代法学研究范式的转换分不开的。后现代法学和现代法学比较，在研究范式上主要发生了以下重要改变：

第一，从一元定性模式转向多元视角主义。传统的定性化模式将思维限定在一个普适性的唯一的标准或模式之中，并予以简单的遵从和服从。其思维特征：一是认为客观世界存在着某种标准的、终极的、普适性的思维样式，这样的思维样式能产生正确的、权威性的甚至是真理性的思维结果；二是该定性化思维模式有合法的表述模式，表现为非此即彼、二元对立的客观对话模式；三是该思维模式所伴随而生的普适性标准成为评判优劣、甄别真伪、具有绝对真理色彩的简单化尺度，并总以一种天启式口吻鼓吹存在这样永恒

① Mary Joe Frug, " A Postmodern Feminist Legal Manifesto ", Harv. L. REV. Vol. 105 (1992), P495 ~ 496.

② 参见谢鸿飞：《现代民法中的"人"》，载《北大法律评论》第3卷第2辑，法律出版社2001年版。

性的标准。定性化思维模式在法学研究中的具体体现就是概念法学的定式化思维模式。概念法学崇尚理性至上、理性万能，一切都在理性和非理性的二元对立评判之中。它重命题演绎，轻事实归纳，逻辑之上成为一项普遍认可的原则，但事实却是“把法学夸张到法的数学，归纳到逻辑推理（的概念法学）是一种谬误，是基于对法本质的误解”[①]。后现代范式的转向意味着：首先，有多种关于事物的局部叙述和解释，没有绝对的普适性的确定的现代标准，方法上多元而非单一，价值上相对而非绝对；其次，蔑视宏观叙述、元理论的理性建构奢望和做法，认为世界充满了不确定性；最后，人们之间对话与交流应当是平等、开放的，而非强制的及受外在的规定的限制，依靠的是彼此间的理性、自由的论辩来征服人。一言蔽之，要以多元视角主义替代一元定性模式。对于法学而言，就是超越概念法学，走出定性化思维，实现法学研究方法的多元，法学和其他学科的交叉和融合。因为，在多元视角主义看来，一个人能够获得的观察世界或其他任何现象的视角越多，他的解释就将越丰富。

第二，解构法律的本质，消解法律的至上性、自治性和一致性。长期占据现代法学核心位置的一元本质论范式，将法理学思维限定在一个不断追求某种法的本质的模式之中，进而要求人们绝对地服从和尊崇。其基本内涵是：客观世界存在着某种终极的、唯一的法的本质，由本质出发进行概念推理就能为一切法律现象提供正确的、权威的真理性解说，对此应该透过各种各样似乎是难以琢磨的法律现象，找寻法的跨文化、跨国家的终极关怀和基础性价值，并以之为基础实现法的形式统一。而在后现代系谱学看来，我们不可能获得关于外部世界的一幅完整的客观的人类活动的全景，相反，我们仅获得特定时空模式下，时断时续的局部性世界背景；事物没有恒久不变的本质性规定；它是变化发展的，不存在等我们去发现的客观规律，也不存在指导我们的普适性理论；一切事物都是历史谱系的，有其起点，也有其终点，对深层、终极和统一的要求和追求都是徒劳的，也应该受到谱系学家的质疑。因而“任何一个追求某种事物的本质的人都是在追逐一个幻影”[②]。为此，后现代法学主张反本质主义，认为无论将什么界定为法的本质，都无法解决许多具体

---

① 长谷川国雄：《世界名著便览》，天津编译中心译，世界知识出版社 1992 年版，第 229 页。

② 施太格缪勒：《当代哲学主流》（上卷），王炳文等译，商务出版社 1986 年版，第 593 页。

的法律问题，甚至无法增加我们对具体法律问题的实在知识，最多只能成为对我们不特定的某种主张的一个支持。而且这种方法完全舍弃了具体对象的特殊性，这就使它不可能反映出法律现象的全貌。故主张开放式的法律对话，通过某种多元化的、情景化的叙事策略，将法律话语的多样性带进法律研究之中，解构法律话语中的西方“知识霸权”，关注弱势群体和边缘性法律话语的保留和发展，这进一步消解了法的至上性、自治性和一致性。

第三，走出法律的帝国，面向生活世界。19世纪以前，法学基本上是哲学、宗教、伦理学或政治学的副产品，但现代性与工业革命以来科学主义把法学作为一门科学，并用实证主义的分析方法进行研究，法学研究者依靠形式逻辑的缜密推理从而建立起来有关法律现象的“科学”体系，同牛顿物理学、化学一样，法学也逐步成为提供“社会真理”的源泉。法律也被看做是客观理性的化身，是确定的和普适的。大家都是法律帝国的臣民，是其规则与理想的忠实追随者，一律唯“法”首是瞻。然而，后现代方法“语言学转向”却对之提出了质疑。所谓“语言学转向”是指原来仅被认为是传达“意识”、“观念”的媒体的“语言”，本身反而规定构成了“意识”、“观念”的内容，因而语言本身开始成为理论考察的对象，并被视为是所有理论的出发点。这样一种后现代语言转向对法学研究范式具有革命性的意义，它打破了传统法律王国的信念，消解了法学语言的话语神秘，从而解开了法律实践和其他各种实践的关系。在这种范式之下，法律不再被看做是一系列的原则和规则，而被看做是人类的语言交流和解释，看做叙述和修饰，法律话语作为语言的一部分仍然是一种思想、文化传统，是文化的组成部分，从而使法律转向整个社会生活。在这一前提下，人们将法学研究从旧有的认识论结构中解放出来，从新的认识论基础出发来重新理解法固有的问题或论题。如哈特倡导的新分析法学，注重通过分析语言的要素、结构、语源、语境、词脉、语流，而澄清语义混乱，求得真知。他所谓的“内在的观点”是将人们共有的“语言游戏”、“生活方式”的内在准则作为陈述的真理条件或正当化条件来运用的一种观察角度；他所谓的“外在观点”是指不具有共同“语言游戏”、“生活方式”而将人们的言行记述为一定“征兆”的观察角度。[①]

① 参见［日］中山龙一：《20世纪法理学范式的转换》，载《外国法译评》2000年第3期。

第四章

近现代法哲学转型的马克思主义哲学分析

JINXIANDAI FAZHEXUE ZHUANXING DE MAKESIZHUYI ZHEXUE FENXI

第一节 马克思主义哲学的当代性及存在理论根基

应该在近代哲学的范围内，还是超越近代哲学，放在和现代哲学或当代哲学[①]的对话中来看待马克思主义哲学的性质，是我们用马克思主义哲学视角分析近现代法哲学转型的重要前提，同时也是为了避免在近代法哲学的范围内来理解马克思法哲学的批判意义，防止错误地将马克思主义法律理论视为一种实证或社会科学，遮蔽了马克思法哲学批判的当代意义。这样做的目的是为了重新彰显马克思关于法的社会存在理论的现实意义。因此，对马克思主义哲学当代性的基本判断是本文的基本落脚点。

近代哲学，从笛卡儿到黑格尔的西方哲学以理性为出发点来为人的行动及全部现实生活制定认识论和方法论。他们把作为认识论主体的人与作为认识对象的世界，也就是把心灵与肉体、精神与物质、思维与存在区分开来，并由此来探讨主体如何认识和作用于客体、客体如何作用和呈现于主体。哲学的基本问题表现为主客、灵肉、心物、思有之间的关系问题。这样一种转变被称为“认识论的转向”，它是和当时自然科学的兴起、科学精神的倡导，反对贬低理性、抬高信仰的中世纪宗教神学和经院哲学，主张哲学应以人为中心的理性精神是一致的。这一时代因此被称为“理性的时代”。但是在近代哲学进步意义的背后也隐含着严重的缺陷和矛盾，突出表现在：对理性的过分强调导致变成对理性的迷信和理性的独断，按照理性主义原则所构建的哲学体系变成了凌驾于科学和现实生活之上的思辨形而上学体系；主客、心物等的分离，克服了古代哲学的朴素性和直观性，但是因此陷于了二元论，二元论的结果是导致独断论和怀疑论，和理性精神背道而驰。其结果是人要么沦落为一架没

---

① 关于是用“当代哲学”还是“现代哲学”来与“近代哲学”相区分，吴晓明老师认为，“现代”这个词有时可以指“近代”，有时可以指“当代”，为了避免混乱和无谓的纷争，采用“当代”和“近代”这两个概念。所谓“当代”是指“后黑格尔”，黑格尔哲学是西方哲学整个传统的完成，这个传统是指全部形而上学，在这个意义上“后黑格尔”是指当代。参见吴晓明：《1844 年经济学—哲学手稿》讲义。

有血肉和灵魂的机器，要么成为形而上学体系上的一个环节，人的主体性和创造性、自由和人格的尊严由此被消解在理性思辨体系中。

现代西方哲学放弃了建立无所不包的哲学体系，以及把哲学当作科学和一切知识的基础，即置于它们之上而成为“科学的科学”的企图。这大大限制了传统哲学的范围和职能，要求重新思考哲学和科学及其他一切知识的关系，重新思考哲学的本性和功能。在具体观点上，现代西方哲学大都企图排除作为近代认识论基础的二元论倾向，这不是简单地否定主客、心物、思有之间的差别和联系，而是要求将它们看成是一个不可分割的、统一的过程。其中起主导作用的是作为主体的人的创造活动。此外，对近代哲学中所表现出的理性万能和理性独断倾向进行了公开挑战。要求超越理性的界限转向非理性世界，并对人的非理性的精神活动进行了多层次和多方面的研究，试图揭示出与人的精神活动直接相关的研究和自然研究之间的区别，制定与自然科学方法论不同的精神科学方法论。十分重要的是，现代西方哲学在从哲学上重新研究人时大都反对把人对象化，要求恢复人的本真存在，重新认识人的存在及其活动的价值和意义。强调把人看成完整的人，看成目的而不是手段。认为人不是哲学体系中的某个环节或组成部分，而是整个哲学的核心，任何哲学问题都因人的存在及其活动而获得意义。传统哲学的失误在于遗忘了人，而哲学的重建归根到底是向人的回归。一些哲学家反对把人看做是纯粹主体，即孤立的、原子式的自我存在，而认为应当看成与其对象不可分割地联系在一起的存在，或者说是一定境遇中的存在。对人作为主体的肯定意味着同时对自我、他人和环境的肯定。他们要求以交互主体取代个体主体，以主体间性取代主体性，以主客的相互作用代替主客互为独立的实体。

马克思主义哲学的变更是哲学史上最具进步性和革命性的事件。马克思主义哲学不仅比现代西方哲学更加彻底全面地超越了近代哲学的二元分立、基础主义、本质主义和思辨形而上学等倾向，而且为西方哲学的进一步发展指明了现实的道路。这具体表现在马克思不是简单地扬弃一切旧哲学，而是力图彻底打破它们藉以出发的前提。他不再企图从纯粹和抽象化的精神或纯粹和抽象化的物质出发构建关于整个世界的严密完整的理论体系，而是直面人的现实生活和实践。马克思超越旧唯物主义者之处主要表现在他不仅坚持了物质对精神的先在性，而且明确地和突出地把坚持唯物主义与强调人的社会实践联系起来。马克思主义哲学中的自然界不是旧唯物主义哲学中的自在的自然界，而是与人发生交叉作用的自然界；马克思主义哲学中的人不是与自然和社会脱节的孤立的个人，而是处于现实社会生活中的人。他由此把实践的观点当作是哲学的首要的、基本的观点。只有通过以物质资料的生产劳动为核心的社会实践，才能形成人与人之间的各种社会关系，才能有人与自然的交互作用，才能解决主客、心物等关系问题；只有通过社会实践，才能充分发挥人的能动性和创造性，促进人的自由和全面的发展。马克思正是通过对人的实践意义的深刻揭示和全面阐释，彻底地实现了对近代哲学的超越，实现了哲学上的革命性变革。

长期以来，受到以下见解的影响，即认为从 19 世纪末 20 世纪初开始，资本主义的发展进入到帝国主义阶段，帝国主义是腐朽的、垂死的、垄断的资本主义，与帝国主义相应的意识形态，特别是哲学自然也是腐朽的，因而强调马克思哲学是从属于近代西方哲学的，它与当代西方哲学处于对立的状态中。苏联、东欧和中国的不少学者都把马克思哲学作为批判当代西方哲学的武器，普遍认为，马克思主义摒弃了近代西方哲学的唯心主义和形而上学，批判地继承了其唯物主义和辩证法，建立了唯物主义和历史唯物主义的科学体系；至于现代西方哲学，由于都否定和排斥唯物主义和辩证法，归根到底必然倒向唯心主义和形而上学。这样一来，马克思哲学与当代西方哲学的关系处于尖锐的对立中。实际上，正如海德格尔所指出的，马克思和尼采的学说乃是对传统的形而上学，特别是对近代形而上学的颠覆。在马克思哲学中，尽管近代哲学影响的痕迹存在着，但就其本质特征来说，马克思哲学是从属于当代西方哲学的。马克思通过对实践和实践历史性的澄明，超越了以笛卡儿为肇始人的近代西方哲学的心物二元论，达到了当代哲学思维的高度。

马克思哲学的当代性质直接牵涉到它的存在论基础，这一基础的重要性在于“它保持并巩固马克思全部学说的原则高度，只有这样方能指证马克思哲学大当代意义，并防止各式各样重返近代性的退化方向”[①]。也正是在这个存在论的根基处，马克思哲学和其他的近代哲学相区别，并显示其当代性和当代意义。

---

① 吴晓明：《试论马克思哲学的存在论基础》，载《学术月刊》2001 年第 9 期。

马克思在存在论基础上发动的革命，不仅特殊地超越了黑格尔哲学和费尔巴哈哲学，而且一般地颠覆了整个柏拉图主义，终结了全部形而上学。马克思哲学存在论的基础在性质上是后黑格尔的，而不是前康德的。“第二国际的理论家们是依前康德的方式解释马克思哲学的代表。当梅林用机械唯物主义来填充马克思哲学的存在论基础并援引某种费希特因素或叔本华的‘闪光之点’来补缀这一点时，情形正是如此。当普列汉诺夫大踏步地向实证主义和理智形而上学退却，却又再三附加外在辩证法以作补充时，情形也是如此。卢卡奇试图以黑格尔的方式整个改变‘梅林—普列汉诺夫正统’这种既是退却、又是外在撮合的基础，但他仍被封闭在黑格尔的范式之中。”“马克思对全部旧哲学的批判可以被归结为对黑格尔的批判，并且因为如此马克思的这一批判不仅是对黑格尔的哲学的批判，而且是对理性形而上学本身的批判——在这里，‘黑格尔哲学’所意指的不是形而上学之一种，而是形而上学之一切。”① 马克思哲学存在论的基础是生存论路向的，而不是知识论路向的，也就是超越概念的、逻辑的和反思的性质，要求自身达到前概念的、前逻辑的和前反思的。立足于自身之上的生存论路向并不是试图取消并对立于概念的、逻辑的和反思的原则，而是要求深入到更为原始的根基中去，要求揭示使知识论路向及其内部对立得以成立和开展的发源地，或者如加达默尔所说，要求除去知识论路向对于自身的全部天真：断言的天真；反思的天真；概念的天真。当马克思说哲学家只是用不同的方式解释世界，关键在于改变世界时，其意义首先在于决定性地超出知识论的路向，亦即决定性超出概念、逻辑和反思所支配和统治的世界。实际上，存在论的路向已被马克思所开启，在《德意志意识形态》中，马克思写到：“意识在任何时候都只能是被意识到了的存在，而人们的存在就是他们的实际生活过程。”这里的知识论问题就是存在论的基础问题，因为意识被归结为“被意识到了的存在”；“感性的活动”或“对象性的活动”是构成马克思哲学存在论基础的枢轴，并且因此构成终结全部形而上学之革命的全新地平线。“感性活动”跃出知识论路向的意义在于，它所开启的是前概念的、前逻辑的和前反思的世界，亦即那个使得知识论路向上全部表面的

① 参见吴晓明：《试论马克思哲学的存在论基础》，载《学术月刊》2001年第9期；《论马克思哲学的当代性》，载《当代国外马克思主义评论（第一辑）》，复旦大学出版社2000年7月版。

本质性成为可能的本源世界。

这场存在论革命的根本要点是重新理解人的感性。在近代哲学的唯理主义的框架内，感性从属于认识论原则。近代哲学的根本特征在于先行设定的主客体对峙。既然理性的精神是人的主体本质，那么世界就必然首先是理性的对象。在这种主客体的关系中，感性虽然被承认为认识的初始阶段，但也就仅仅意味着主体指向客体的最初机能，而且这机能的真正作用是由理性所规定和规范的。这种近代的感性概念，一方面把人的本质理解为理性的存在者，另一方面把自然界理解为由理性先行规定了的对象。于是，纯粹思维就获得了作为存在之真理的地位。感性沦为理性之奴仆，相应的，存在本身也就随之被放逐。纯粹思维既获得作为能规定出存在者的"存在之真理"的地位，那么结果必然是把存在与存在者等同起来。马克思看出了这种形而上学的根本弊端：遗忘了人与世界之间的逻辑前的原初关联（人的感性——对象性存在）。形而上学在这种遗忘中，把自然界抽象化为"物质性的自然"，把人唯灵化为理性的存在者，把历史逻辑化为理性精神自身的展开过程。因此，关键是找回被遗忘了的"原初关联"。马克思用"感性意识"和"感性活动"来表达人的原初性的"在世之在"。"动物是和它的生命活动直接同一的。它没有它自己和自己的生命活动之间的区别。它就是这种生命活动。人则把自己的生命活动本身变成自己的意志和意识的对象。他的生命活动是有意识的，这不是人与之直接融为一体的那种规定性。有意识的生命活动直接把人跟动物的生命活动区别开来……他本身的生活对他说来是对象。"① 这里的"意识"，不是以理性的先验性为其本质的意识，"意志"，不是作为生命活动之自然属性的意志，而是把自己的生命活动本身当作对象的意识和意志。因而，这种意识和意志的本质，既是逻辑前的，又是真正属人的。这种意识和意志的本质，不是作为逻辑形式化之产物的"纯思"，而是由于自己本身的活动在其直接的生命活动中源始地成为对象而造成的对存在本身的领悟。这种领悟不是人作为一般存在者而"与之直接融为一体的那种规定性"，而是力图使自己进入存在中去的"生存"。这就是马克思"感性意识"概念——人的生命活动之有意识性的原本

① 马克思：《1844年经济学—哲学手稿》，第50页。

涵义。[①]

“感性活动”或“对象性活动”的进一步表达方式就是实践原则。在马克思看来，如果说异化世界的本质不过是人的本质的异化，那么人的本质乃是本源的劳动，即自由自觉的活动。人作为类存在物的普遍性，只是在他的对象性活动中得到表现和确证；而在这种活动中，人通过对自然物的加工，使自然界转化为自己活动的对象、工具和产品。正是在对自然界的这种加工过程中，人把自己的生命力对象化，并通过参与人类的共同活动，确证自己是自由自觉的类存在物。“当现实的、有形体的、站在稳固的地球上呼吸着一切自然力的人通过自己的外化把自己现实的、对象性的本质力量设定为异己的对象时，这种设定并不是主体；它是对象性的本质力量的主体性，因而这些本质力量的活动也必须是对象性的活动。对象性的存在物客观地活动着，而只要它的本质规定中不包含对象性的东西，它就不能客观地活动。”[②] 在“对象性活动”这一原则的基础上，马克思完全改变了对人的本质及对自然界的抽象理解，使之摆脱了一切形式的形而上学的实体性。正是在对象性的活动过程中，人与自然的辩证统一，也就是“自然界属人的本质”或“人的自然的本质”，才是现实的、合理的和可以理解的。马克思指出，在任何条件下，人的本质力量的对象化都是必要的；而工业的历史及其对象性的存在，最明确不过地表现着人的本质力量，因而是“一本打开了的关于人的本质力量的书”，是“感性地摆在我们面前的人的心理学。”也正是在“对象性活动”这一原则基础上，马克思对黑格尔的思辨哲学进行了全面的概括和总结。他一方面指出了黑格尔的主要成果，即作为推动原则和创造原则的否定的辩证法。“把对象化看做失去对象，看做外化和这种外化的扬弃；因而，他抓住了劳动的本质，把对象性的人、现实的因而是真正的人理解为他自己的劳动的结果。”[③] 另一方面，马克思又尖锐地批判了黑格尔辩证法的唯心主义和神秘主义方向。在黑格尔那里，对象性本身被认为是人的异化了的、不符合人的本质（自我意识）的关系，而人则成为一种非对

---

① 参见王德峰：《海德格尔与马克思：在历史之思中相遇——论历史唯物主义的存在论境域》，载《当代国外马克思主义评论（第一辑）》，复旦大学出版社2000年7月版。

② 《马克思恩格斯全集》第42卷，第167页。

③ 《马克思恩格斯全集》第42卷，第163页。

象的、唯灵论的存在物。马克思将黑格尔的辩证法概括为：黑格尔为历史的运动找到了抽象的、逻辑的和思辨的表达。这也对马克思哲学和黑格尔哲学作了明确的区分。

马克思的实践概念并不仅仅是一个认识论的范畴，它本质上体现着新世界观的主导原则，并因而是新唯物主义最根本的理论基石。首先，马克思主义的实践观乃是一种崭新的思有统一观，亦即把实践理解为思维与存在统一的基础或中介。马克思批评费尔巴哈说："诚然，费尔巴哈比'纯粹的'唯物主义者有很大的优点；他承认人也是'感性对象'。但是，他把人只是看做是'感性对象'，而不是'感性活动'……"[①] 对于马克思来说，"感性的活动"对于关于世界——现实的主体及其对象世界——的理解具有首要的和基本的意义。无论是感性现实的对象世界，还是感性现实的主体，都必须根据"感性的活动"来加以理解，这是思有统一的原则，也是世界观总的原则。一方面，实践是思维、意识、观念的真正基础——"不是从观念出发来解释实践，而是从物质实践出发来解释观念的东西"；另一方面，实践还是现存感性世界的真正基础——"这种活动、这种连续不断的感性劳动和创造、这种生产，正是整个现存的感性世界的基础……"[②] 其次，实践观是马克思主义认识论首要的和基本的观点，并由此得以建立起全新的哲学认识论。在马克思看来，客观世界既是认识的对象，同时也是人们为了生存必须首先予以加工的对象；人们对感性世界的认识，只有在改造这一世界的实践活动中才能实现。人首先作为感性活动的主体，然后才可能是认识活动的主体。人与自然对象、与周围环境的相互作用过程首先是客观的、感性的活动，而思维、观念、意识等无非是这一感性活动过程在观念形态上的"反射和回声的发展"。因此，实践是认识的基础，认识的客观性来自于实践活动本身的客观性，实践是检验真理的唯一标准。"人的思维是否具有客观的真理性，这不是一个理论的问题，而是一个实践的问题。人应该在实践中证明自己思维的真理性，即自己思维的现实性和力量，自己思维的此岸性。关于思维——离开实践的思维——的现实性或非现实性的争论，是一个纯粹经院哲学的问题。"[③] 最后，马克思的实践观把能动的创造原则整合进新唯

① 《马克思恩格斯选集》第1卷，第96～97页。
② 《马克思恩格斯选集》第1卷，第77页。
③ 《马克思恩格斯选集》第1卷，第55页。

物主义的基础之中，并因而使历史性和辩证法内在于这一基础本身之中。“感性的活动”直接意味着它内在地要求或设定作为“活动”原则的主导形式，即否定的辩证法。正是在这一点上，马克思区别于费尔巴哈。对费尔巴哈来说，虽然感性的原则是其基本的立足点，但“活动”的原则是他始终不曾掌握和理解的东西。既然“感性”拒斥“活动”，那么作为黑格尔哲学精髓的、作为“活动”之主导形式或内在表达的辩证法也就被抛到了一边。

长期以来，马克思的实践观一直被囚禁在抽象认识的牢笼内，人们热衷于从抽象认识论的观点出发来理解。尽管马克思的实践观蕴涵着一个认识论的维度，但其基础性、根本性的维度则是本体论的维度。如果说旧唯物主义者坚持的是抽象的物质本体论，那么，马克思坚持的则是生存论的本体论。在马克思看来，实践概念的认识维度或理论关系是根植于生存论的本体论维度之上的。“人们绝不是首先‘处在这种外界物的理论关系中’。正如任何动物一样，他们首先是要吃、喝等等，也就是说，并不‘处在’某一种关系中，而是积极地活动，通过活动来取得一定的外界物，从而满足自己的需要。”[①] “这种活动、这种连续不断的感性劳动和创造、这种生产，是整个现存感性世界的非常深刻的基础，只要它哪怕只停顿一年，费尔巴哈就会看到，不仅在自然界将发生巨大的变化，而且整个人类世界以及他（费尔巴哈）的直观能力，甚至他本身的存在也就没有了。”[②] 也就是说，生存是一切人类面临的前提性问题，生存绝不是一种静观式的认识论态度，而是一种实践态度，即人类是在活动中解决自己的生存问题。从这个意义上讲，生存论的本体论维度是马克思实践观的第一个维度。只有首先把实践理解为生存论本体论意义上的活动，才能真正地超出旧唯物主义的眼界，把握实践概念的真谛。事实上，对马克思的实践的基本形式的考察，存在两个不同的路向：一个是单纯的认识论的路向，即只关心生产劳动中人与自然界之间的关系；另一个是生存论本体论的路向，即首先关心生产劳动中人与人之间的关系。如果说，前一个路向与自然科学、自然规律和技术的发展联系在一起，那么后一个路向则与人文社会科学，尤其是政治学、经济学、伦理学、法学和宗教学等学科所阐述

---

① 《马克思恩格斯全集》第19卷，第405页。

② 《马克思恩格斯全集》第3卷，第50页。

的、处理人与人之间关系的规范或规则联系在一起。假如说，前一个路向往往导致“技术决定论”，那么后一个路向才可能引导人们走出这种决定论，并引起人们对人文精神的普遍重视。也只有当人们在当代哲学的启发下，自觉地把生存论的本体论理解为马克思实践观的根本维度，才会相应地重视对政治学、经济学、伦理学、法学和宗教学等学科的研究，从而为人文精神的存在和发展留下一个巨大的空间。[①]

马克思把实践的观点当作是哲学首要的基本的观点，正是由于他不仅是伟大的哲学家，而且是无产阶级的伟大导师。这二者的统一使他超越了同时代的西方哲学家的局限性，能自觉地把在哲学上的变革与无产阶级的革命要求有机的结合在一起，从而使他的哲学具有高度的现实性和实践性。马克思在批判和超越西方哲学时，其所关注的不是像西方哲学家那样构建新的哲学体系，而是促进现实社会的改造，为其指明方向，提供指导。他在《关于费尔巴哈的提纲》最后一条中指出：“哲学家们只是用不同的方式解释世界，问题在于改变世界”。这可以看做是他整个哲学的结论。马克思主义哲学的根本目标就是为无产阶级改造世界服务。[②] 因此它不把理论当作教条，而是把它的原则与现实生活和实践紧密联系起来，既用来指导现实生活和实践，又在现实生活和实践中接受检验；它反对并超越任何封闭、僵化的体系，自然也避免构建易于封闭和僵化的那种全面完整的体系，而坚持采取一种能动地面向现实生活和实践、面向未来的开放的思维方式，并由此使自己的理论不断得到丰富和发展。

---

① 参见俞吾金：《对马克思实践观的当代反思——从抽象认识论到生存论本体论》，载《哲学动态》2003 年第 6 期。

② 自吴晓明老师在 2001 年第 9 期《学术月刊》上发表《试论马克思哲学的存在论基础》一文，提出了马克思的哲学革命是从本体论上发动的命题后，哲学界就此展开了广泛的争论。一种争论是在观点内部展开，有“回到马克思”和“阐扬马克思哲学当代性”两种不同的提法；一种争论是在观点外部展开，认为，马克思哲学的基本精神是“改变世界”，所谓本体论的玄谈与马克思不相干（参见孙麾：《本体论的限度与改变世界的哲学》，载《哲学研究》2003 年第 7 期）。笔者认为，对马克思哲学当代性的探讨并不妨碍马克思哲学“改变世界”的意义，相反，若不是在当代性这个根源处理解马克思哲学，反而会影响到我们“改变世界”。

第二节　马克思关于法的社会存在的秘密的揭示

从存在出发来考察意识，存在决定意识的观点是马克思哲学的基本立场，“意识在任何时候都只能是被意识到了的存在，而人们的存在就是他们的现实生活过程”①。在《德意志意识形态》中，马克思写道：“不是意识决定生活，而是生活决定意识。”② 马克思进而考察人类社会的存在和发展，在《共产党宣言》中他第一次使用了“社会存在”的概念：“人们的观念、观点和概念，一句话，人们的意识，随着人们的生活条件、人们的社会关系、人们的社会存在的改变而改变。”③ 在《〈政治经济学批判〉序言》中，他详细地考察了社会存在和社会意识的关系，指出：“不是人们的意识决定人们的存在，相反，是人们的社会存在决定人们的意识。”④ 这里，社会存在指的是人们的物质生活的生产方式，正是“物质生活的生产方式制约着整个社会生活、政治生活和精神生活过程”⑤。根据这样的立场，“道德、宗教、形而上学和其他意识形态，以及与它们相适应的意识形式便不再保留独立性的外观了。它们没有历史、没有发展。而发展着自己的物质生产和物质交往的人们，在改变自己的这个现实的同时也改变着自己的思维和思维的产物”⑥。马克思的这一命题具有十分重要的意义，它不仅是马克思社会存在理论的最基本的命题，而且也标志着马克思哲学世界观的根本特征。

马克思在“感性的活动”或“实践”原则基础上通过对人及其活动，和物质生活条件，“现实的个人及其社会关系”历史的分析，对社会存在理论进行了完整的表达：“从直接生活的物质生产出发来考察显示的生活过程，并把与该生产方式相联系的，它所产生的交往形式，即各种不同阶段上的市民社会，理解为整个历史的基础；

---

① 《马克思恩格斯选集》第 1 卷，第 72 页。
② 《马克思恩格斯选集》第 1 卷，第 73 页。
③ 《马克思恩格斯选集》第 1 卷，第 291 页。
④ 《马克思恩格斯选集》第 2 卷，第 32 页。
⑤ 《马克思恩格斯选集》第 2 卷，第 32 页。
⑥ 《马克思恩格斯选集》第 1 卷，第 72 页。

然后必须在国家生活的范围内描述市民社会的活动，同时从市民社会出发来阐明各种不同的理论产物和意识形态，如宗教、哲学、道德等等，并在这个基础上追溯它们产生的过程。"① 马克思在《〈政治经济学批判〉导言》中对这一现实基础进行了进一步的表述："人们在自己生活的社会生产中发生一定的、必然的，不以他们的意志为转移的关系，即用他们的物质生产力的一定发展阶段相适应的生产关系。这些生产关系的总和构成社会的经济结构，即有法律的和政治的上层建筑竖立其上并有一定的社会意识形式相适应的现实基础。物质生活的生产方式制约着整个社会生活、政治生活和精神生活的过程。不是人们的意识决定人们的存在，相反，是人们的社会存在决定人们的意识。"②

马克思在由"感性的活动"或"实践"原则确立的社会存在理论和历史唯物主义，从"现实的个人，他们的活动和物质生活条件"出发，认为，人们在通过劳动改造外部自然的同时，也是在不断地改造着他们自己——这一过程构成历史的主要内容。由于人的生活为他所生产的东西及他从事生产的方式所制约，所以研究历史必须以生产的发展作为出发点。"个人怎样表现自己的生活，他们自己即是怎样。因此，他们是什么样的，这同他们的生产是一致的——既和他们生产什么一致，又和他们怎样生产一致。因而，个人是什么样的，这取决于他们进行生产的物质条件。"③ 由于人不可能孤立地、不依赖他人来满足自身的需要，所以人的生活和劳动就必定是社会的。社会交往、社会关系，本质上取决于生产力的状况，并随着生产力的发展而发展。而生产方式，作为生产力和交往形式的矛盾统一，则构成现实历史的基础，决定着建筑其上的国家、法，以及思想和意识形态等等的发展。因而得出了"生产方式"和"交往形式"即"市民社会"是法的现实基础的结论。

马克思指出"市民社会"这一用语是在18世纪产生的，"但是这一名称始终标志着直接从生产和交往中发展起来的社会组织。这种社会组织在一切时代都构成国家的基础以及任何其他的观念的上层建筑的基础"④。"在过去一切历史阶段上受生产力制约，同时也

① 《马克思恩格斯全集》第3卷，第42~43页。
② 《马克思恩格斯选集》第2卷，第82~83页。
③ 《马克思恩格斯选集》第1卷，第67~68页。
④ 《马克思恩格斯全集》第3卷，第41页。

制约生产力的交往形式，就是市民社会。"[①] "在生产、交换和消费发展的一定阶段上，就会有一定的社会制度、一定的家庭、等级或阶级组织，一句话，就会有一定的市民社会。有一定的市民社会，就会有不过是市民社会的正式表现的一定的国家。"[②] 在这里，马克思精辟地阐述了社会系统的有机结构：市民社会是建立在一定生产力发展水平上的社会经济组织和"交往形式"，是制度的上层建筑（国家、法律等）和观念的上层建筑（道德、宗教、科学等）的基础；社会系统是市民社会和政治上层建筑的矛盾统一体。显然，在这个有机的社会系统中，法乃是政治上层建筑的重要组成部分之一，它和国家一样要受到市民社会的制约；应当把市民社会理解为法的基础，然后在法的现象世界中描述市民社会的活动，从市民社会出发来阐明各种不同的法律问题及其表现形式，并在这个基础上追溯它的产生过程。因此，一切离开市民社会的法的现象，都是不可思议的。可见，马克思探讨法的现象之性质的基本思路，就在于从客观上把社会看做生产力、生产关系（或"市民社会"）及上层建筑等诸要素在结构上相互联系的有机整体，进而在这个整体中来合理地确定法的现象之独特地位。在《〈政治经济学批判〉序言》中，马克思说："我的研究得出这样一个结果：法的关系正像国家的形式一样，既不能从它们本身来理解，也不能从所谓人类精神的一般发展来理解，相反，它们根源于物质的生活关系，这种物质生活关系的总和，黑格尔按照18世纪的英国人和法国人的先例，概括为'市民社会'。"他还说："用于指导我的研究工作的总的结果，可以简要地表述如下：人们在自己生活的社会生产中发生一定的、必然的、不以他们的意志为转移的关系，即同他们的物质生产力的一定发展阶段相适合的生产关系。这些生产关系的总和构成社会的经济结构，即有法律的和政治的上层建筑竖立其上并有一定的社会意识形态与之相适应的现实基础。物质生活的生产方式制约着整个社会生活、政治生活和精神生活的过程。不是人们的意识决定人们的存在，相反，是人们的社会存在决定人们的意识。"[③] 对此，恩格斯在"马克思墓前的演说"中进行了总结："正像达尔文发现有机界的发展规律一样，马克思发现了人类历史的发展规律，即历来为繁芜丛杂的意

① 《马克思恩格斯全集》第3卷，第40～41页。

② 《马克思恩格斯选集》第4卷，第321页。

③ 《马克思恩格斯选集》第2卷，第32页。

识形态所掩盖的一个简单事实：人们首先必须吃、喝、住、穿，然后才能从事政治、科学、艺术、宗教等等；所以，直接的物质的生活资料的生产，从而一个民族或时代的一定的经济发展阶段，便构成为基础，人们的国家设施、法的观点、艺术以至宗教观念，就是从这个基础上发展起来的，因而，也必须由这个来解释，而不像过去那样做的相反。"①

根据"感性的活动"、"实践"原则确立的社会存在理论和历史唯物主义，一切历史的冲突根源在于"生产力与交往形式之间的矛盾"，正是这一矛盾决定着国家、法的产生、发展和性质。因此，要揭示法、权利起源，生产力和交往形式之间的矛盾就是基础性的东西。正是由此出发，马克思考察了"国家和法同所有制的关系"，并指出"不应忘记法也和宗教一样是没有自己历史的"②。他提醒我们，法或权利丝毫不能离开它们藉以产生的社会存在和现实基础，即经济基础或所有制形式，尤其是私有制形式；法或权利及作为其表现形式的法律当然具有一定的继承关系，但是，法和法律从先前思想材料中继承什么，以及法本身的性质和发展，都取决于社会存在和现实的基础；从这个意义上讲，法或权利和法律都没有自己独立的历史，它们只能随着社会存在和现实基础的发展而发展自己。

把马克思社会存在理论贯彻到法的现象领域，就应当把法的关系看做是"从人们的物质关系以及人们由此而产生的相互斗争中产生"③，而不应当把脱离现实经济关系的"自由意志"或抽象的权力看做是法的现象的基础。"那些决不依个人'意志'为转移的个人的物质生活，即他们的相互制约的生产方式和交往形式，是国家的现实基础，而且在一切还必须有分工和私有制的阶段上，都是完全不依个人意志为转移的。这些现实的关系决不是国家政权创造出来的，相反的，它们本身就是创造国家政权的力量。"④ 马克思抨击了权力决定论、意志或法律决定论，他说："只有毫无历史知识的人才不知道，君主们在任何时候都不得不服从经济条件，并且从来不能向经济条件发号施令。无论是政治的立法和市民的立法，都只表明

① 《马克思恩格斯选集》第3卷，第776页。
② 《马克思恩格斯全集》第3卷，第71页。
③ 《马克思恩格斯全集》第3卷，第363页。
④ 《马克思恩格斯全集》第3卷，第377~378页。

和记载经济关系的要求而已。"[①] "社会不是以法典为基础的……《拿破仑法典》并没有创立现代的资产阶级社会，只是在这本法典中找到它的法律的表现。这一法典一旦不再适应社会关系，就会变成一叠不值钱的废纸。"[②] 产生这种唯心主义法学偏见的一个重要的认识论的根源在于：在实际生活中，法律都是以国家为中介的，都带有政治形式，"由此便产生了一种错觉，好像法律是以意志为基础的，而且是以脱离现实基础的自由意志为基础的"[③]。于是，许多法学家和政治家的头脑中便涌现出一种"独特幻想"，把法律看做是统治者的意志的一时灵感，这种意志在不同的时代具有自己的独立历史，因而似乎政治史和市民史就纯观念地变成一个替换另一个的法律的统治史。然而，当统治者们想象只要通过自己的"统治者的意志"便可为所欲为的时候，作为这种意志的创造物即法律便"在世界的'硬邦邦的东西'上碰得头破血流"[④]。

在马克思看来，根源于社会经济关系的法律实际上是一种国家意志，而国家意志也就是掌握国家政权的统治阶级意志，其内容是由社会存在所决定的。"你们的观念本身是资产阶级的生产关系和资产阶级的所有制关系的产物，正像你们的法不过是被奉为法律的你们阶级的意志，而这种意志的内容是由你们这个阶级的物质生活条件来决定的。"[⑤] 根据这一论断，法属于社会意识的范畴，是社会意识的一种特定表现形式，它反映社会存在，并且受到社会存在的制约；在阶级社会中，作为社会意识表现形式之一的法，实际上体现了一定阶级的意志或法权要求。在经济上占统治地位的那个阶级，必然有其相应的占统治地位的意识或观念，必然有其占统治地位的意志或法权要求；在马克思看来，一定阶级的法权要求，要能被奉为法律，从阶级意志上升为国家意志，就必须首先掌握国家政权。只有在经济上占统治地位，并且在阶级斗争中取得胜利、掌握国家政权，从而在政治上也占统治地位的那个阶级，才能通过国家机关将本阶级的意志变成国家意志，借以建立和巩固一定的社会秩序，维护统治阶级的意志；被奉为法律的统治阶级意志的内容是由该阶

① 《马克思恩格斯选集》第4卷，第121～122页。
② 《马克思恩格斯选集》第6卷，第291～292页。
③ 《马克思恩格斯全集》第3卷，第71页。
④ 《马克思恩格斯全集》第3卷，第379页。
⑤ 《马克思恩格斯全集》第4卷，第485页。

级的物质生活条件所决定的，统治阶级不可能也决不能离开本阶级赖以存在的物质生活条件来随心所欲地创制法律，而只能顺应本阶级的物质生活条件，把本阶级的意志或法权要求，按照一定的程序上升为国家意志，使之具有法律的性质。

在这里，马克思认为，法律集中反映了统治阶级的根本愿望和共同要求，代表着统治阶级的整体利益。统治阶级借助国家政权的力量，通过法律的形式来实现自己的意志，但是法律所表现出来的统治阶级意志，既不是统治阶级中少数人的意志，更不是什么个别人的“自我意志”或任性，而是体现了统治阶级的整体利益。统治阶级的共同意志并不是其所有成员单个人意志的简单混合。国家意志决不等于个人的“意志表示”。实际上，统治阶级的个人通过法律的形式来实现的意志，决不受他们之中任何一个单独个人的任性和意志所左右。法律集中反映了统治阶级的根本的、共同的、整体的愿望和利益要求。由统治阶级的“共同利益所决定的这种意志的表现，就是法律”[①]。之所以如此，是因为统治阶级权力的基础，“就是他们的生活条件，这些条件是作为对许多个人共同的条件发展起来的”[②]。也就是说，制约统治阶级意志的社会经济关系，对于统治者个人来说，是一种共同的客观经济条件，是统治者在社会经济生活中的地位的集中反映和整体再现，因而建立在这种社会经济条件基础上的法律，便具有整体性的本质特征。

国家和法完全是建立在市民社会的基础之上的。社会交往、社会关系，本质上取决于生产力的状况，并随着生产力的发展而发展。而生产方式，作为生产力和交往形式的矛盾统一，则构成为现实历史的基础，决定着建筑其上的国家、法，以及思想和意识形态的发展。现代国家是同现代私有制相适应的，是以这种私有制作基础并从中产生的，法的观念和法律深深地根植于其中。就像私有制是从自然形成的共同体形式的解体过程中产生的一样，私法是伴随着私有制而发展起来的。因此，马克思指出，和宗教一样，法并没有自己独立的历史，它只是随着市民社会的发展而得到发展。当共产主义革命作为对市民社会之生产力与交往形式之间的矛盾的扬弃，作为对私有制的扬弃时，必然使在此基础上发展起来的国家和法的观

① 《马克思恩格斯全集》第3卷，第378页。
② 《马克思恩格斯全集》第3卷，第378页。

念走向消亡。“共产主义是私有财产即人的自我异化的积极的扬弃，因而是通过人并且为了人而对人的本质的真正占有；因此，它是人向自身、向社会的（即人的）人的复归，这种复归是完全的、自觉的而且保存了以往发展的全部财富。”① 在马克思看来，共产主义要求彻底地改造现有的经济和政治，把废除私有制、消灭一切阶级统治看做自己最基本的任务。不仅如此，这种共产主义还是一种全面的、总体的革命，它不仅意味着所有制方面的彻底改造，还意味着同传统的观念实行最彻底的决裂，意味着人类生活的一切领域的革命性变革。因此，共产主义革命由于其崭新的经济内容和社会内容而区别于以往一切历史变革。它不是以一种私有制形式代替另一种私有制形式，而是消灭私有制本身；在全部社会生活中，它要求达到真正的自主活动，即全面的个人的充分发展，以及一切自发性的消除。

第三节　马克思关于法的社会存在理论与近现代法哲学的转型

一、马克思关于法的社会存在理论对近现代法哲学的彻底颠覆

近代法哲学一开始就具有形而上学的、二元论的理性主义特征。从柏拉图到黑格尔的西方法哲学有一个共同的传统，即无一例外地都追溯到一定的道德观念及其本原。柏拉图著作中的理念与现实、亚里士多德划分的自然正义和法律正义、西塞罗所说的自然法和市民法、阿奎那神学主义体系中的永恒法和人法、霍布斯等人所谓的自然法与实在法，无不具有形而上学的、二元论的理性主义特征。德国古典法哲学秉承了古典自然法的理性主义精神，并发展到极致。康德的道德形而上学所揭示的“绝对命令”，实际上是改头换面的自然法原则。尽管康德明确划分法（权利）哲学与伦理（善德）哲学的研究对象，但是他视法哲学为整个道德形而上学理论的一部分。黑格尔把抽象法、婚姻、家庭、市民社会和国家一股脑儿通通看做

① 《马克思恩格斯全集》第42卷，第120页。

是人类伦理生活的组成部分。法与道德的问题的界限被完全打破。抽象法与实在法的区别仅仅只是法的理念外化的、不同阶段的表现形式罢了。在古典自然法和德国古典法哲学家那里，唯独没有从现实的社会基础出发考察法的起源和本质。

现代法哲学否认了形而上学法哲学所追求的最高原则和终极价值。法律实证主义反对形而上学的思辨方式和寻求终极原理的做法，反对法理学家试图辨识和阐释超越现行法律制度之经验现实的法律观的任何企图。法律实证主义试图将价值考虑排除在法理学科学研究的范围之外，并把法理学的任务限定在分析和剖析实在法律制度的范围之内。只有实在法才是法律，而所谓实在法，在他们看来，就是国家确立的法律规范；现代法哲学反对脱离现实经验的思辨理性主义。分析实证主义和社会学法学都认为法哲学的研究对象应是法的经验事实，以可观察得到和可描述的法的事实来概括和检验法的命题和概念，从而反对近现代法哲学对纯理性的终极原则和最高价值的探求，反对以黑格尔为代表的抽象的理性思维。虽然法的历史学派也批判近代理性主义法哲学，但与之相比，分析法学派和社会学法学的批判更具特色，其不仅反对近代法哲学从思辨理性那里寻找法的根据，而且反对法的历史学派在历史、传统、习惯那里寻找法的根源和力量，而是关注现实的经验生活。现代法哲学主张道德价值和正义的相对性，拒斥绝对主义。它不再探讨法的最终目的、最高理想和终极价值，转而讨论幸福、自由、社会和谐和公共利益等具体的经验的事实。从当时科学发展的立场出发，它们拒斥绝对价值，尤其是独一无二的、排除了其他可能性并自认为有效的绝对道德价值，认为只有在绝对的和超验的神性权威的宗教信仰的基础上才能假定价值。现代法哲学（实证主义法学）这种将法限定在实在法范围，排斥法的绝对真理的做法，实际上回避了法的本质问题，没有认清法背后的社会存在基础，更没有揭示法的阶级性。尽管现代法哲学（社会法学）也赞成社会生活中法的现象，但它是站在实证主义科学的角度，将法视为科学的对象进行研究，完全无视法是（人）活生生的存在。这中间出现的主张法是民族精神的体现，否定法的经济基础的非理性主义的现代法哲学（历史主义法学）的观点，其庸俗性更是受到了历史的嘲弄。现代法哲学这种将实然和应然进行分离的做法，完全背离了马克思的社会存在论基础，因此走向道德和正义的相对性（新康德主义法学）也就毫不奇怪。

对近现代法哲学而言，建立在“感性的活动”、“实践”基础上的社会存在理论为马克思批判法哲学，彻底颠覆法的形而上学基础提供了重要根据。这些根据主要是“社会存在决定社会意识”的原则、“经济基础决定法”或“生产力和交往方式之间的矛盾过程决定法”或“市民社会是国家和法的基础”的原则及历史原则。依据“感性的活动”或“实践”原则建立的社会存在理论，在法的形而上学批判中的全部根据或意义在于[①]：第一，“人们的社会存在决定人们的意识”的原则，使马克思揭开了近现代法哲学的神秘面纱。因为近现代法哲学作为“意识”或“观念”，本身就是由近现代的“社会存在”所决定的，是当时市民阶级的“物质关系的直接产物”，即使近现代法哲学形而上学化，从而变成了对于现实关系的“虚幻表现”，那也是由近现代的历史，由市民社会本身的矛盾所造成的。因此，马克思强调，思想、观念、意识都是人们的现实关系、活动和交往的“表现”，“不管这种表现是真实的还是虚幻的”，“如果这些人的现实关系的有意识的表现是虚幻的，如果他们在自己的观念中把自己的现实颠倒过来，那么这还是由他们的物质活动方式的局限性以及由此而来的他们狭隘的社会关系所造成的”[②]。第二，“国家和法是从个人的生活过程中产生的”，“市民社会是全部历史的真正发源地和舞台”，“市民社会是国家和法的基础以及任何其他的观念的上层建筑的基础”的原则，使马克思最终找到了法权现实的、世俗的基础，彻底认清了近现代法的本质。马克思立足于“感性的活动”基础上的社会存在理论和唯物史观，揭示了生产劳动、生产方式、市民社会是历史的发源地和舞台，强调“以一定的方式进行活动的一个的个人，发生一定的社会关系和政治关系。经验的观察在任何情况下都应当根据经验来揭示社会结构和政治结构同生产的联系，而不应当带有任何神秘的和思辨的色彩。社会结构和国家经常是从一定个人的生活过程中产生的”[③]。马克思在《〈政治经济学批判〉导言》中进一步讲道：“人们在自己生活的社会生产中发生一定的、必然的、不以他们的意志为转移的关系，即同他们的物质生产力的一定发展阶段相适合的生产关系”，而这些生产关系的总和构成社会的经济结构或经济基础，社会的经济结构或经济基础

① 参见刘日明博士论文：《近代法哲学与马克思的社会存在理论》。

② 《马克思恩格斯全集》第3卷，第29页。

③ 《马克思恩格斯全集》第3卷，第41、28～29页。

决定法、法律和政治的上层建筑，前者是后者的“现实基础”，“物质生活的生产方式”制约着整个社会生活、政治生活、法权关系的过程，也制约着法权观念等精神生活的过程，这样，马克思就为法或权利寻找到了现实的、世俗的基础，把法权关系归结为现实的关系，即物质生产关系或“物质联系”，从而揭示了法的世俗起源、本质和历史，完成了彻底破除法或权利的神话学的任务。第三，“感性的活动”或“实践”原则基础上的社会存在理论所包含的历史原则，为马克思揭示法或权利的历史性提供了重要根据。“感性的活动”或“实践”本身就包含着历史或发展原则。因为现实的主体是感性活动的主体，是能动性与受动性的矛盾统一，这一矛盾之客观地展开过程就是历史，就是对象性世界的改变和主体的活动相一致的历史过程，也是现实的主体和对象性世界的现实活动之间的社会关系的发展过程。因此，“历史”就是现实的主体在感性的活动或实践中所实现的社会关系或物质联系的过程和发展。历史原则的真正引入，一方面为马克思分析法或权利的起源、发展及其历史性，为揭示法权消亡的条件与途径提供了根据。“社会的物质生产力发展到一定的阶段，便同它们一直在其中活动的现在生产关系或财产关系发生矛盾。于是这些关系便由生产力的发展形式变成生产力的桎梏。那时社会革命的时代就到来了。随着经济基础的变更，全部庞大的上层建筑也或慢或快地发生变更。”① 另一方面，历史原则的引入也为马克思破除法权问题的神话提供了依据，在马克思看来，法或权利是社会历史的产物，是由社会的生产关系和经济基础决定的，随着社会物质生产力的发展，经济基础的变更，全部的上层建筑，包括法哲学及法权关系，都要发生变更甚至消灭。

因此，马克思的法哲学批判，对于近代法哲学，进而对于整个近现代法权体系而言，确实具有颠覆性的作用。一方面，马克思在“感性的活动”和“实践”的原则基础上的社会存在理论，从现实的人及其活动和物质生活的条件出发，阐明了“社会存在决定意识”、“经济基础决定法”或“生产力和交往之间的矛盾过程决定法”或“市民社会是国家和法的基础”的原则。因此，在马克思看来，现代法权体系的基础即私有制和整个市民社会，并不是确定无疑的、不可批判的。相反，它们是在历史中形成的，它们只具有历

① 《马克思恩格斯全集》第3卷，第81、83页。

史的暂时性和部分的进步意义，因而必须接受人类未来历史的批判且必然遭到“人类社会”的否定。近代法哲学从私有财产和市民社会的既定前提出发，无批判地对待这种前提，从而构建起形形色色的法的形而上学体系。马克思从根基处颠覆了近代法的形而上学基础。另一方面，马克思在社会存在理论和唯物史观基础上，科学地论证了共产主义的社会理想，以“人类社会”或“共产主义社会”来克服现代法权的种种矛盾和对立。马克思强调，在旧的生产关系或交往形式和旧的社会分工已经消灭的“人类社会”，人们将进入一个“自由人联合体”，在那里，“每个人的自由发展是一切人的自由发展的条件”，“公众的权力”和现代法权关系将失去原有的政治性质，现代法权的矛盾最终将被克服。因此，市民社会和政治革命范围内的现代法权体系，在马克思的“人类社会”或“共产主义社会”的立场上，成了被扬弃的对象。

二、马克思关于法的社会存在理论与后现代法哲学的同一性与区别

批判法学认为，无论是前古典时期的自然法学、古典时期的概念法学、现实主义法学，还是当代的新自然法学、经济分析法学，都有一个共同特点，即都是从不同侧面为当代资本主义制度辩护，或者为改革和完善资本主义制度出谋划策。其代表人物昂格尔提出，自由主义既是一种意识形态又是一种社会秩序。作为一种社会秩序，自由主义是指工业和资本主义的社会秩序。它在经济上的特征是财产的私人所有制，在政治上的特征包括人们在形式上的平等，政府不得侵犯私人生活领域、民主和宪政、民选代表行使权力等。作为一种观念体系或思想模式，它与自由主义社会秩序在观念上相互紧密联系，自由主义思想体系只是自由主义社会秩序在观念领域中的反映，而自由主义国家则是自由主义思想体系所对应的现实。在这里，批判法学在思想渊源上显然受到西方马克思主义的影响。西方马克思主义首先是对西方发达资本主义社会现状的分析和对西方革命途径的探索，其次是对苏联模式的批评，主张重新发现和创造马克思主义，最后就是用现代西方哲学中某一个学派的基本精神去解释补充和革新马克思的哲学世界观。西方马克思主义的思想对批判法学产生了很大的影响，特别是有关意识形态的观点。他们主张，无产阶级必须在夺取政权之前全力破坏资产阶级在思想意识上的领

导权，“革命”应当从“意识革命”入手，只有这样才能打破牢牢束缚被压迫群众的精神枷锁，迎接人的彻底解放。

后现代法学受后现代主义思潮的影响，在思维模式上从一元定性模式转向多元视角主义；主张解构法律的本质，消解法律的至上性、自治性和一致性；认为应走出法律的帝国，直接面向生活本身。后现代主义法学对近现代法学提出质疑，向理性的权威性发难，认为理性不是人的本质，所谓理性的主体只是被理性创造出来的。自由也不复存在，人被笼罩在庞大的权力网中。法律主体根本不可能认识法律客体，法律的本质、单一的正义、公平的观念根本不存在。后现代主义法学认为，应敞开主体—客体的二元模式，将法律置于一定的情格和历史中，才能有所沟通。法律人格人的形象不是抽象的理性人、经验人、平均人，而是具体的感性的人。由此可见，后现代法学是批判法学主题的延续，批判法学的批判精神和主要命题在后现代法学中得到了进一步的发展。在这里，后现代主义和马克思主义不期而遇。

后现代主义是对现代性的批判，在后现代主义思想家眼里，资本主义就是现代性的代名词。因此，在审视和反思现代性的过程中，建立在对资本主义社会批判分析基础之上的马克思主义哲学意义就彰显在后现代语境中。在后现代语境中，马克思主义哲学拒斥“形而上学”、实践的存在论意义及当代意义就凸现出来了。马克思主义哲学尽管没有“后现代”概念，但却蕴涵着“后资本主义理论”，它侧重于社会政治和经济的分析，其中不乏后现代思想，并具有后现代的意蕴。在针对“元叙事”的怀疑和批判上，在探讨“资本主义持续变革的逻辑”及其危机意识上，在对待现代性的问题上，马克思主义哲学与后现代主义有相同之处，并具有“后现代”指向。尽管马克思主义哲学与后现代主义具有相同之处，但马克思主义哲学视野中的“后现代”与后现代主义语境中的“后现代”有重大的区别。具体说，就是后现代主义仅仅从知识状况出发思考当代社会，以对知识状况的解构为旨趣，致力于消解本质与现象、必然与偶然、中心与边缘等二元对立模式，偏重于非基础性、非确定性和非中心性，从而走向极端，走向片段的、无深度的、不确定的生活模式的意义与价值。后现代主义与马克思主义在对资本主义的批判上，也存在重要的不同。马克思主义哲学是一种宏观叙事，着眼于对资本主义宏观状况的批判，后现代主义是一种小型叙事，着眼于对资本主义微观领域的剖析；马克思主义是从对资本主义经济基础和社会制度的批判着手，目的在于从根本上推翻资本主义制度，而后现代主义主要是对资本主义主流意识形态的批判，较少涉及这种主流意识形态赖以建立的经济基础，后现代主义是一种在不触动资本主义根本制度前提下的批判。[①] 因此，我们可以看到，和后现代法学主张解构法律的本质，消解法律的至上性、自治性和一致性的观点不同，建立在社会存在论基础上的马克思对现代法权的批判和法的本质的揭示，在否定之中又包含着肯定。马克思站在人类社会或共产主义社会的高度揭示法的本质和发展，建立在私有制及其基础之上的现代法权因此成为批判对象。共产主义作为对现代市民社会生产力与生产关系的矛盾的扬弃，必然使建立在此基础上发展起来的“自由”、“平等”、“人权”等现代法权体系走向消亡。马克思的这种批判，不是对资本主义社会知识状况的一种解构，而是对资本主义社会建立的经济基础的彻底的颠覆。它提示我们，对现代法权的批判，不能抽象地批判，也不能空洞地说教，而应从法之建立的现实的基础进行考察。因此，马克思的法的形而上学批判的意义就在于[②]：第一，作为市民社会和政治革命范围内的现代法权，对于人类社会或共产主义社会而言确实是不充分的，但并不是无价值的；第二，对现代法权的抽象化、形式化和非历史性特征确实要进行批判，但不是抽象的批判，而是要进行历史性的批判，即在对它的批判的理解中应包含着历史的肯定的理解；第三，在马克思看来，现代法权支配的世界确实是个“异化”的世界，然而，这个异化世界本身是历史形成的，必须进行历史的批判和理解；第四，现代法或权利确实有“弊病”，然而这种弊病也是在历史中形成的，是“不可避免的”，因为“权利永远不能超过社会的经济结构及由经济结构所制约的社会的文化发展”[③]；第五，近代法权之异化性质的消除与法权的发展走的是同一条道路。

---

① 参见杨耕：《马克思主义哲学与后现代主义在当代的相遇》，载《当代国外马克思主义评论（第一辑）》，复旦大学出版社 2000 年 7 月版。

② 参见刘日明博士论文：《近代法哲学与马克思的社会存在理论》。

③ 《马克思恩格斯选集》第 3 卷，第 12 页。

三、马克思关于法的社会存在理论历史地位的显现及意义

马克思关于法的社会存在理论对近现代法哲学的颠覆性及对后现代法哲学的直接影响作用，一直受遮蔽，以致当上世纪末社会主义事业遭遇到挫折的时候，西方法学家发出这样的感慨："行将逝去的20世纪也带来了谁也没有预料到的马克思、恩格斯、列宁和斯大林哲学近乎完全的崩溃，以至人们对克伦纳提出的'马克思主义法律理论留下了什么?'之问，只能以确实没有来回答。"① 诚如有的西方学者指出的，"马克思没有建立有关法律的特殊著作体系"②，但这并不表明马克思没有法哲学的完整思想，尽管马克思是通过对法哲学的批判，实质是对形而上学的法哲学批判来表达的。具体说来，马克思法哲学思想对近现代法哲学的颠覆性及对当代的影响作用被忽视，有几方面的原因：

第一，是对马克思主义哲学当代性认识与判断。马克思的法哲学思想是其整个哲学思想的一部分，对马克思法哲学思想的认识与评价不能脱离其整个哲学思想体系，而其中最关键的就是对马克思主义哲学性质的认识。长期以来，受传统思想的影响，我们一直强调马克思主义哲学是从属于近代西方哲学的，把它与当代西方哲学放在对立的状态中。这样一来，马克思的法哲学思想就被简单化，仅仅被看做是对黑格尔法哲学的批判，而没有看到马克思对黑格尔法哲学的批判，实质上是对自柏拉图以来西方形而上学法哲学的总体批判，更没有看到马克思对形而上学法哲学根基的揭示不仅是对近代法哲学，同时也是对现代法哲学合法性神秘面纱的彻底戳穿，其当代意义直指当代后现代法哲学。"马克思主义的分析目的在于发现更深层的结构过程，找出社会变革的发展逻辑。资产阶级法理学模糊了阶级冲突，努力创造出一种具有自含性的法律领域意象，这种法律秩序的意象是正义的表达，是对正义的不断探索。"③ 把马克

① ［德］阿图尔·考夫曼、温弗里德·哈斯默尔主编：《当代法哲学和法律理论导论》，郑永流译，法律出版社2002年版，第105~106页。

② ［英］韦恩·莫里森：《法理学——从古希腊到后现代》，李桂林等译，武汉大学出版社2003年版，第263页。

③ ［英］韦恩·莫里森：《法理学——从古希腊到后现代》，李桂林等译，武汉大学出版社2003年版，第274页。

思法哲学纳入现代性的话语体系，抹杀了马克思法哲学的当代性质，混淆了马克思法哲学理论与近代法哲学之间的言责界限。[①]

第二，是对“什么是法哲学”的不同认识。在19世纪中后期以前，法哲学被认为是哲学的一个分支，“法哲学这一门科学以法的理念，即法的概念及其现实化为对象”、“法学是哲学的一个部门”[②]。那时的法哲学是指哲学家和政治学家的法律哲学，主要探讨法律与其他社会现象之间的关系，而不是主要研究法律本身的内容和形式。19世纪以后，法学逐渐与哲学和政治学脱离，成为一门独立的学科，它主要研究法律的内部问题，哲学家或政治学家的法哲学也逐渐变成主要是法学家的法哲学，“法哲学”和“法理学”二者时常被相互通用。因此，“法理学是法律的（of law）一般理论或关于法律的（about law）一般理论组成的。用这样两个命题，人们就可以大体上指出两类法律理论和分析：法律的内在方面（internal）和法律的外在方面（external）。”[③] 显然，马克思的法哲学思想是关于法的外在理论，与形而上学的法哲学传统不同的是，它不是从法律与道德的关系中去寻找法律应该是什么，而是在法的现实基础上去考察法的本质。遗憾的是，受19世纪兴起的科学主义思想的影响，人们或是把马克思主义法哲学排除在法哲学范围之外，或是和社会法学或进化论法学混同[④]，而掩盖了马克思法哲学的历史地位和作用。

第三，是社会历史原因。近现代法哲学的发展是和资本主义的产生和发展紧密联系在一起的。文艺复兴以后，随着资本主义工商业的发展，古典自然法实际上起到了资本主义思想启蒙和资产阶级革命“前奏曲”的作用。在18世纪末19世纪初资产阶级革命之后出现的实证主义法学，则满足了新兴的资产阶级对法自身的科学性

---

① 参见吴晓明、刘日明：《近代法哲学与马克思的社会存在理论》，文汇出版社2004年版，第315页。

② 黑格尔：《法哲学原理》，范杨、张企泰译，商务印书馆1961年版，“导论”第1~2页。

③ 帕特森：《法理学》，美国Foundation Press公司1953年版，第2页，转引自沈宗灵：《现代西方法理学》，北京大学出版社1992年版，第3页。

④ 如博登海默将“马克思主义的法律理论”放在“历史法学与进化论法学”之中（参见［美］E.博登海默：《法理学——法律哲学与法律方法》，邓正来译，中国政法大学出版社1999年版）；科殷将“马克思”放在“现代：经济的—社会学的法学观”之中（参见［德］H.科殷：《法哲学》，林荣远译，华夏出版社2002年版）。

追求，它同时也受到了产业革命以来科学主义的影响。但新兴的资本主义社会在经济生活方面的复杂性远远超过了实证主义者的想象，各种社会矛盾的出现，迫切需要从法之外来寻求解决矛盾的办法，法社会学应运而生。法社会学强调法是一种社会工程，法的作用就在于承认、确认、实现和保障各种利益。在这一过程中，马克思主义法哲学的思想被遗忘了。尽管“从自然法哲学到实证主义法学，再到古典社会学，标志着它不断流向更深、更广的方向。当然，不应忘记，马克思主义法哲学从根本上揭示了法的经济根源，构成了这一‘思想流’的最深层部分”①。两次世界大战是一个插曲，它直接推动了自然法思想的复兴和社会主义国家法律的产生。但社会主义国家法律的产生并不必然使马克思主义法哲学意义显现出来。② 只有当资本主义危机再度整体出现的时候，马克思主义法哲学的意义才又再度凸现出来。批判法学运动，乃至后现代主义法学的产生，印证了资本主义制度陷入了严重的危机之中。“这种危机不是仅仅局限于某一方面，而是这种制度的总体性危机。”③

马克思主义法哲学当代意义的显现无疑具有十分重要的意义：

第一，它对西方资本主义产生以来自由主义法学传统的合法性进行了彻底的解构，揭示了其虚伪性。自由主义的法学传统将法视为自治和自足的封闭体系，并将法的合法性归结为人自身的理性，一旦违反了法律的规定，就被看做是非理性、非正义。黑格尔将犯罪看成是对法的否定，而刑罚则是对否定的否定。契约的本质被认为是自由，对契约的违反被看成是对自由权利的侵犯。但这些观念掩盖了法的本质。正如马克思、恩格斯在《德意志意识形态》一书中深刻指出：“犯罪——孤立的个人反对统治阶段的斗争，和法一

---

① 张乃根：《西方法哲学史纲》，中国政法大学出版社 1993 年版，第 244 页。

② 在西方学者看来，“法治”与“社会主义”的结合，就像“木的铁”、“圆的方”一样是自相矛盾的。哈贝马斯把东欧社会主义事业的失败同这些国家没有重视社会主义法治国家建设相联系。他认为，马克思主义缺乏一个令人满意的法学传统，是左派要记取的最重要教训之一（参见童世骏：《为了真正有生命力和说服力的社会主义——西方马克思主义者的“社会主义法治”观念》，载《当代国外马克思主义评论（第一辑）》，复旦大学出版社 2000 年 7 月版）。当然，这些观念的对错值得商讨，但长期以来社会主义国家受法律虚无主义的影响却是不争的事实，这直接影响到对马克思主义法哲学思想的研究。

③ 朱景文主编：《对西方法律传统的挑战——美国批判法律研究运动》，中国检察出版社 1996 年版，第 23 页。

样，也不是随心所欲地产生的。相反的，犯罪和现行的统治都产生于相同的条件。”① 资本家和工人之间表面劳动契约的自由，实际掩盖了他们之间不平等的经济地位和工人不得不出卖自己的事实。“在资本主义制度下，法律反映了不平等的、剥削的经济关系这一经济结构，记录了统治阶级的利益，这一记录被合法化了，它体现了法律要反映政治经济或寻求社会正当关系这种需要。”② “法律必须穿上权力、进步、社会利益等意识形态的外衣，以便掩盖统治现实。”“通过法律的统治，其秘诀就是掩盖这种统治。正如意大利共产党人葛兰西后来看到的那样，霸权——也就是这种情形，在那里，被统治者把统治工具看成自己的最好利益——是确保被统治者遵循统治者意愿的最有效的形式。”③

第二，它从根本上改变了法哲学发展的阶级基础，克服了阶级局限性和片面性。马克思主义哲学革命性变革的重要意义在于，就其理论的社会阶级基础而言，是以无产阶级世界观理论形态的新哲学来取代作为资产阶级世界观理论形态的旧哲学，其根本目的是促进无产阶级推翻旧的资产阶级，建立新的社会主义制度的革命斗争，由此实现无产阶级和全人类的彻底解放。正是由于马克思是站在人类社会或共产主义社会的高度来揭示法的本质和发展，才有可能彻底揭穿资本主义自由主义法学的阶级基础，并预言了法的发展命运。正是在这一点上，马克思主义的法哲学和后现代主义法学存在本质的差别。尽管后现代主义法学矛头也指向当代资本主义自由主义法学传统，但它的批判实际上都没有超出资本主义制度许可的范围，更没有触动资本主义法的根基，因此不可能真正担负起法的使命。

第三，它彻底打破了法哲学体系的封闭性，实现了法哲学向生活世界的转向。资本主义自由主义法学传统的基本特征之一就是将法看做是自治的自足的封闭系统，“在法律科学以自己意识形态的自我反省的观点来把握和想象法律时，它就趋向于忘记法律的社会现实。职业法学家比较不同民族的法律制度，不是把它们作为具有相当独特影响的经济条件的表达，而是作为独立的、自足的体系。这

① 《马克思恩格斯全集》第3卷，第379页。

② ［英］韦恩·莫里森：《法理学——从古希腊到后现代》，李桂林等译，武汉大学出版社2003年版，第274页。

③ ［英］韦恩·莫里森：《法理学——从古希腊到后现代》，李桂林等译，武汉大学出版社2003年版，第275页。

种比较表明存在一些相似性，这些相似性被法学家称为‘自然法’，或者‘正义的目标’，或者像奥斯丁所说的，是与‘特殊法理学’相对的‘一般法理学’现象。”① 马克思的法哲学批判彻底打破了法哲学体系的封闭性，所谓法的自治性、自足性只是资产阶级骗人的谎话，其实质是掩盖法的本质，为资本主义统治披上合法化的外衣。更重要的是，马克思透过资本主义法的现象，看到了在资本主义法律制度下人被异化的实质。“实际上，马克思称自由资本主义的法律秩序是不正义的，只是因为他认为这种秩序违反了他的同伴所认为的理想的应具有的主体性。”②

因此，要实现人的自由和解放，必须面向生活世界，走向法的扬弃之路，因为“自我异化的扬弃同自我异化走的是同一条道路”③。

第四节　诠释与对话

——马克思社会存在理论的当代法哲学意义

将马克思哲学理解为当代哲学，并从存在论的根基处进行考察，全面地超越了近代哲学的二元分立、基础主义、本质主义和思辨形而上学等倾向，且为西方哲学的进一步发展指明了现实的道路。这具体表现为马克思不是简单地扬弃一切旧哲学，而是力图彻底打破它们藉以出发的前提。他所关注的不是建立关于整个世界的严密完整的理论体系，而是直面人的现实生活和实践。他由此把实践的观点当作其哲学首要的、基本的观点；主张通过实践来充分发挥人的能动性和创造性，促进人的自由和全面发展。马克思正是通过对人的实践意义的深刻揭示和全面阐释彻底地实现了对近代哲学的超越，实现了哲学上的革命性变革。

“马克思哲学的当代意义决不是某种非历史的东西，好像它是可以现成地存在于某个地方似的（比如说，现成地居住在一套全集

① ［英］韦恩·莫里森：《法理学——从古希腊到后现代》，李桂林等译，武汉大学出版社2003年版，第279页。

② ［英］韦恩·莫里森：《法理学——从古希腊到后现代》，李桂林等译，武汉大学出版社2003年版，第284页。

③ 《马克思恩格斯全集》第42卷，第117页。

中)。毋宁说，它倒是被发现的；正像此种意义只能历史地被遮蔽一样，它也必定只能是被历史地发现的。而意义生成的根本途径在于实际地形成‘对话’。”“因此，在哲学范围内，马克思哲学之当代意义的发现势必要求它与当代的哲学形成最广泛的和不断深入到的对话。如果没有这种对话，它的那些被遮蔽的意义就不可能被再度揭示出来，而这些意义之最深刻的当代性也就不可能愈益透彻地得到领悟。”①

马克思哲学和当代哲学如何对话？它们能够对话的前提又是什么？历史唯物主义是马克思哲学革命的最伟大的成果。萨特赞扬马克思主义是当代唯一不可超越的哲学，某种程度上指的就是历史唯物主义。历史唯物主义之所以具有如此强大的生命力，是由当代问题的根本性质所决定的。当代的问题主要是来源于理性形式主义的空虚和抽象，人之为人根本的丧失。这种分裂和矛盾的状态，用海德格尔的话说，就是“新时代的人的无家可归状态”，是出自存在本身的天命，用马克思的话说就是资本关系造成的人的全面而普遍的异化。要去除笼罩在历史唯物主义之上的这种由近代思维模式所造成的遮蔽，就需要再度深入到历史唯物主义所引出的那场哲学革命，亦即再度深入到这场革命所展示的新的存在论境域。在马克思的《1844 年经济学——哲学手稿》和《关于费尔巴哈的提纲》中，一种新的存在论境域已经打开。这是因为马克思的新存在论境域所包含的根本思想在于：人的自我异化之本质乃是用出自而后脱离感性存在的思想的实体—主体来遮蔽并规约人的感性的历史存在，而这个本质本身属于人与自然之关系的历史命运。通过胡塞尔，我们发现了使马克思发动存在论革命得以可能的现象学原则；借助海德格尔对基础存在论的阐发，我们重新领会了历史唯物主义的存在论境域及马克思在这一境域中对人的历史的生存论描述。②

在此，我们走进现象学，走进海德格尔的存在论，走进伽达默尔的解释学。伽达默尔从海德格尔哲学中获益最多的是关于存在的历史性的思想。历史性是“此在”存在的根本特征。因为“此在”

---

① 吴晓明：《论马克思哲学的当代性》，载《当代国外马克思主义评论（第一辑）》，复旦大学出版社 2000 年 7 月版。

② 参见王德峰：《海德格尔与马克思：在历史之思中相遇——论历史唯物主义的存在论境域》，载《当代国外马克思主义评论（第一辑）》，复旦大学出版社 2000 年 7 月版。

的存在过程是时间性，“此在”在时间中展开与实现，就是他的历史性。他说：“我认为海德格尔对人的此在的时间性的分析已经令人信服地表明，理解不是主体众多行为方式的一种，而是此在本身的存在方式。本书中的解释学的概念正是在此意义上使用的。它标志着此在的根本的‘动中之在’，这种运动性构成此在的有限性和历史性，从而也包括此在的全部世界经验。”① 作为“此在”的“动中之在”的历史，是主体与客体相互融通的关系，因此，历史即非客观的，也非主观的。因为对历史的主观理解同时也是历史造就的客观效果。历史既不是人的主观创造，也不是对过去的客观事实的重新发现或复制。历史既是理解的前提，又是理解的产物，它表现为理解的处境与视域之间相互作用的合力。这种意义上的历史是“效果历史”。“理解从来就不是朝向给定对象的主体行为，它所朝向的是它的效果历史——它所影响的历史。就是说，理解属于被理解的存在。”按照伽达默尔的说法，理解“效果历史”是理解的视域与理解的处境之间的互动关系。处境是人的理解范围的界限，这种界限叫“视域”。视域不是固定的，而是随理解而流动的，伽达默尔把这种视域的生成流动称为“视域融合”。伽达默尔指出，不能只承认原文的历史性而否认读者的历史性，真正的理解不是克服历史的局限，而是适应人的存在的历史性。他肯定偏见的合理性，“我们的偏见构成了我们的存在。”② 偏见并不一定是错误的判断，它是经验的历史条件。理解是人的存在的基本模式，理解是从文本中接受有意义的东西，并把它们“解释”成自己理解世界的方式。理解不是对作者意图的心理揣摩，而是读者与文本之间的沟通。理解是一种创造性的过程，被理解的内容是文本在历史中表现出来的东西，它要比作者想要表现出来的东西多得多。理解文本是一个创造过程，不仅是作者的创造，而且是读者的创造，是建造文本意义的无限伸展的过程。因此，它所遵循的是一种问答逻辑。问答逻辑把理解看做“我—你”关系，而是不是认识论的主观—客观关系，作为对话者的“你”不是认识对象，而处于与我同等地位的理解的来源。这种我—你关系是开放性的对话，是互相倾听的、反复进行的过程，包含着同意批评、自我修正、服从，在此基础上达到相互理解。“理解一个

① Gadamer, Truth and Method, Continuum, New York, P18.

② Gadamer, Truth and Method, Continuum, New York, P9.

文本意味着理解一个问题。"① 这是一个不断循环的过程，问答的过程意味着突破原来融合的视域，产生更大的视域。

因此，我们有理由认为，马克思社会存在论的当代法哲学意义就在于诠释和对话，这既是由马克思哲学的当代性所决定的，同时也是由法哲学的自身发展和法律的自身性质所决定的。

从法哲学的历史发展来看，存在三种不同价值取向的法哲学。第一种是法哲学的神学取向。在前资本主义时代，这既是人类认知世界的基本目标和态度，也是人们认知对象世界的方法和路径。神学取向的法哲学研究，依赖的是人对上帝或神的权威坚定不移的确信，诉诸的是内心的灵感，而不是科学实证的经验和理性严密的诠释，神学具有高于一切的价值地位，法学只是神学的附庸。在当代，以马里旦为代表的自然价值法学延续了法哲学的神学取向。第二种是法哲学的科学取向。学术研究的科学取向肇始于西方工业革命兴起和科学技术的发明和发展。自然科学取得的巨大成功，使得科学的方法移植到社会科学、法学的研究中，人类并由此相信这一科学的方法同样会在社会科学中取得成功。法哲学的科学取向也以科学为价值原则和方法建构发展起来，并呈现出繁荣的景象。以价值法学和规范法学为代表的法学流派早期大体秉持的是科学取向的法哲学，强调根据行动中的法、活法等事实说话的社会法学派，其初衷也是要通过社会实证建立一种"科学的法哲学"。但是，科学的研究和结论往往只有在认知对象确定、静止和封闭的前提下才是准确的，但我们生活的世界，从来就不是确定的、静止的和封闭的，科学取向的法哲学从来也没有因为所谓科学方法的应用建立起"科学"的法哲学，反而我们看到了更多"科学"背后的人文精神诉求，这就是法哲学的诠释学取向。第三种是法哲学的诠释学取向。这是应对法哲学的科学取向局限性的产物。相对于自然现象，人类的精神现象更具有不确定、动态和开放的特征，因此，对精神现象的研究和把握，采取所谓科学的方法是不可能的，而只能采取开放和对话的诠释学态度。由此，我们看到当代法哲学实现着从以科学为主要价值取向到以诠释为主要价值取向的转向。② 雅斯贝尔斯曾指出，哲学有三种主要根源：惊异、怀疑和震撼。相应的，哲学有三个基本领

① Gadamer, Truth and Method, Continuum, New York, P333.

② 参见谢晖：《法律的意义追问——诠释学视野中的法哲学》，商务印书馆2003年版，第2～10页。

域：本体论、认识论和存在哲学。可以大致认为，和本体论、认识论和存在哲学相对应，在法哲学领域分别存在自然法学说、实证主义法学和诠释法学三种不同的法哲学思想。在一种精神和文化高度发达的时代，本体论遂成为占支配地位的哲学思潮，自然法思想也处于强盛时期。“本体论当红之日，就是自然法风光之时。”[①] 而在时代精神处于转折交替时期，人类重新审视自身价值与理性时，正是严格区分法律与道德、实证主义法学兴起、稳定秩序的时期。但在这样一种法哲学思想下，“人类存在的一些重要方面——意志、感情、经历、经验、动机——曾被忽视，因而必须重新说明它们的合理性。”[②] “后现代法学必须要体现为对法权的关怀，即对人类的关怀，更进一步说，对以所有制形式存在的生命的关怀。”[③] 在这样的情势下，法律诠释学的诞生是必然的。“诠释学需要分析学，因为没有分析学它可能就是盲目的。而另一方面，分析学也需要诠释学，因为没有诠释学的分析学就可能是空洞的。”[④]

从法律自身特性来看，法哲学的科学取向，大体上是基于这样几个前提：首先，法律规范或者孕育法律规范的社会与自然事实是大体确定的，能被我们用科学的方法观察并复述；其次，法律规范或者孕育它的事实所表达的意义是客观的和明晰的，我们完全可以通过最准确的语言，甚至通过类似于数学语言的表达工具揭示其意义世界；再次，法律规范及其孕育它的事实是相对稳定的，它为我们观察和认知提供了方便；最后，法律是一个相对封闭的体系，我们可以通过科学的方法使其达到科学的程度。但事实上，法哲学的科学取向的前提是根本不成立的，理由如下：

第一，法律的生命在于诠释、理解和应用。立法者制定法律，固然体现了由社会物质生活条件所决定的立法者的思想意识，但这样一个过程不是静止的，不是说立法者的立法使命完成，这样一个过程就此终结。法律是一个流动的过程，是在处理无数个个案中逐

---

① [德]阿图尔·考夫曼、温弗里德·哈斯默尔主编：《当代法哲学和法律理论导论》，郑永流译，法律出版社2002年版，第15~16页。

② [德]阿图尔·考夫曼：《后现代法哲学——告别演讲》，米健译，法律出版社2000年版，第9页。

③ [德]阿图尔·考夫曼：《后现代法哲学——告别演讲》，米健译，法律出版社2000年版，第54页。

④ [德]阿图尔·考夫曼：《后现代法哲学——告别演讲》，米健译，法律出版社2000年版，第14页。

一体现这样一个意志的过程。因此，法律创设完成后，人们就不可能不去理解、诠释和应用。所以，某种程度上讲，法律诠释的实质是法官活化法律，法官塑造人类正义生活，法律的生命开始于法官的解释。当然，法律的生命不取决于哪一个人的生命，它须借助人的集体意志才能生存。法律要想获得生命就不能拒绝理解和诠释，它必须对诠释者开放。所以，霍姆斯讲，法律的生命不在于逻辑，而在于经验。现实主义法学将法的概念定格在法官的行为上，从法律诠释的角度上看是有一定道理的。

第二，法律的实现过程是法律主体诠释法律的过程。“一个法律制度通过下面一系列办法达到，或无论如何力图达到法律秩序的目的；承认某些利益；由司法过程（今天还要加上行政过程）按照一种权威性技术所发展和适用的各种法令来确定在什么限度内承认与实现那些利益；以及努力保障在确定限度内被承认的利益。”[①] 法律的实现过程就是寻求通过法律控制获得秩序，而秩序的获得需要运用法律技术确认对某种权利的保护。这样，法律的实现就出现立法和司法的分离，一方面，立法者只有在社会生活中理解、发现法律，才可能抽象出成文的法律，另一方面，成文的法律只有被司法者所理解，才可能贯彻到社会生活中。没有理解，不可能从社会生活中抽象出成文法律。同样，没有理解，也不可能实施成文的法律。成文法律向判决转换的过程就不仅是一个事实的过程，而是一个生命主体参与的过程。在这一过程中，成文法律与具体案件融合体现在对法律的诠释和理解过程中。法官、当事人、律师和检察官在法庭上相互辩论的诉讼过程，实质上就是对法律的诠释和理解的过程，并最终形成可以接受的答案。

第三，法律条文自身的抽象性、概括性决定了诠释的必要性。法律的抽象性和概括性表现为以下特点：首先，法律是一种抽象的、概括的规定，从立法者的角度看，它适用的对象是一般的人而不是特定的人；其次，一部法律在生效期间总是反复适用的，而不是一次适用的；最后，法律还意味着同样情况应受同样待遇，它要维护法律的一般正义。总而言之，就是在成文法律和现实生活个案之间存在巨大的差异。一方面，法律是对事物共性或普遍性的一种概括，

---

① 庞德：《通过法律的社会控制、法律的任务》，沈宗灵、董世忠译，商务印书馆 1984 年版，第 35 页。

它考虑的多是某种事物或行为共同的东西，是对事物抽象的结果。这一特征决定了成文法律不能涵盖社会生活的所有方面，而只能抽象地反映共性。另一方面，社会生活中的事物具有无限性和复杂性的特征，它不可能总是和成文法律一一对应，这也就决定了成文法律与个案之间存在差距。因此，法律适用不可能是简单的逻辑推理，在推理之前必须进行法律的诠释，对法律的漏洞进行补充，以构建法律推理的逻辑前提。所以，法律的适用过程必然要伴之以法律诠释，没有法律诠释就不可能有法律适用。

第四，法律的开放性为法律的诠释提供了可能。法律的开放性表现为：法律是人类经验的总结，但总结经验决不是目的，它要调整未来出现的事实，因而可以说法律对未来是开放的；成文法律与调整的事实之间存在许多空缺结构，这些结构的存在或是因为立法者能力不够，或是事物本身太复杂而无法作出规定。成文法律的这些空缺结构，面向法官开放，它的内容需要根据法的精神予以填补；法律用语多是日常用语，具有多义性特征。对法律用语，法官应进行甄别，然后确定可以接受的含义。法律面向适用者、诠释者的开放特征，决定了法律适用过程中必须被诠释，否则法律仅仅是纸上的。“无论如何我们必须看到：它是一门规范的学科，起着补充法律的教义学作用。作为这样一门学科，它执行一个本质上不可缺少的任务，因为它可以在已制定的法律的普遍性和个别事件的具体性之间弥补那无法取消的空隙——就这方面说，它是更原始和更本质的东西。”①

第五，法律语言本身需要进行诠释。法律是用文字进行表达的，而文字的多义性和模糊性也由此进入了法律，这也决定了法律需要进行诠释。“法律语言是一般语言的特例，但绝不是与后者完全脱离的符号语言。就像我们一再强调的，其影响是：法律语言不能达到像符号语言那样的精确度，它总是需要解释。”“一般语言富有弹性，包含细微的差别，并且具有适应性，这些特质是优点又是缺点。它们造成的结果是：仅由语言用法本身不能获得清晰的字义。反之，它会有或多或少的意义可能性及意义变化可能性。”② “即使以定义

---

① 伽达默尔：《真理与方法》，洪汉鼎译，上海译文出版社 1999 年版，第 726 页。

② 拉伦茨：《法学方法论》，陈爱娥译，台湾五南图书出版公司 1997 年版，第 226 页。

的方式确定法律的语言用法，仍然不能保证，该用法在该法律的每个地方都作相同的理解。"①

"近世以来，法治主义诉求与日俱进。然'法律一出，秩序即成，自由便备'的浪漫情怀每每被现实击破。因此之故，法治理想与人治呼声常此消彼长、难决雌雄。此种情形，吾国犹盛。其中关键，则在于理解法律及法治，过于机械褊狭。其实，法治作为生命肌体，乃为成长的概念。其成长之途，端在于诠释立法（法律）为法治之花，诠释显法治之果。有良法而乏诠释，只见法治之花，难现法治之果。故无诠释则无法治，百世不移之理。云法律为'诠释性概念'，实为'极高明而道中庸'。"② 当科学实证走到了尽头，正是诠释学的用武之地。从哈特对法律空缺结构的分析及法律诠释必要性的阐释，从德沃金将法律称为"诠释性概念"，从哈贝马斯的"对话性诠释"理论，从波斯纳对诠释的解构及经济学分析……我们看到在当代，法哲学某种程度上自觉不自觉地实现着向诠释学的转向。

哈特认为法律是由主要规则和次要规则组成的逻辑体系，法律规范既不是凝固化的、绝对静止的，但也不是不可捉摸的。以语言文字方式表达出来的法律，具有确定的意义蕴涵，但这种确定性只是从特定的意义上讲，以语言文字表达的法律也有核心地带和边缘地带。在法律的核心地带，法律规范所表达的概念、命题、规范内容是确定的、无可置疑的。但在法律的边缘地带，必然会存在规则的不确定和模糊现象，这说明了法官进行法律诠释的必要性和必然性。德沃金把法律称为"诠释性概念"，认为法律不仅仅是一套规则系统，还包括原则和政策。法律原则是一个有关法律的道德和正义的标准，它直接关涉个体与社会的权利。法律的政策则涉及社会或集体的目标制定。法律原则先于法律政策。法律的诠释最终目的是达到对法律的"唯一正确"的理解。为改变人文生活状态，哈贝马斯认为需要一套具有价值性的对话沟通机制，而这种对话沟通机制很大程度上是靠法律来保障和实现的。法律是对立的主体间对话沟通的产物，又反过来调整种种对立立场，以实现生活世界的沟通和

① 拉伦茨：《法学方法论》，陈爱娥译，台湾五南图书出版公司 1997 年版，第 227 页。

② 谢晖、陈金钊：《法律：诠释与应用——法律诠释学》，上海译文出版社 2002 年版，第 1 页。

会意。法律是个体自治与公共自主互动的权利体系，是达到人们合意的程序。而在波斯纳看来，要进行客观地解释是不可能的，真正达致客观性的理解既不是德沃金的法律原则和法律整合，也不是哈贝马斯的对话沟通，而是人们共同的生活体验、文化传统、生活方式、价值观念和思想信仰等。他认为，只有以成本和效益关系为核心的经济学分析，对于法律诠释是有效的，从某种意义上讲，能够达到法律诠释的客观性。

法哲学的诠释学转向，无疑对传统法学是一个严峻的挑战。传统法学站在反对专制、维护人权、实现正义的价值观念的立场，主张法治，并为实现法治的理想，在宪法、刑法、民法、行政法中精心地设计了法律面前人人平等、正当权利、罪刑法定、无罪推定、契约自由、过错责任、越权无效等原则，并在这些原则指导下，设计了庞大的规则体系。这样一种法治理论，从逻辑上讲建立在法律的客观性和法律诠释的客观性基础上。它认为：第一，法律是独立存在的，是由一系列的概念、规则、原则等构成的，其中最主要的是法律规则体系。正是因为法律规则体系是确定的，我们才能实现法治，才能确保个人权利和自由。第二，法律是明确的，有恒定意义的行为规范。法律意义的明确性及对模糊性的排斥，能最终确保法治原则的贯彻，防止人为因素侵入法律自身，破坏法治。哲学诠释学的出现，对法治理论进行质疑。在伽达默尔看来，诠释与理解有几层意义：首先，理解同时是人的自我理解；其次，理解是一个事件、遭遇，是你—我，它是互动关系中的理解；再次，理解不是任意的言说，传统语言自有进入理解的途径；最后，只要有理解，理解便会不同。只要存在理解，人们就总是在使用不同的方式进行理解。理解包含着一种丧失自身的因素。这样，他实际上等于放弃了正确诠释的标准，他要求诠释者在规范性问题的理解中，思考多种理解世界的差异。伽达默尔的这种观点等于否定了法学家们精心设计的法律体系的自足性、意义的确定性，以及法律诠释者追求的法律的客观性。法律作为一种知识体系、规则体系，一旦进入理解者的前见，必然对人的理解发生作用。尽管法律人的理解也是视域融合，但人们一旦掌握法律知识、规则体系，法律就属于视域的组成部分，它在一定程度上会规范或引导思维走向。因此，完全相同的法律理解也是不可能的。唯一可能的是通过对话，促成尽可能相同的理解，这是一种姿态或努力方向。“现代法律秩序只能从‘自决’这个概念获得其合法性：公民应该时时都能够把自己理解为他作为承受者所要服从的法律的创制者。社会契约论用资产阶级契约法的范畴来想象公民的自主，也就是想象成签约各方的私人性质的自由选择……今天，在语言学转向之后，这种义务论道德观获得了一种商谈论理解。由此，一种商谈理论或商议模式代替了契约模式：法律共同体不是通过一种社会契约构成的，而是基于一种商谈地达成的同意而构成的。"① "合法性的唯一的后形而上学来源，显然是由民主的立法程序提供的。但这个程序又是从哪里得到提供合法性的力量呢？对这个问题，商谈论提供了简单的、初看起来不大可能的回答：民主程序使得议题和提议、信息和理由能自由地流动，确保政治意志形成过程具有一种商谈的性质，并因此而论证了这样一种可错论的假设；从正当程序产生的结果，多多少少是合理的。"②

① 哈贝马斯：《在事实与规范之间》，童世骏译，三联书店 2003 年版，第 449 页。

② 哈贝马斯：《在事实与规范之间》，童世骏译，三联书店 2003 年版，第 448 页。

第五章

近现代法哲学的两次转型对当代中国的意义及启示

JINXIANDAI FAZHEXUE DE LIANGCI ZHUANXING
DUI DANGDAI ZHONGGUO DE YIYI JI QISHI

马克思对近现代法哲学的批判已经表明，“国家和法是从个人的生活过程中产生的”，“市民社会是全部历史的真正发源地和舞台”，“市民社会是国家和法的基础以及任何其他的观念的上层建筑的基础”。马克思立足于“感性的活动”基础上的社会存在理论和唯物史观，揭示了生产劳动、生产方式、市民社会是历史的发源地和舞台，强调人们在自己生活的社会生产中发生一定的、必然的、不以他们的意志为转移的关系，即同他们的物质生产力的一定发展阶段相适合的生产关系，而这些生产关系的总和构成社会的经济结构或经济基础，社会的经济结构或经济基础决定法、法律和政治的上层建筑，前者是后者的“现实基础”。“物质生活的生产方式”制约着整个社会生活、政治生活、法权关系的过程，也制约着法权观念等精神生活的过程。同时，马克思站在人类社会或共产主义社会的高度揭示法的本质和发展，“社会的物质生产力发展到一定的阶段，便同它们一直在其中活动的现在生产关系或财产关系发生矛盾。于是这些关系便由生产力的发展形式变成生产力的桎梏。那时社会革命的时代就到来了。随着经济基础的变更，全部庞大的上层建筑也或慢或快地发生变更”①。建立在私有制及其基础之上的现代法权因此成为批判对象。共产主义作为对现代市民社会生产力与生产关系的矛盾的扬弃，必然使建立在此基础上发展起来的“自由”、“平等”、“人权”等现代法权体系走向消亡。因此，马克思的这种批判，不是对资本主义社会知识状况的一种解构，而是对资本主义法之建立的基础的彻底的颠覆。它提示我们，当前中国的法制建设，不能进行抽象的理论构建，也不能进行空洞的说教，而应从法之建立的现实的基础进行考察。

第一节 中国法制建设现实基础的历史分析

与西方社会不同，古代中国社会经济的一个显著的特征就是“亚细亚生产方式”的存在。在《1857—1858 年经济学手稿》中，马克思站在历史唯物主义的立场，研究了资本主义以前的生产形式，区分了三种类型：亚细亚的所有制形式、古代的所有制形式和日耳

---

① 《马克思恩格斯全集》第 3 卷，第 81、83 页。

曼的所有制形式。按照马克思的看法，在亚细亚的法律形态中自然形成的共同体是其存在的基本前提。这种特定的组织形态与种种外界条件具有一种相互依存的关系。在亚细亚的所有制形式中，“第一个前提首先是自然形成的共同体：家庭和扩大成为部落的家庭，或通过家庭之间互相通婚而组成的部落，或部落的联合”①。由这种特定的社会生产和再生产的前提所制约，从原生形态发展而来的次生形态的亚细亚生产方式的基本特征，就是土地公有、村社制度和专制国家的三位一体结构的存在。②

关于土地公有，马克思指出：“在东方专制制度下及从法律上看似乎并不存在财产的情况下，这种部落的或公社的财产事实上是作为基础而存在的，这种财产大部分是在一个小公社范围内通过手工业和农业相结合而创造出来的，因此，这种公社完全能够独立存在，而且在自身中包含着再生产和扩大再生产的一切条件。公社的一部分剩余劳动属于最终作为个人而存在的更高的共同体，而这种剩余劳动既表现在贡赋等等的形式上，也表现在为了颂扬统一体——一部分地是为了颂扬现实的专制君主，部分是为了颂扬想象的部落体即神——而共同完成的工程上。”③ 在亚细亚生产方式中，天然的共同体是其存在的基本前提，土地是这种共同体的基础。在这种共同体中，每一个单个的人在事实上失去了财产，共同体是实际的所有者，不存在个人所有，而只有个人占有，公社是真正的实际所有者。财产只是作为公共的土地财产而存在，每一个单个的人事实上丧失了财产。因而，单个人对公社来说不独立，从所占有的一切及他本身，都依赖于集体而存在。“在这种情况下，单个人只是占有者，决不存在土地的私有制。”④ 国家既作为土地所有者，又作为主权者而同直接生产者相对立。专制君主以共同体之父的统一总体身份而存

① 《马克思恩格斯全集》第46卷（上），第472页。

② 亚细亚生产方式分为原生形态和次生形态两种，前者是指亚细亚生产方式的原始含义，即以土地公社所有、人们共同耕作为特征、与最初定居生活相联系的农业生产方式；后者是指前资本主义时期在印度、俄国、中国等落后农业大国中曾经占统治地位的生产方式，这种生产方式的根本特点是，土地属于更高的统一体，其在政治上的极端形式起源于亚细亚公社所有制，但是却不同于奴隶制和农奴制，因而是一种独特的生产方式。参见孙承叔：《打开东方社会秘密的钥匙——亚细亚生产方式与当代社会主义》，东方出版中心2000年版，第11～12页。

③ 《马克思恩格斯全集》第46卷（上），第472～473页。

④ 《马克思恩格斯全集》第46卷（上），第484页。

在，实际上他是财产的唯一的和最高的所有者。公社的一部分剩余劳动属于专制国家，这部分剩余劳动是以贡赋的形式实现的，而在公社的内部是不存商品交换的。关于亚细亚生产方式的形成机制，马克思指出："不管怎样，公社或部落成员对部落土地（即对于部落所定居的土地）的关系的种种不同的形式，部分地取决于部落的天然性质，部分地取决于部落在怎样的经济条件下实际上以所有者的资格对待土地，就是说，用劳动来获取土地的果实；而这一点本身又取决于气候、土壤的物理性质，受物理条件决定的土壤的开发方式，同敌对部落或四邻的部落的关系，以及引起迁徙、引起历史事件等等的变动。"① 产生亚细亚生产方式的主要原因是什么？马克思分析说："劳动主体所形成的共同体，以及以此共同体为基础的财产，归根到底归结为劳动主体的生产力发展的一定阶段，而和该阶段相适应的是劳动主体相互间的一定关系和他们对自然界的一定关系。"②

关于村社制度，马克思是放在国家和社会之间的同一和分离运动中进行考察后，对东方社会社会结构进行揭示的。在这一过程中，市民社会的产生对村社制度具有瓦解的作用。马克思说："'市民社会'这一用语是在18世纪产生的，当时财产关系已经摆脱了古代的和中世纪的共同体。真正的资产阶级社会只是同资产阶级发展起来的。"③ 但市民社会的形成却有一个历史的"蛹化"的过程。在前资本主义时代，市民社会与政治国家之间具有高度的同一性，二者之间没有明确的界限，政治国家就是市民社会，反之亦然。市民社会的每一个领域，都带有浓厚的政治性质。中世纪的特点是现实的二元论，即政治国家与市民社会在现实运动过程中是彼此重合的。然而，自中世纪中后期以来，随着商业、财产、劳动方式及同业公会等市民社会构成要素日益获得独立存在和发展的意义，市民社会开始同政治国家分离。同这种分离相适应，政治国家也得到了发展，"政治制度本身只有在私人领域达到独立存在的地方才能发展。在商业和地产还不自由、还没有达到独立存在的地方，也就不会有政治制度"④。私人领域的独立存在，促使私人等级的政治性质日益丧失，

① 《马克思恩格斯全集》第46卷（上），第484页。
② 《马克思恩格斯全集》第46卷（上），第495~496页。
③ 《马克思恩格斯全集》第3卷，第41页。
④ 《马克思恩格斯全集》第1卷，第283~284页。

这就为市民社会和政治国家之间的分离提供了坚实的社会基础；而近代的政治革命，促使政治等级转型为社会等级，从而加速了政治国家与市民社会的分离过程。在传统的东方社会，尽管也存在着国家与社会之间的分离运动，但是这种分离是很有限的。在很大程度上，国家与社会之间存在着内在同一的关系。这集中地表现为村社体制与专制国家之间相互依赖、相辅相成的共生状态。马克思在研究东方社会问题时，始终把村社制度放在重要的位置，他认为，这种社会制度的明显特点，就是它的内在的封闭性，具有自身相对独立的排外性组织系统。"除了这个政府之外，整个国家（几个较大的城市不算在内）分为许多村社，它们有完全独立的组织，自己成为一个小天地。"① 这种村社制度使每一个这样的小单位都成为鼓励自在的组织，过着闭关自守的生活。"农村公社的孤立状态在印度造成了道路的缺少，而道路的缺少又使公社的孤立状态长久存在下去。在这种情况下，公社就一直处在很低的水平上，同其他公社几乎没有来往，没有希望社会进步的意向，没有推动社会进步的行动。"② 东方社会村社制度的内在封闭性导致了两方面的后果：一方面，村社制度自成一体，脱离国家政治生活，对社会变革反应迟钝；另一方面，在村社制度基础上形成了专制国家，这表明村社体制的自治性与独立性是虚幻的。马克思认为，村社制度的封闭性源于制约这种制度的经济关系的封闭性。由于这一原因，村社制度具有顽强的生命力，进而成为东方专制制度政治结构超稳定性的社会基础。

确认古代东方社会政治与法律体制的专制主义基础，是18世纪乃至19世纪初欧洲思想界的一种普遍的观点，对此，马克思表示赞同，并且把它同近代西方的政治与法制形态对立起来，在亚洲的专制制度中，"政治国家只是一个人的独断独行，换句话说，政治国家同物质国家一样，都是奴隶。现代的国家和这些在人民与国家之间存在着实体性统一的国家是不同的"③。马克思还进一步探讨了东方国家的公共管理职能及其存在的社会自然条件，一般说来，亚洲国家的政府大体由财政部门、军事部门和公共工程部门组成。由于特殊的自然和地理条件，兴建人工灌溉设施成为发展东方农业的重要基础，并且成为东方政府的一项重要的公共管理职能。在东方，中

① 《马克思恩格斯全集》第28卷，第271页。
② 《马克思恩格斯全集》第9卷，第249页。
③ 《马克思恩格斯全集》第1卷，第285页。

央集权政府之所以要对社会经济生活进行干预，一个重要的原因就在于那里的文明程度较低，并且地域广阔，不能像西欧那样产生自愿的联合。不仅如此，马克思还深入地分析了东方专制国家制度赖以存在的社会基础，指出东方的村社制度“始终是东方专制制度的牢固基础；它使人的头脑局限在很小的范围内，成为迷信的驯服工具，成为传统规则的奴隶，表现不出任何伟大和任何历史首创精神”①。村社制度使社会闭塞，使人们过着闭关自守的生活，造成了国家与社会的孤立状态，进而使东方专制制度能够永久地存在和延续下去。

在中国古代，夏、商、周三朝是典型的亚细亚社会，其共同特征是：第一，不存在土地私有制，土地国有即公社之上的总合的统一体是土地的最高所有者或唯一所有者，公社占有和使用土地；第二，公社的一部分剩余产品以贡赋形式上交国家；第三，农民以家庭为单位，在公社定期分配的土地上劳动，起先是共同劳动，后来是井田制上的部分共同劳动，部分独立劳动，最后全部独立劳动，以税赋的形式上交部分或全部剩余产品；第四，农民在村社内部实行农业与手工业的家庭结合，村社之间相互隔绝，很少往来；第五，专制政府掌管河流灌溉和其他公共事业。自秦汉至清末，中国土地私有化程度虽逐渐增长，但农业与手工业相结合的家庭自然经济、高度集权的专制主义、国家对全国土地的最终支配权和所有权、个人对国家的依附关系、亚细亚村社的宗法残余，以及与此相适应的儒家政治伦理，依然顽强地积淀在中国社会中。整个社会的运行方式，仍然在很大程度上保持着早期亚细亚特征。对中国前资本主义社会基本特征，毛泽东同志在《中国革命与中国共产党》一文中进行了高度的概括：“一、自给自足的自然经济占主要地位。农民不但生产自己需要的农产品，而且生产自己需要的大部分手工业品。地主和贵族对于从农民剥削来的地租，也主要是自己享用，而不用于交换。那时虽有交换的发展，但是在整个经济中不起决定的作用。二、封建的统治阶级——地主、贵族和皇帝，拥有最大部分的土地，而农民则很少土地，或者完全没有土地……三、不但地主、贵族和皇室依靠剥削农民的地租过活，而且地主阶级的国家又强迫农民缴纳贡税，并且农民从事无偿的劳役，去养活一大批的国家官吏和主要是为了镇压农民之用的军队。四、保护这种封建剥削制度的权力

① 《马克思恩格斯全集》第9卷，第148页。

机关，是地主阶级的封建国家……在封建国家中，皇帝有至高无上的权力，在各地方分设官职以掌兵、刑、钱、谷等事，并依靠地主绅士作为全部封建统治的基础。"①

亚细亚生产方式决定了在东方社会产生不了西方近现代意义上的法律。社会是法律产生和发展的基础，社会和国家之间的分离与合一的往返运动，是一个普遍性的世界历史现象。在西方世界，法律是国家和社会分离的结果，市民社会的出现标志着社会经济生活获得了相对独立的发展过程，没有市民社会，也就不会有近现代法律的产生。影响这一分离过程的关键性社会因素有两个：一个是城市自治制度的兴起，另一个是以商人集团为主体的市民阶级的独立存在。欧洲中世纪城市是一个单一的政治共同体，具有政治自主权，并且是法律上独立的行政区，作为法人团体起作用。中世纪城市制度及城市法所确立的理性、社团资格、权利平等、参与立法、客观的司法程序等这些原则与观念，无疑促进了近代理性的形式主义法律的出现。而中世纪城市的主体社会力量是市民阶级。相对说来，以商人集团为主体的市民阶级具有较自觉的法律需求。对于经济利益的计算，使市民阶级特别关注经济活动的安全性、有序性和可预测性，关心商业交易活动的法律保障。因此，通过法律保护个人权利，便成为市民阶级的强烈愿望。反映商人集团利益的商法体系，也为法律形式主义运动的出现提供了条件。很显然，近代早期的市民社会革命，构成了近代西方理性法律产生的最深刻的社会历史基础。反观东方社会，国家与社会之间存在着内在同一的关系，集中表现在村社体制与专制国家之间的相互依赖和相辅相成的共生状态。这种性质和状态必然深刻地影响着传统东方社会法律调整机制的面貌和特点：第一，在日常社会交往过程中形成的风俗习惯，具有法权意义。这种风俗习惯是公社成员长期生产和生活经验的积累和结晶，调整公社成员的行为及公社内部的各种关系，进而逐步固定化、规则化和制度化。在风俗习惯的自发调节下，逐步发展成为一种村社内部自治调节的自然法律秩序，得到村社成员的普遍认同和接受，因而比成文法律具有更为直接的拘束力。这种直接的拘束力表现在，当成文法律和民间习惯法发生不协调乃至冲突时，后者往往要占上风，在国家成文法律调整缺位时，民间的习俗与惯例或宗教教义则发挥着主要的调节功能。因此，东方社会的法律渊源实际上是二元

① 《毛泽东选集》第2卷，第586～587页。

的，其中民间习惯法占据主导地位，而国家成文法律或君主命令的效力往往是很有限的。第二，村社具有高于个人的法律价值。古代东方农村公社内部关系一个显著的特点就是村社成员对于村社共同体的依附性，人不是单个的人，而是村社的成员，个体只有在村社中才能得到全面发展，个人人格必须与村社的要求协调一致。与此相对应，古代东方法律文化价值取向的基本特点就是以确认等级依附关系为核心和目标。在这一社会架构中，存在着一种金字塔式的等级关系，人与人之间的关系是不平等的，利益是不等价的。其法律表现为确认不同等级人们的不平等的法律地位，极力维护专制君主至高无上的地位。在古代东方社会，国家与社会之间表现为一种相互依赖和内在同一的状态，这一特征表现在司法活动中，就是警察职权和司法职权固然由国家来行使，但作为社会生活基本组织形式的农业公社也行使着司法权。农业公社除担负治安职能外，还执行民事和警事诉讼的职能，也参加处理所谓不应诉争的案件。其司法活动不仅依据国家的成文法律，也依据社会既定的习俗和惯例。通过赋予非政治职能的农村公社司法的性质，专制王朝的统治者就有效地把阶级统治与农村公社的组织机制结合在一起，利用村社内部根深蒂固的亲属连带关系实行其政治统治。

由于东方社会和西方社会的现实社会基础不同，因此在此基础上构筑起来的法律也呈现出不同的特征，传统中国的法律类型被称为是一种信念伦理意义上的法律伦理主义，也被称为“儒家伦理法”。若按“法系”进行划分，则为独特的中华法系①，中华法系的基本特征是：第一，以儒家学说为基本的指导思想和理论基础，但也融合了道、释的某些教义。儒家思想对封建法律的影响主要表现在以法律形式确认“君为臣纲、父为子纲、夫为妻纲”的儒家三纲学说；贯穿“德主刑辅”、“明刑弼教”的精神；通过《春秋》决狱和用礼来对民事诉讼进行实际调整，使儒家经典法典化；明确秋冬行刑，使儒家“则天行刑”的主张制度化；另外，汉初黄老之学对法律的影响及唐代释教对法律的影响，表明中国古代法律在一定程

① “法系”（genealogy of law 或 family of law）是以亲缘关系为标准对各种法律制度所作的一种分类。一般认为，世界上主要存在五大法系：英美法系或普通法系、大陆法系、中华法系、印度法系和伊斯兰法系。中华法系是历史上最悠久的法系之一，它的影响扩展到日本、越南、朝鲜等许多东方国家，成为它们的共同法系。

度上对释、道二教教义的吸收。第二，“出礼入刑”，礼刑结合。礼刑结合的具体表现，首先在于礼所调整的宗法伦理方面的法律规范构成了法律的基本内容；在处理民事案件及轻微刑事案件时，礼起到重要作用。其次对于某些案件的判决，“于礼以为出入”，亲疏尊卑同罪异罚，区别血缘亲疏的“五服”之制，成为定罪量刑的重要根据。第三，家族本位的伦理法占有重要地位。封建法律基于家庭本位的社会结构原则，确认家长在家庭内的特殊地位，享有财产权、惩罚子女权及对子女婚姻的决定权。与此同时，还以国家的名义支持流行于社会上的“家训”、“族规”。第四，立法权与司法权始终集中于中央，司法与行政合一。封建皇帝始终控制着最高的立法权与司法权，既是最高的立法者，也是最大的审判者。司法与行政合一，在地方上表现为行政机关兼管司法，各级行政长官直接主持地方审判，二者在组织机构上统一；在中央，皇帝握有最终审判权，某些行政机关与司法机关共同执掌司法审判权。第五，民刑不分、诸法合体与民刑有分、诸法并用。中国古代主要法典的编纂结构形式是诸法合体、民刑不分的，但就封建法律体系而言，却是由刑法、民法、诉讼法、行政法、经济法等各种法律部门所构成的，是诸法并用、民刑有分的。

第二节　法律移植与中国法制的现代化

中华法系是在封闭和隔绝的状态下建立和发展起来的，这和中国是一个地处东北亚的资源丰富的国家、自给自足的经济长期占据统治地位、古代中国是一个封闭的保守国家是相一致的。但是1840年鸦片战争之后，随着西方列强对中国的政治、军事、经济和文化的全面侵略，中国社会的政治经济结构都发生了巨大的变化，中华法系也变得支离破碎，由此也进入中国法律的近现代转型。[①]

中国法律近现代转型的过程，实际上就是西方法律在中国的全

① 鸦片战争以后，随着领事裁判权的出现和此后的清末法制改革，是否可以视为中华法系的解体，在法学界，有两种不同的看法：一种认为中华法系是指封建社会的法律，鸦片战争以后，中国的社会性质变了，因此中华法系也就寿终正寝了；另一种观点认为，中华法系历经封建社会、近代社会和社会主义社会，虽有重大变化，但作为法系外貌来说，依然存在。

面移植过程。清末沈家本以“参考古今、博辑中外”、“汇通中西”为修律指导思想，参照德、日、法等国法律，全面修订了清朝的律例，大陆法系取代中华法系，成为近现代中国法律的法系模式。在晚清修律的过程中，建立了《钦定宪法大纲》与《宪法重大信条十九条》等宪法性文件，确立了罪刑法定主义、刑罚人道主义、刑罚平等等一系列的近现代法律原则，制定了民法、民事诉讼法、刑法、刑事诉讼法、法院编制法等“六法体系”雏形。晚清政府的这一修律成果为以后的北洋政府和南京国民政府所继承，并且在某些具体部门、具体规范及具体法律制度方面进行了细化，最终形成了南京国民政府时期以宪法及其关系法、民法及其关系法、刑法及其关系法、民事诉讼法及其关系法、刑事诉讼法及其关系法、法院组织法及南京国民政府最高法院的判例和司法院的解释例等作为基本组成部分的“六法体系”。新中国建立时期，中国共产党中央委员会发布了《关于废除国民党的六法全书与确定解放区的司法原则的指示》，要求全党全军认识到必须全面废除国民党南京政府确立的伪法统及六法体系，而代之以“无产阶级领导的以工农联盟为主体的人民民主专政”的新型法律制度。建国之初，制定了立国之根本的宪法，并着手制定其他基本法律。但受政治运动和法律虚无主义的影响，这一法制过程十分漫长。直到改革开放之后，特别是提出建立社会主义市场经济后，才进入全面法制建设的时期。到现在，我国已基本制定了较完备的社会主义市场经济法律体系。

从中国近现代法律的发展来看，自从清末修律以来的100多年，也是中国学习、移植外国法的时代。中国法的近现代化，与外国法的移植密不可分。就法律观念而言，中国近现代法上的一系列观念，如法律面前人人平等、审判独立或司法独立、公法与私法的区分或孙中山所提出的五权独立的观念，都是西方社会的法律观念；就法律体系而言，晚清以来接受的是以德、日为代表的大陆法系，并将整个法律分为宪法、民商法、行政法、刑法、诉讼法、国际法等部门法，这样一种法律体系，也是移植西方国家的；就法律原则而言，宪法上的民主原则、平等原则、国民原则、公民的各项权利受法律保护的原则，刑法上的罪刑法定原则、罪刑相适应的原则，民法上的平等互利、等价有偿、诚实信用原则，诉讼法上的无罪推定原则、一事不再理原则、不告不理原则等，也是西方国家的基本法律原则；就法律制度而言，宪法上曾经出现的总统制、内阁制、选举制、代议制等，民法上的法人制度、物权制度、侵权行为制度、债权制度、代理制度、监护制度，刑法上的犯罪构成、刑罚制度，诉讼法上的审级制度、辩护制度、陪审制度、证据制度等，都是借鉴西方国家的产物。正如有的学者所指出的："自清末民初，除了在一个不太长的时代，中国一直面临着西方法的移植（transplanting）问题"①。我们实际上是用"西方法律理想图景"在绘制中国的法律现代化蓝图，无论是"权利本位论"，还是"法条主义"的法学理论模式，它们所提供的都不是"中国法律理想图景"，而是移植过来的、未经批判的"西方法律理想图景"。②

真正的问题在于，"西方法律理想图景"或西方法律在中国的移植能否给中国带来法治社会或法制的现代化？考察中国自晚清以来的法制建设历程，我们还不能直接得出肯定的结论。早在晚清法制变革初期，如何协调西方法律与中国伦理法之间的关系，就是首先需要解决的问题。"参考古今、博辑中外"、"汇通中西"成为变法的主要指导思想。尽管晚清政府希望吸收礼教民情，但是修订的法典却是对西方法律的全面移植。尽管法典已经全盘西化，但随着清政府的被推翻，新修的法典和法律大多没有颁布实施，法律实践还是照旧，中国固有的法律制度与法律观念在司法领域的影响依然占据支配地位。南京国民政府时期，基本照搬德国、日本立法体例和内容，尽管条文貌似先进，但与当时的中国社会实际状况相差甚远。"什么假释呀，什么缓刑呀，什么禁酒呀，禁烟呀，废娼呀，什么女子继承权呀，在法律的形式方面，好像是非常公正，不过实际如何呢？究竟能不能执行呢？立法的人是不管了。上海各法院里确定判决的案件，单就民事说，可以执行成功的竟不到半数……"③ 新中国建立以后，特别是 1979 年以来，我国已基本建立起社会主义市场经济的法律体系。全国人大及其常委会共制定了 300 多部法律和关于法律问题的决定，国务院制定颁布了 800 多件行政法规，地方人大及其常委会制定了 8000 多件地方性法规，而地方政府颁布的规章多达 2 万余件。④ 这样一种体系，一方面是适应市场经济建设的需要，

---

① 张乃根：《论西方法的精神——一个比较法的初步研究》，载《比较法研究》1996 年第 1 期。

② 对西方法律理想图景的批判，参见邓正来：《中国法学向何处去》，载《政法论坛》（中国政法大学学报）2005 年第 1、3、4 期。

③ 孙晓楼：《法律教育》，中国政法大学出版社 1997 年版，第 46 页。

④ 《北京晚报》2000 年 3 月 9 日第 2 版。

另一方面则是西方法律大量移植的结果。但制定法在实践中的有效性不能令人满意。以法院案件执行率为例，1990 年至 1997 年的 8 年间法院收案量几乎都在上升，1997 年比 1990 年增加 44.8%，达到 5288379 件，从一个方面说明自愿遵守国家法的行为有效率在下降。而制裁有效率更不容乐观，1992 年至 1997 年，法院受理的执行案件量每年呈大幅度上升趋势，从占结案量的约 1/4 上升至约 1/3，还有未申请执行的不履行判决的情况，有数据表明的对法院执行令的执行率也只为 80% 多一点。[①] 法制建设的预期远没有我们想象的那么好。

问题的症结在哪里？有学者认为，这是忽视法治“本土资源”的结果。其立论依据有三：一是认为“法律就是地方性知识；地方在此处不只是指空间、时间、阶级和各种问题，而且也指特色（accent），即把对所发生的事件的本地知识与对可能发生的事件的本地想象联系在一起”[②]，因为法律是一种地方性知识，所以没有普遍性或普适性；二是运用社会学家费孝通先生的“乡土社会”的学说，习惯法是维持社会秩序的主要依据，所以国家法往往无法渗透，那里拥有一套自发生成的制度，它是与现代化法制不同的另一种制度知识；三是运用波斯纳的“经济分析法学”的方法，认为超前移植西方法律或超前立法，可能会造成法律“产品”的积压，同时会导致法律实施的社会成本的增加，这些都是一种社会资源的浪费。[③] 因

① 参见郑永流：《法治四章》，第四章“中国法治与法的有效性”，中国政法大学出版社 2002 年版。该文分别从民间法、自然法和国家法的角度，利用数据和事例全面分析了法的有效性问题，并得出当代中国法在国家法、自然法和民间法三方面全面失效的结论。

② 吉尔茨：《地方性知识：事实与法律的比较透视》，载梁治平编：《法律的文化解释》，三联出版社 1998 年增订版，第 126 页。

③ 参见苏力：《法治及其本土资源》，中国政法大学出版社 1996 年版，第 3 ~ 22 页。邓正来先生认为，“本土资源论”在根本上是一种受“现代化范式”之“传统—现代”二元框架和“传统”向“现代”单一进步观支配的理论模式，也是一种试图以“有效”或“可行”来取代“善”和“正当”的理论模式，在根本上是一种否弃或拒绝任何有关理想图景之思考的唯物主义理论模式。他进而认为，“本土资源论”比“权利本位论”和“法条主义”走得更远，也更危险，因为它反对对任何有关法律的理想图景进行思考。在这里，邓正来对“本土资源论”的分析是十分犀利的，但正如其言，他采取的是一种“知识—法学”的反思或批判的内部分析路径，故据此否定从法学外部来认识中国法学发展进程的合理性就值得商榷，甚至得出“本土资源论”是否定中国法律理想图景的结论就过于武断。

此，法律移植是没有必要的，也是不可能成功的。[①] 但事实上，国家法的实际效果不佳，并不必然意味着民间法具有实效。以乡规民约为例，至1998年，在全国约92.8万个村委会中，只有约18万个（不足20%）制定有比较规范的村民自治章程，乡规民约尚不能独立支撑起村庄自治权。特别是乡村中原有的乡绅、社会贤达、宗教等民间权力资源大量消失，使乡规民约失去了民间依赖。[②] 再如家法族规，随着宗族关系急速的消解及其带来的宗主或长者权威的失落，一方面瓦解了家法族规的基础，使之失去了有效实施所必需的权力依托，直接强制性被大为削弱；另一方面导致了家法族规数量的急剧减少，其原有的一些功能，如规范一般民事行为和公益事业，部分为乡规民约替代或部分为国家法所替代。无论人们对其前途作出什么样的预测，即一为不可阻挡地自然消亡，二为在自身现代化中再生。[③]

"我们的现代法律制度包括宪法、行政法、民法、诉讼法等许多门类，它们被设计出来调整社会生活的各个领域，为构建现代社会奠定基础，同时它们也代表了一种精神价值、一种在久远的历史中逐渐形成的传统。问题在于，这恰好不是我们的传统。这里不但没有融入我们的历史，我们的经验，反倒常常与我们固有的文化价值相悖。于是，当我们最后不得不接受这套法律制度，立即就陷入到无可解说的精神困境里面。一种在本质上是西方文化产物的原则、制度……又怎么能够激发我们乐于为之献身的信仰与激情？我们并不是渐渐失去了对于法律的信任，而是一开始就不能信任法律。"[④]

---

① 在文化与法律移植的关系问题上，存在文化进化论与文化传播论、法律自治论与法律镜像论及法律实效论与法律符号论之争。高鸿钧先生则认为，在初民社会，文化与法律融为一体，法律不可移植；在国家产生之后，政治因素开始影响法律移植，但是文化的作用不可低估；在民族国家阶段，政治因素对法律的影响开始强化，而文化对法律移植的影响渐趋减弱；至全球化时代，文化对法律移植的影响进一步弱化。参见高鸿钧：《文化与法律移植：理论之争与范式重构》，载《环球法律评论》2008年第5期。

② 参见郑永流：《法治四章》"第四章　中国法治与法的有效性"，中国政法大学出版社2002年版。

③ 参见郑永流：《法治四章》"第四章　中国法治与法的有效性"，中国政法大学出版社2002年版。

④ 哈罗德·伯尔曼：《法律与宗教》"译者序言"，梁治平译，三联书店1991年版。

问题似乎归结到中国人自古以来就缺乏法律信仰的问题上来，“法律必须被信仰，否则它将形同虚设。它不仅包含有人的理性和意志，而且还包含了他的情感，他的直觉和献身，以及他的信仰”[①]。什么是法律信仰？法律信仰是社会主体对社会法的现象的一种特殊的主观把握方式，是社会主体在对社会法的现象的认识基础上的油然而生的一种神圣体验，是对法的一种心悦诚服的认同感和依归感，是人们对法的理性、感情和意志等各种心理因素的有机的综合体，是法的理性和激情的升华，是主体关于法的主观心理状况的上乘境界。近代以来中国法制建设从传统的人治型向现代的法治型的转变过程，实际上是法制现代化的过程，其实质是社会法制系统实现由传统向现代的历史转换，其价值理想是建构与现代市场经济相适应的法律结构模式和运行模式，实现社会法律文化整体系统的模式创新，进而实现社会法治的价值目标。法制现代化是一个整体性和综合性的范畴，是一个庞大的社会系统工程。一般认为，它涵盖四个层面的内容，即法律观念或精神的现代化、法律规范—制度体系的现代化、法律物质设施和技术条件的现代化及法律与社会宏观系统的协调整合机制的现代化。法律精神的现代化包含法律知识、法律感情、法律意志等多方面的内容，而法律信仰作为法律知识、情感和意志的综合体无疑在法律观念体系中占据着特殊重要的地位，因而构成法制现代化的一个重要内容。没有法律精神的现代化，没有广大人民群众对法律的信仰，不可能有法制的现代化。但是，一个社会对法律的普遍信仰是建立在该社会经济、政治和社会文化观念基础之上的，其中特别重要的是法律信仰是商品经济的自然逻辑。任何一种社会生产方式的内部都蕴涵着其特有的个人与社会关系的结构模式，这种由社会生产方式或经济形态所内蕴的个人与社会关系的模式及其对社会主体行为的应然要求构成了该种经济形态条件下社会秩序和法律秩序的理想状态，它就是该社会的法的内部结构。法律信仰的核心内容就是对这种由社会经济结构所内蕴的社会结构和秩序的追求和向往。

我们又回到法律的现实基础上来，市民社会的缺失是当代中国法律不被信仰、法失效的真正的原因。法律是国家与社会分离的产

---

① 哈罗德·伯尔曼：《法律与宗教》，梁治平译，三联书店 1991 年版，第 28 页。

物。国家原本包含在社会之中，二者是同一的，随着历史的发展，国家逐渐脱离社会而独立出来，成为一种与社会相殊化的独特力量。“国家是社会在一定发展阶段上的产物；国家是表示；这个社会陷入了不可解决的自我矛盾，分裂为不可调和的对立面而又武力摆脱这些对立面，而为了使这些对立面，这些经济利益互相冲突的阶级，不致在无谓的斗争中把自己和社会消灭，就需要有一种表面上驾驭社会之上的力量，这种力量应当缓和冲突，把冲突保持在‘秩序’的范围以内；这种从社会中产生但又自居于社会之上并且日益同社会脱离的力量，就是国家。”① 国家干预和约束各种利益的重要途径和手段就是制定和执行法律，并借助法律的形式，建立起一种法律秩序，使其对社会的控制和管理合法化。而近代以来，西方法律是建立在市民社会与政治国家的矛盾运动基础上的。市民社会的形成有一个历史的“蛹化”过程，在前资本主义时期，市民社会与政治国家之间具有高度的同一性，二者之间没有明确的界限，政治国家就是市民社会。近代世界以来，随着商业、财产、劳动方式及同业公会等市民社会构成要素日益获得独立存在和发展的意义，市民社会开始同政治国家相分离。市民社会逐渐被赋予了不受国家或政府控制的民间的自我组织、自主的领域的意义。“市民社会的精髓，是个人有自由去决定自己的身份，去创造自己的人生，毋须在专横的权力的恐惧中生活。”② 争取自治成为市民阶级的奋斗目标，而这种自治权的获得，或是君主或领主出于自身利益需要同意的，或是由双方协商获得。为避免双方无谓的牺牲，冲突的各方不得不选择一种妥协性方案。而这种妥协，对于近代西方法律的产生具有重要意义。“自由主义国家是建立在君主制官僚政治、贵族特权及中产阶级利益这三者之间的妥协之上的。”“统治者不得不放弃一些自由裁决的权力，而贵族和第三等级则需要放弃某些摆脱政府的独立性。正是通过这种相互的调和让步，法律秩序才得以出现。”“法治就像生命保险和自由主义本身一样，只是在恶劣环境中做出最佳选择的尝试。”③ “市民社会之所以天然地产生法律和法治的强烈诉求，在于

① 《马克思恩格斯全集》第 21 卷，第 194 页。

② Gellner:《自由的条件：市民社会及其对手》，转引自陈弘毅：《法理学的世界》，中国政法大学出版社 2003 年版，第 247 页。

③ 昂格尔：《现代社会中的法律》，中国政法大学出版社 1994 年版，第 67 页。

市民社会作为普通民众的私人利益和市民共同利益的结合体，作为所有权、自由和平等‘三位一体’的共同体，各个不同的利益主体在市民社会的市场交换过程中，在市民社会成员利益博弈和竞争过程中，内生本能地要求形成稳定明确的市场交换和利益实现的行为规则和权利保障体系”，“事实上，市民社会的自由和自治，就是社会成员能够在法律的庇护下，拥有最大限度的自由发展空间和自治领域。法治作为普通民众和自由的实现方式，其基本要义首先在于一切国家公权力的行使只能以法律为圭臬，而不能随意干预和侵入个人的私生活空间和市民社会的内部事务”。[①]

反观中国社会，传统中是没有市民社会的。墨子刻认为，西方市民社会概念的核心是一种“市民性”，市民性是多元素的复合体，包括社会成员之间（即是陌生人之间）有一定程度的互信；要求政府向人民负责；接受三种市场——政治的市场（即多元政治）、知识的市场（如多元价值观）和经济市场；大家愿意在遵守同一套游戏规则的前提下各自追求自己的目标。他尤其指出，西方市民社会概念基于一个“自下而上”的观点，即并非完美的、可能犯错的市民自我组织起来去监督一个常会犯错的国家。他还认为市民社会的思想蕴涵一种对人性的悲观认识，即人是易犯错的，没有人能结合知识、道德与政治权力于一身，所以社会秩序应保障上述三种市场的自由，使其不受自以为是的统治者的侵犯。墨子刻指出，中国思想传统的观点是“从上而下”的和对人性和社会乐观的。中国人相信的是“圣君贤相”、“内圣外王”，不是市井之徒自己组织起来去监察常会犯错的政府，而是应由知识和道德的精英（士大夫、读书人或代表社会的良心的现代知识分子）去领导一个可臻完美的国家。中国传统思想认为公众的利益是可客观地掌握的。这些精英便能明白它，并教育和领导人们迈向理想的社会（“大同”的理想），因此，毋须限制国家的权力。[②] 有的学者甚至认为，中国传统中没有市民社会，而“要使自由主义在中国生根，我们就不得不把中国传统

---

① 秦国荣：《市民社会与法的内在逻辑》，社会科学文献出版社 2006 年版，第 15 页。

② 参见 Metzger：《中国历史语境中的西方市民社会概念》，转引自陈弘毅：《法理学的世界》，中国政法大学出版社 2003 年版，第 270 ~ 271 页。

的组织社会的基本原则连根拔起"①。

19世纪中期以来，在近代的工商业和租界文化的发展和近代社会变革的推动下，类似于西方市民社会的景象从传统社会中涌现出来。经济和社会的变迁孕育出如经营近代工商业的商人、从事自由职业的知识分子及新兴的工人阶级这样的新的社会阶级或阶层，甚至在20世纪初发展到了历史性的高峰。但即使在高峰时期，他们从来未获得市民社会在西方享有的自由和权利的法制性保障。改革开放之前的中国内地，市民社会根本不可能存在。1978年以后，曾经有过的市民社会影子开始重新出现，这主要来源于市场的动力。"经济条件归根到底还是具有决定意义的，它构成一条贯穿于全部发展进程并唯一能使我们理解这个发展进程的红线。"② 市场经济的发展会带来社会形态的改变，包括社会的分殊化和利益的多元化，并导致在国家和市民社会的平衡中市民社会取得更大的力量，市民社会的空间增加。

中国为什么要进行市场化改革，建立社会主义市场经济？马克思的三大社会形态理论为此提供了理论依据。马克思认为，历史过程不仅是多样的，而且是统一的。这种统一从大的方面来讲，就是任何社会都必然要经过三大阶段，或三大社会形态，即以自然经济为基础的第一大社会形态（前资本主义社会）、以商品经济为基础的第二大社会形态（资本主义社会和社会主义社会）及以产品经济为基础的第三大社会形态（共产主义社会）。"人的依赖关系（起初完全是自然发生的），是最初的社会形态，在这种形态下，人的生产能力只是在狭窄的范围内和孤立的地点上发展着。以物的依赖性为基础的人的独立性，是第二大形态，在这种形态下，才形成普遍的社会物质交换，全面的关系，多方面的需求以及全面的能力的体系。建立在个人全面发展和他们共同的社会生产能力成为他们的社会财富这一基础的自由个性，是第三个阶段。第二阶段为第三阶段创造条件。"③ 因此，从自然经济为基础的前资本主义社会向以商品经济为基础的社会主义社会过渡是历史发展的必然，而市场经济的建立为中国市民社会的产生孕育了可能，也是中国法制变革及其现代化

---

① 石元康：《从中国文化到现代性：典范转移?》，转引自陈弘毅：《法理学的世界》，中国政法大学出版社2003年版，第271页。

② 《马克思恩格斯全集》第39卷，第199页。

③ 《马克思恩格斯全集》第46卷（上），第104页。

过程中最为持久和强大的力量。

但由于中国长期以来就不是内生型的市场经济，而是外生型的市场经济，市场经济是在政府主导下推进的，政府的作用显得格外重要。“外生的现代化，特别是发生在欠发达国家的晚近的现代化，现代生产力要素和现代化的文化要素都是从外部移植或引进来的，市场发育不成熟，在经济生活中未形成自动运转机制，政治权力即中央国家作为一种超经济的组织力量，就在现代化过程中一度或长期发挥巨大的控制与管理作用。”[①] 因此，对于中国市民社会的建立来说，也只能是国家的由上而下的作用和社会的由下而上的作用的结合。第一阶段是市民社会的“形成阶段”，国家逐渐撤除其不应干涉的经济和社会领域，社会成员运用其自由空间建设市民社会。第二阶段是市民社会的“成熟阶段”，这是中国市民社会从私域向公域的扩张，它影响和参与国家的决策。[②] 在法制现代化过程中，我们同样不能忽视政府的主导作用。国家和政府作为上层建筑的重要组成部分，对于法律的发展起着重要的影响和制约作用，对于从传统型法制向现代型法制进行历史性改变的国家来说，国家和政府的作用更是不可或缺的。西方近代理性法律的建立，与专制主义国家的推动是分不开的。与此相比，东方国家与政府在法律转型及变革进程中的作用更为明显。在东方社会，拥有强有力的政府系统，是那些原先不发达国家迅速实现社会及法制现代化的有力保证。尽管在法制现代化过程中，东方国家和政府的功能性影响有所不同，一种是建立强有力的官僚体制和国家机器，另一种是根据变革目标的需要，建立法律机构，编纂成文法典，再有一种是动员和组织社会资源参与法律起草过程。[③] 但国家和政府作用的强大动力，来源于占主导地位的领导集团的价值态度、信仰与行动方式，归根到底来源于建立和市场经济相配套的法律体系的需要。因此，在中国法制现代化的历程上表现出和西方国家不同的特点：西方法制现代化的主要特征是从罗马私法到公法的演进，而中国的法制现代化走的将是从公法到私法的道路；西方民法典产生在前，经济法诞生在后，西方法制

---

① 罗荣渠：《论现代化的世界进程》，载《中国社会科学》1990 年第 5 期。

② 参见邓正来、景跃进：《建构中国的市民社会》，载邓正来：《国家与社会：中国市民社会研究》，四川人民出版社 1997 年版。

③ 参见公丕祥：《法制现代化的理论逻辑》，中国政法大学出版社 1999 年版，第 222～227 页。

现代化走的是从民法到经济法的演进道路，反观中国法制现代化道路，走的是从经济法到民法的演进道路。①

第三节　从法律诠释的角度看中国法律现代化
——以中国刑法学为例

进入新千年以来，刑法学知识体系的变革十分迫切地摆在刑法学者面前。这一方面是因为中国刑法学经过几十年的发展，其内在逻辑体系面临前所未有的紧张和冲突。特别是上世纪 90 年代以后，以苏联刑法学知识体系为背景建构起来的中国刑法学，遇到了德日刑法知识谱系的强烈冲击。在固有的知识体系中，刑法学中似乎已经到了研究的终点，该研究的似乎都已研究，而当通向世界的大门打开以后，刑法学好像又刚刚起步，和外国刑法学对话才刚刚开始，一切又都是空白，我们又仿佛站在研究的起点。一时间，刑法学研究中充斥了用德日刑法学理论来诠释以苏联刑法学体系为模式建立的中国刑法学知识体系的混乱现象，似乎用德日为代表的大陆法系刑法理论诠释现有刑法知识体系是中国刑法学的唯一出路。一批有识之士开始觉醒，李海东博士反思，“我们的刑法理论研究是不是总体上存在着某种根本性偏差，才会出现这种刚刚起步就已经到达了理论终点的感觉”，并断言，现有的刑法知识体系是以本身尚处于摸索阶段、完全不成熟的 20 世纪 30 年代苏联刑法理论为基础的，是一种维辛斯基式的刑法理论，这个理论的观念、基础、方式和结构已经不是我们今天所要研究的刑法学了。② 陈兴良先生则指出，“我国目前的刑法知识，除历史传统的某些影响以外，基本上是外来的。各个不同的时期分别吸收不同的外来刑法知识，例如最初是苏联的刑法知识，后来是德日的刑法知识，晚近是英美的刑法知识。这些

① 有学者主张以互动平衡精神和渐进主义策略推进转型中国的法治秩序，具体来讲：一是促进国家权力与多元社会权利的适度平衡；二是立足社会承受力，推进权利与权利、权利与义务的平衡；三是保持法律制度与多元规则的适度并存。参见马长山：《法治的平衡取向与渐进主义法治道路》，载《法学研究》2008 年第 4 期。

② 参见李海东：《刑法原理入门（犯罪论基础）》，法律出版社 1998 年版，第 2～3 页。

刑法知识互相之间存在着思想理念上的冲突与逻辑进路上的矛盾，在我国刑法学体系中未能融为一体”，并进而主张，对我国刑法学知识体系作一次系统清理。[①]

另一方面，刑法学也受到了来自法理学的指责和批评。2003年1月23日，最高人民法院发布了《关于行为人不明知是不满14周岁的幼女，双方自愿发生性关系是否构成强奸罪问题的批复》，其中规定：“行为人明知是不满14周岁的幼女而与其发生性关系，不论幼女是否自愿，均应依照刑法第236条第2款的规定，以强奸罪定罪处罚；行为人确实不知对方是不满14周岁的幼女，双方自愿发生性关系，未造成严重后果，情节显著轻微的，不认为是犯罪。”这一在刑法学界看来是充分体现刑罚适用主客观相统一原则、彰显刑法之理性的司法解释，却偏偏受到了来自法理学界苏力先生的指责。苏力在《法学》月刊上发表题为《司法解释、公共政策和最高法院——从最高法院有关“奸淫幼女”的司法解释切入》的文章中指出，这一司法解释是错误的：“它违背法理，违背了保护14岁以下少女这一相对弱势群体的基本公共政策；从实践上看，这一解释事实上有可能带来不可欲的社会后果，有利于某些特殊群体的犯罪非法行为；考虑到《中华人民共和国宪法》、《青少年保护法》以及国家机关的分权惯例和制度权能，这一解释有越权违法的嫌疑”，“我的结论是，这种错误主要来自一方面对部门法操作理论的过度信任和缺少学术的多样性，另一方面则来自对社会真实世界的不理解甚至是有意的忽视；而这背后，则反映出最高人民法院对自身作为最高上诉法院的功能定位模糊和专业知识装备不足”。[②] 一石激起千层浪，苏力的指责在刑法学界引起轩然大波。2003年9月1日，中国人民大学刑事法律科学研究中心主办了“最高人民法院有关‘奸淫幼女罪’司法解释专题研讨会”，高铭喧、王作富等刑法学界元老，陈兴良、张明楷、赵秉志等中青年刑法学者，共计80余人与会，可谓声势浩大。他们针对苏力的指责进行了辩护，其核心观点是：主客观相统一的原则应当在奸淫幼女犯罪的认定中得到一体遵循，奸淫幼女犯罪应以“明知”为要件；我国刑法有关规定已体现了对幼女的特殊保护，《批复》未放纵犯罪；最高人民法院的司法解释符合

① 参见陈兴良：《本体刑法学》，商务印书馆2001年版，第929～930页。

② 苏力：《司法解释、公共政策和最高法院——从最高法院有关“奸淫幼女”的司法解释切入》，载《法学》2003年第8期。

中国国情，并无越权违法；在强调刑法保护机能的同时，同样应强调保障被告人、犯罪嫌疑人的合法权益。①

苏力先生对“奸淫幼女”司法解释的批判是站在社会科学的立场，是从刑法学的外部，对刑法学知识体系进行的批判。苏力先生指出：“是的，我国刑法中的原则之一就是主客观的统一，反对简单的‘客观归罪’，因此我们首先必须高度遵循这些基本原则，但是原则应当永远成为研究问题的出发点?”“作为科学思维来说，任何原则不应当成为研究问题的出发点，而应当是研究的结论”，“犯罪构成理论还不是一个科学的理论，尽管是一个很实用的理论”，“尤其不能将之作为在涉及公共政策问题时决策的基础”。② 而刑法学界的反驳却仍然是在刑法学体系的内部，所谓强调主客观相统一的原则，强调刑法的保障机能等，都是在维护刑法自身理性体系完整性前提下所进行的辩护。因此，二者的交锋不是在一个层面上展开。刑法学界声势浩大开展的对苏力先生一人的反驳，反倒显示出刑法学知识体系自身的危机。面对危机，反思显得尤为重要。“这个法律共同体发出的这种声音是如此的一致，对主流犯罪构成理论显示了如此的自信，如此的确定，令人反思。”③“为什么 20 多年来，刑法学界没有从内部爆发过如此大的论争？为什么 20 多年来，刑法学界更无人享受到如此批判的殊荣？进一步说，在刑法学界一派平和景象的背后，是不是隐含着某些令刑法学界理论窒息的因素？在我们责难苏力教授违反刑法学‘常识’的另一面，我们的刑法‘常识’本身是否值得反思”。④

处于知识危机中的中国刑法学又该何去何从?

一、关于中国刑法学走向的两种观点冲突

面对中国刑法学知识体系面临的困境和冲突，刑法学界展开了针锋相对的两种观点的较量。以陈兴良教授为代表的激进派主张中

---

① 中国人民大学刑事法律科学研究中心：《主客观相统一原则岂能动摇》，载《法学》2003 年第 10 期。

② 苏力：《司法解释、公共政策和最高法院——从最高法院有关“奸淫幼女”的司法解释切入》，载《法学》2003 年第 8 期。

③ 苏力：《司法解释、公共政策和最高法院——从最高法院有关“奸淫幼女”的司法解释切入》，载《法学》2003 年第 8 期。

④ 邱兴隆：《一个半公正的司法解释》，载《法学研究》2004 年第 6 期。

国刑法学知识体系的去苏俄化，将社会危害性概念驱逐出去，直接移植德日的犯罪论体系。而保守派则主张改造社会危害性概念，对现有犯罪论体系进行改良，而不必进行重构。

（一）激进派

陈兴良教授认为，我国目前的刑法学知识体系中，苏联刑法学知识体系与德日刑法学知识体系存在一种消涨趋势：苏联刑法学的影响日益萎缩，德日刑法学知识的影响逐日隆盛。但是，在刑法知识的基本构造上还是受制于苏联刑法学，这主要是指犯罪构成理论，从而造成了苏联刑法学与德日刑法学之间的知识冲突。过去20年来，虽然对犯罪构成理论的探讨没有中断，但成效甚微，究其原委在于没有找到正确的知识进路。中国刑法学变革的方向应是按照大陆法系刑法学的思维模式重新建构刑法的规范学体系。① 实际上，仔细考察陈兴良教授去苏俄化主张，他是从刑法学知识体系中清除社会危害性概念开始，再到完整提出移植德日犯罪论体系主张的。

2000年，陈兴良教授发表了《社会危害性理论——一个反思性检讨》一文，旗帜鲜明地提出要将社会危害性的概念驱逐出注释刑法学领域。他说，如果说我国刑法理论中要确定一个关键词，那么这个关键词非“社会危害性”莫属。苏联建立的社会主义刑法学体系是“社会危害中心论”的刑法学体系，我国刑法学承袭了苏联的社会危害性中心论，可以把我国刑法理论称为社会危害理论。社会危害理论所体现的价值理念与罪刑法定主义所倡导的形式的价值理念之间存在基本立场的冲突。当二者发生冲突时，应如何处理？陈兴良教授认为，我们应当选择形式合理性，而不是实质合理性。在认定犯罪时，刑事违法性是根本标准，社会危害性离开了刑事违法性就不能成为犯罪的特征。在当前法治国家的建设中，之所以将形式合理性置于首要的位置，是因为以刑事违法性作为认定犯罪的根本标志的形式合理性体现了刑事法治的要求，体现了人权保障的要求，体现了一般公正的要求。②

2006年，陈兴良教授又发表了《社会危害性理论——进一步的批判性清理》一文，将对社会危害性概念的清除，看做是我国刑法

① 陈兴良：《转型与变革：刑法学的一种知识论考察》，载《华东政法学院学报》2006年第3期。

② 陈兴良：《社会危害性理论——一个反思性检讨》，载《法学研究》2000年第1期。

知识去苏俄化的一个重要切入点，认为唯有如此，我国刑法学才有可能期许一个美好的未来。该文承续了形式理性和实质理性的区分标准，坚持认为，罪刑法定主义本身具有形式主义的特征，是建立在形式合理性基础之上的，必然以牺牲一定的实质合理性为代价。我们只能在形式范围内获得实质合理性，而不能超越形式去追求实质合理性。在形式合理性与实质合理性发生冲突时，应以形式合理性优先，只有在有利于被告的原则下，才能优先考虑实质合理性，这是罪刑法定主义的应有之义。不仅如此，陈兴良教授对社会危害性的批判，还延伸到犯罪构成理论。在苏联的刑法体系中，犯罪概念和犯罪构成的关系是抽象和具体的关系，犯罪概念是对犯罪本质的抽象概括，犯罪构成是犯罪概念的具体化。由于犯罪的本质是社会危害性，因而犯罪构成也是围绕社会危害性而展开的。犯罪构成是社会危害性的构成，社会危害性并非犯罪构成的一个独立要件，而是犯罪构成所反映的一种共同特征。在这种情况下，社会危害性作为一种实质判断，就成为犯罪构成之外的一种超规范的要素，由此形成了对行为的社会危害性和犯罪构成的双重判断标准，其结果是犯罪构成形式化，即具备犯罪构成尚不一定构成犯罪，另需进行社会危害性的实质判断，而这将彻底破坏罪刑法定原则，对国家法治起反作用，潜藏着侵犯人权的危险。解决的途径，不是要消解对犯罪的实质判断，而是将实质判断纳入犯罪构成体系，并使实质判断受到形式判断的限制。这就进一步涉及犯罪构成理论的改造问题，在陈兴良教授看来，出路只有移植德日犯罪论体系，在这种体系中，实质判断作为犯罪构成的一个独立要件——违法性，包含在犯罪构成中。又基于该犯罪论体系形式判断先于实质判断，使实质判断只有出罪功能而不可能具有独立于法律形式之外的入罪功能，罪刑法定原则得以维护，潜藏的侵犯人权的危险才能化解。①

对犯罪论体系的关注，则将研究的视野进一步扩展到了刑法方法论的研究上，因为唯有刑法方法论的考察和革新，才有可能促进刑法学研究范式的根本转变，中国刑法学知识体系才可能最终克服危机。在这里，陈兴良教授对法学方法论在规范法学范围内的存在进行了严格的界定，并力挺刑法教义学方法论。在教义学方法论的

① 陈兴良：《社会危害性理论：进一步的批判性清理》，载《中国法学》2006年第4期。

指导下，经过对犯罪构成要件思想的梳理，他得出了德日构成要件该当性、违法性和有责性的递进式犯罪构成理论解决得最好且最合乎逻辑的就是犯罪构成要件之间的位阶关系的结论，而这和我国犯罪构成要件之间根本就不在位阶关系形成了鲜明的对照。① 在大陆法系构成要件的判断中有一个严格的顺序问题，它的实质违法判断是以形式违法判断为前提的，只有经过形式违法判断这一前提，才能作出实质违法判断。如果经过形式违法判断其不具有违法性，则不需要进入实质违法判断。即使具有构成要件该当性，是否构成犯罪还要进行实质违法判断。因此，递进式的犯罪构成是一个不断出罪的过程，和我国平面的犯罪构成中社会危害性把出罪和入罪混淆起来，在保障个人权利上产生重大差异。因此，他再次主张要在规范刑法学范围内排除社会危害性，直接引入大陆法系三段论的体系。②

（二）保守派

“社会危害性”这一中国刑法学的核心范畴，是否真的走到了时代的尽头，应该放弃？德日犯罪论体系中是否就不包含社会危害性概念，它和德日犯罪论中的违法性又是何种关系？陈兴良教授摈弃社会危害性的主张受到了保守派的强烈反对。

刘艳红博士在《社会危害性理论之辩证》一文中回应说，只有在司法活动领域，才会产生社会危害性是否通过其对犯罪本质的揭示而突破罪刑法定原则问题。在罪刑法定原则下，对刑法分则划定犯罪圈以外的行为，因为有严格的分则体系和罪名规定，即使社会危害性再严重，也不能按犯罪处理。而在犯罪圈内，社会危害性正是通过刑法解释的功能实现罪刑法定原则。她的结论是，无论是从逻辑体系，还是法概念体系，或是从主体价值变易性来看，我国犯罪概念中社会危害性的规定都是合理的，而且和罪刑法定原则并无矛盾。③

社会危害性是对犯罪的实质评价，德日犯罪论体系中，难道就不存在对犯罪的实质评价？陈忠林教授就认为，在大陆法系的刑法理论中，“违法性”所代表的“法益侵害性”和我国刑法中的“社

---

① 陈兴良：《刑法教义学方法论》，载陈兴良主编：《刑法方法论研究》，清华大学出版社 2006 版。

② 参见陈兴良教授在“违法性认识研讨会”上的发言，载陈忠林主编：《违法性认识》，北京大学出版社 2006 年版，第 33～35 页。

③ 参见刘艳红：《社会危害性理论之辨正》，载《中国法学》2002 年第 2 期。

会危害性”意思是一致的。“违法性”区分为“形式违法性”和“实质违法性”，“实质违法性”就是对犯罪的实质评价。应该将“违法性”的实质理解为对法律所保护的利益的侵害，只有用这个实质标准来补充、完善“违法性”的内容，才能防止仅以形式的标准认定“违法性”可能出现的问题。我国刑法理论中的“社会危害性”，完全可以发挥大陆法系刑法理论中的“违法性”概念在犯罪论体系中的全部作用。引进大陆法系刑法理论中的“违法性”理论所引起的问题，不仅是重复，是叠床架屋，更主要的是，在我们没有消化理解这种理论之前，这种引进只会给我们的理论带来混乱，给我们的实践带来迷茫。①

近年来随着对社会危害性理论研究的深入，社会危害性概念所特有的的主观性、模糊性的缺陷日益暴露，一些学者提出借鉴德日刑法学中的违法判断的“二元论”，即将结果无价值论和行为无价值论结合起来，考虑行为是否违法来重塑我国的社会危害性理论。用德日刑法理论解释和改造中国刑法学中“社会危害性”概念是否可行？黎宏教授对此进行了批评，他指出德日的结果无价值和行为无价值折中的“二元论”，无论从其自身的内在逻辑、适用标准，还是从理论根据来看，都存在严重缺陷，难以为我国社会危害理论的重构提供一条新的路径。“二元论”主张首先以“侵害或者威胁法益”的标准划定违法性的范围，然后根据“社会伦理规范”即“社会所一般公认的道德标准”将其进一步缩小，这似乎更能起到保障人权的作用。但事实上，在行为无价值和结果无价值发生冲突时，自觉或不自觉地偏向了行为无价值的一方，而将结果无价值作为一个点缀。不仅如此，“二元论”认为，行为是否违法，除了考虑该行为是不是侵害或者威胁到法益以外，还要考虑到该行为是不是偏离了“社会相当性”，但是什么是社会相当性，什么样的行为具有社会相当性，相当地抽象、多义，其定位和内容都不是很明确，隐藏着深刻的内部冲突和难以操作之处，其理论根据也相当地软弱，绝对不是体现罪刑法定原则的宗旨和保障公民权利和自由的最佳手段。②

针对刑法学界几乎一边倒的移植德日犯罪论体系的主张，黎宏教授提出了我国犯罪构成体系不必重构的主张。他首先提醒我们，

---

① 参见陈忠林教授在“违法性认识研讨会”上的发言，载陈忠林主编：《违法性认识》，北京大学出版社 2006 年版，第 5～15 页。

② 参见黎宏：《行为无价值论批判》，载《中国法学》2006 年第 2 期。

德日的犯罪论体系并非尽善尽美，它也存在诸多问题：一是体系上前后矛盾。构成要件符合性是犯罪判断过程的起点，是推定行为是否违法、是否有责的事实依据，但这一推定机能在正当防卫、紧急避险等场合却失灵了，因为上述行为被看做是排除违法性的行为。同时，说符合构成要件的行为是违法、有责的行为，在违法和有责这样价值判断问题上，有先入为主的倾向。二是现状和初衷背离。阶层递进的犯罪论体系将构成要件符合性的形式判断置于违法性、有责性的实质判断之前，旨在体现罪刑法定主义的原则。但是，犯罪构成要件理论的发展将构成要件视为违法、责任类型，这就意味着构成要件的判断就不仅仅是事实判断，而且也是一种包含有实质内容的价值判断。三是有唯体系论的倾向，偏离了现实的司法实践。在批评德日犯罪论体系基础上，他提出我国现有的犯罪构成体系存在一些问题，但是，这些问题并未对现有的犯罪构成体系形成致命威胁，完全可以通过改良或者重新理解来加以解决。在他看来，平面的犯罪构成体系存在逻辑层次上未能体现客观主义刑法观和犯罪概念唯一两方面的缺陷，改良途径是在现有犯罪构成体系上，贯彻客观优先的阶层递进理念，并树立不同意义的犯罪概念。[①]

二、刑法学是一个逻辑上自给自足的知识体系吗？

无论是激进派还是保守派在引进德日犯罪论知识体系还是改良我国现有刑法学知识体系，有一点却是共同的，即都是在固守刑法学自身知识体系逻辑完整性前提下具体主张上发生的分歧。陈兴良教授曾援引大冢仁教授关于评价犯罪论的两个特征，即逻辑性和实用性，论证我国犯罪论恰恰在逻辑上存在构成要件之间位阶关系的缺失和在实用性上存在有罪判断优于无罪判断的缺陷，并进一步提出刑法学类型，尤其是犯罪构成模式的选择，实际上是一种思维方式的选择，得出只有选择了精确的思维方式，才能有精确的刑法学的结论。[②] 但问题是，刑法学是一个逻辑上自给自足的知识体系吗？刑法学是否可以脱离生活世界而按自身逻辑发展？思维方式是不是我们可以选择的呢？

---

① 参见黎宏：《我国犯罪构成体系不必重构》，载《法学研究》2006 年第 1 期。

② 参见陈兴良：《转型与变革：刑法学的一种知识论考察》，载《华东政法学院学报》2006 年第 3 期。

迷恋法自身逻辑的完满性，是倡导理性的自由主义法学的共同特征。无论是自然法学派还是实证主义法学派，尽管在法律和道德是否分离的问题上不一致，但对理性的崇拜，并在理性的指示下构筑法之体系的思想却是高度一致的。“近代自然法完全沉浸于唯理论的科学理解之中。在此，理性不仅是正确的法之认识工具，也是其源泉。理性，人的理性！赋予人以自然律法。不存在所谓逻各斯，自在存在的观念，永恒法，没有经院哲学中的所谓预设真理，人完全是受自身的认识能力引导。不再是权威和传统决定什么当是‘正确的法’，相反，仅应涉及什么在理性上是理智的，‘合乎理性的’。”[①] 陈兴良所著的《本体刑法学》就是理性思辨的刑法学，“本书阐述的是一种自在于法条、超然于法条的法理，它不以法条为本位而以法理为本位。法理的逻辑演绎取代了法条的规范诠释。由此，刑法法理获得了某种理论上的自足性。这个意义上的刑法学，就是本书之所谓本体刑法学”[②]。在这里，我们仿佛看到了自笛卡儿以来理性主义哲学传统在刑法学中的影像，更仿佛看到黑格尔思辨哲学攀登到了刑法学的顶峰，刑法理性在此被赋予了生命意义，其内在的逻辑性足以形成一个自足的封闭体系，循着其否定之否定的辩证逻辑，刑法理性体现其自身的生命意义。而另一方面，在法律实证主义看来，法律是一个封闭的体系，这个体系不利用其他学科中的任何东西作为它的前提。在这样一个合乎逻辑的内部一致的乌托邦中，实在法应该被制定出来并得到服从，司法判决就是从事先存在的前提中逻辑地演绎出来的。

过分迷恋逻辑完满性的刑法学研究，或刑法学的体系化带来的最大后果是刑法学最终将脱离社会现实生活。马克思在对近现代法哲学批判时指出，“国家和法是从个人的生活过程中产生的”，“市民社会是全部历史的真正发源地和舞台”，“市民社会是国家和法的基础以及任何其他的观念的上层建筑的基础”。马克思立足于“感性的活动”基础上的社会存在理论和唯物史观，揭示了生产劳动、生产方式、市民社会是历史的发源地和舞台，强调人们在自己生活的社会生产中发生一定的、必然的、不以他们的意志为转移的关系，即同他们的物质生产力的一定发展阶段相适合的生产关系，而这些

① ［德］阿图尔·考夫曼、温弗里德·哈斯默尔主编：《当代法哲学和法律理论导论》，郑永流译，法律出版社 2002 年版，第 78～79 页。

② 陈兴良：《本体刑法学》“题记”，商务印书馆 2003 年版。

生产关系的总和构成社会的经济结构或经济基础，社会的经济结构或经济基础决定法、法律和政治的上层建筑，前者是后者的“现实基础”，“物质生活的生产方式”制约着整个社会生活、政治生活、法权关系的过程，也制约着法权观念等精神生活的过程。同时，马克思站在人类社会或共产主义社会的高度揭示法的本质和发展，“社会的物质生产力发展到一定的阶段，便同它们一直在其中活动的现在生产关系或财产关系发生矛盾。于是这些关系便由生产力的发展形式变成生产力的桎梏。那时社会革命的时代就到来了。随着经济基础的变更，全部庞大的上层建筑也或慢或快地发生变更”①。

对于刑法学体系化带来的脱离社会生活的弊端，黎宏教授以日本刑法为例进行了深刻的揭示。本来，贝林格等建立阶层的犯罪论体系，目的是为了实现罪刑法定原则的宗旨，但这套体系在适用过程中却出现了两个意想不到的结果：一是为了体系而体系的唯体系论的倾向，二是为了维护体系而置刑法在现实的司法实践中的应用情况于不顾的情况。在体系论的影响下，德日的学者们沉溺于建构自己的新体系，为体系而体系，而对于需要放在体系当中的那些要件的本来意义却不闻不问，并且固执地认为，不符合体系的结论是错误的，不知不觉地游离于实体刑法的研究之外，逐渐偏离了刑法学研究的本来目的。因此，二战以后，德日刑法学的一个重要动向就是从“体系性思考”向“问题性思考”转变。这种观点认为，刑法理论探讨的目的，不应该是为了建立没有矛盾的犯罪论体系，而应该是为了解决具体问题。正是着眼于解决问题，日本学说开始接受共谋共同正犯的观念，关于不作为犯的研究，也放弃了纯粹从体系论、先验论的立场出发进行研究的做法，而是从分析具体的案例入手，从中寻找共性的规则，为司法解决问题提供指导。日本学者在犯罪论体系的构建上，也出现了尝试突破旧有的唯体系论，着手建立以解决问题为中心的犯罪论体系的做法，甚至于出现了类似于或干脆直接采用了我国平面的犯罪构成体系的做法。② 王世洲教授在分析德国刑法信条学时也指出，体系性的方法存在有可能忽略具体案件的公正性、有可能减少解决问题的可能性、不能把刑事政策作为合法的体系性指示、忽视和歪曲法律材料的不同结构等缺点。为

---

① 《马克思恩格斯全集》第 3 卷，第 81、83 页。

② 参见黎宏：《我国犯罪构成体系不必重构》，载《法学研究》2006 年第 1 期。

克服体系性方法的缺陷，人们在刑法信条学中开始尝试问题性研究方法。①

中国刑法学体系化之弊病在我看来已露端倪。以作为刑法学核心范畴的犯罪概念和“犯罪构成”理论为例，近年来，刑法学界要求将社会危害性特征驱逐出犯罪概念，以刑事违法性为出发点，将刑事违法性作为犯罪的唯一特征的呼声很高，理由是社会危害性是一个超规范的概念，它不具有实体性，并非刑法专属，更重要的是不符合罪刑法定原则形式合理性的基本要求。② 这个一向被我国刑法学视为融实质定义与形式定义为一体的科学犯罪概念，刹那间陷入泥潭旋涡，反对者群起攻之，维护者言之凿凿，孰是孰非？同样情形，我国传统的犯罪构成要件理论，将犯罪构成要素分为犯罪客体、犯罪客观方面、犯罪主体、犯罪主观方面，这样一种被称为“耦合式”的逻辑结构，表现为一种共存关系，即一有俱有、一无俱无③，受到刑法逻辑性的质疑，“这里的逻辑性是指犯罪构成要件本身设置的科学性和犯罪构成要件之间的位阶性”④。而大陆法系的犯罪构成体系，即构成要件该当性——违法性——有责性，则呈现出一种递进性，其犯罪构成要件之间存在严格的位阶关系，真正反映出定罪的司法逻辑，因而提出建立罪体——罪责——罪量三位一体的犯罪构成体系。⑤ 细细考察论者论证方式，不难发现基本是在刑法学内在逻辑体系内展开，用所谓刑法的逻辑或基本原则作为立论依据展开论证，用同一律、矛盾律作为辩驳的武器，而根本没有考虑刑法所建立的社会现实基础。正如有的刑法学者所指出的，形式的犯罪概念，是与资产阶级大革命之初建立形式的刑事法治的价值诉求相适应的，我国当前所建设的刑事法治国目标是否就是资产阶级大革命之初的法治国呢？在他看来，我国当前刑事法治建设的目标不应是单纯的形式的法治国，而应是形式的法治为主、实质的法治为辅的

---

① 参见王世洲：《关于刑法方法理论的思考》，载梁根林主编：《刑法方法论》，北京大学出版社2006年版，51～55页。

② 参见陈兴良：《社会危害性理论——一个反思性检讨》，载《法学研究》2000年第1期。

③ 参见陈兴良：《刑法哲学》（修订三版），中国政法大学出版社2003年版，第598页。

④ 陈兴良：《论犯罪构成要件的位阶关系》，载《法学》2005年第4期。

⑤ 参见陈兴良：《刑法教义学方法论》，载《法学研究》2005年第2期。

刑事法治国。[①] 同理，位阶关系的犯罪构成要件理论是以区分事实判断和价值判断为前提的，构成要件该当性仅仅是事实评价，不含价值判断内容，违法性则是对行为事实的规范评价，有责性则是对心理事实的规范评价。这样一种逻辑体系是和西方思想世界自柏拉图以来区分两个世界，即感性的世界和理性的世界，大有联系的。

梁漱溟先生在比较东西方文化时，就一针见血地指出，西洋生活是直觉运用理智的，而中国生活是理智运用直觉的。“我们觉察的西洋人近世理智的活动太盛太强：对自然是从我这里划开，而且加以剖析，把他分得很碎很碎，而计算操纵之，此一方面的生活，不是理智去做吗？人对人也是划界线而持算账的态度，成了机械的关系，这一方面的生活不又是理智去做吗？至于精神生活一面，也是理智压倒一切，宗教之倒，形而上学之倒，不是理智为之吗？知识方法之辟出，多数科学之成就，不是理智为之吗？”“中国人初不曾像西洋那样认清了‘我’，初不曾像西洋那样人与自然分离对待，初不曾像西洋那样人与人划清界限，更不像西洋有那样的知识（科学）发达成就而依之以为生活，其理智无甚作用是很明的……他那人与自然的浑融不是由直觉吗？其社会生活上人与人的尚情感而鲜计较，不是用直觉吗？其所依以为生活之一切学术莫非玄学化、艺术化，不都是用直觉吗？”[②] 不同的文化体系蕴涵着不同的思维方式，它构成了一个民族的思维传统，并作为一个民族的精神财富延续继承下来。生活在特定文化体系中的任何个体，其思维方式的形成或变化，天然地受着该种文化体系传统的制约，企图脱离民族文化传统而改变思维方式，是不可思议的事情。传统中国文化强调的是天人合一，事实和价值混为一体，而非西方文化传统用理智分析事物的思维方式，这样一种思维逻辑有着自身的历史性和逻辑性，不是我们直接照搬西方刑法理论可以改变现有思维方式的。即使学者可以改变，中国广大的农村地方法官会改变吗？因此，“犯罪构成体系的全面改革绝非一个简单的修正提法、借鉴技术性方法的问题，而是从根本上改变我们东方民族几千年所形成的思维方式的漫长过程——要求所有司法者在头脑中能自觉地将事实判断和价值判断分离开来，并

---

① 参见苏彩霞、刘志伟：《混合的犯罪概念之提倡》，载《法学》2006 年第 3 期。

② 梁漱溟：《东西文化及其哲学》，上海世纪出版集团 2006 年版，第 150 ~ 151 页。

按这种‘分离’的思路去认识犯罪。但改变民族的思维方式恐怕需要若干代人的巨大努力才能奏效；我们现在实实在在能做到的是——将目前的犯罪认识体系作一些局部的调整，使之能在我们传统的思维模式下较科学地运行”①。

三、沟通刑法学内在知识体系与外部生活的唯一桥梁——刑法诠释

在法哲学的历史上，存在着三种不同价值取向的法哲学。第一种价值取向是法哲学的神学取向。神学取向的法哲学研究，依赖的是人对上帝或神的权威坚定不移的确信，诉诸的是内心的灵感，而不是科学实证的经验和理性严密的诠释，神学具有高于一切的价值地位，法学只是神学的附庸。第二种价值取向是法哲学的科学取向。以价值法学和规范法学为代表的法学流派早期大体秉持的是科学取向的法哲学，强调根据行动中的法、活法等事实说话的社会法学派，其初衷是要通过社会实证建立一种“科学的法哲学”。但是，科学的研究和结论往往只有在认知对象确定、静止和封闭的前提下才是准确的，但我们生活的世界，从来就不是确定的、静止的和封闭的，科学取向的法哲学从来也没有因为所谓科学方法的应用建立起“科学”的法哲学，反而我们看到了更多“科学”背后人文精神的诉求。第三种价值取向是法哲学的诠释学取向，是应对法哲学的科学取向局限性的产物。相对于自然现象，人类的精神现象更具有不确定、动态和开放的特征，对精神现象的研究和把握，采取所谓科学的方法是不可能的，而只能采取开放和对话的诠释学态度。由此，我们看到当代法哲学实现着从以科学作为主要价值取向到以诠释为主要价值取向的转向。②

刑法学该如何实现向诠释学的转向，刑法教义学或刑法解释学的兴起③，开启了一扇窗户。

① 冯亚东：《理性主义与刑法模式》，中国政法大学出版社 1999 年版，第 182 页。

② 参见谢晖：《法律的意义追问——诠释学视野中的法哲学》，商务印书馆 2003 年版，第 2 ~ 10 页。

③ “刑法教义学”（Strafrechtsdogmatik），又译为“刑法信条学”。刑法解释问题日渐成为中国刑法学研究的热点问题，张明楷教授甚至认为狭义的刑法学仅指刑法解释学。没有刑法解释学就没有发达的刑法学。一个国家的刑法学如果落后，主要原因就在于没有解释好刑法。就适用刑法而言，刑法解释学比刑法哲学更为重要。参见张明楷：《刑法学》（第二版），法律出版社 2003 年版，第 1 ~ 2 页。

法教义学是采用实证方法，以实在法规范为研究客体，通过对法律语句的阐述，揭示出法律意蕴为使命的一种法律技术方法。法教义学“可以用来描述一种——以形成某些内容确定的概念，对原则作进一步的填补以及，指明个别或多数规范与这些基本概念及原则的关系为其主要任务的——活动。透过这种活动发现的语句，其之所以为‘教条’，因为它们也有法律所拥有的——在特定实证法之教义学范围内——不复可置疑的权威性”①。法教义学与刑法学何干？“刑法学可以分为不同的理论研究层次，既包括形而上的刑法哲学研究，又包括形而下的规范刑法学研究。在规范刑法学研究中，刑法教义学方法论之倡导十分必要。以往我们往往把规范刑法学等同于注释刑法学。实际上，规范刑法学在某种意义上更应当是刑法教义学”。② “刑法信条学是研究刑法领域中各种法律规定和各种学术观点的解释、体系化和进一步发展的学科”③，“刑法学的核心内容是刑法教义学，其基础和界限源自于刑法法规，致力于研究法规范的概念内容和结构，将法律素材编排成一个体系，并试图寻找概念构成和系统学的新的方法。作为法律和司法实践的桥梁的刑法教义学，在对司法实践进行批判性检验、比较和总结的基础上，对现行法律进行解释，以便利于法院适当地、逐渐翻新地适用刑法，从而达到在很大程度上实现法安全和法公正”④。在这里，刑法教义学方法论显然不仅包括刑法解释学方法论，它进而包括犯罪构成方法论、案件事实认定方法论、刑法论证方法论等。⑤

我国刑法学长期以来重视对法条的低层次立法解释，刑法学唯立法马首是瞻，建立在司法适用基础上发达的刑法解释学并没有建立起来。何为刑法解释？“刑法的解释就是在心中充满正义的前提下，目光不断地往返于刑法规范与生活事实的过程”。⑥ 从这个意义

① ［德］卡尔·拉伦茨：《法学方法论》，陈爱蛾译，商务印书馆2003年版，第107～108页。

② 陈兴良：《刑法教义学方法论》，载《法学研究》2005年第2期。

③ ［德］克劳斯·罗克辛：《德国刑法学总论》（第1卷），王世洲译，法律出版社2005年版，第117页。

④ ［德］汉斯·海因里希·耶赛克、托马斯·魏根特：《德国刑法教科书》“总论”，徐久生译，中国法制出版社2001年版，第53页。

⑤ 参见陈兴良：《刑法教义学方法论》，载《法学研究》2005年第2期。

⑥ 张明楷：《刑法分则的解释原理》“序说”，中国人民公安大学出版社2004年版。

上说，刑法解释的问题就不简单地如刑法教科书上所说的是采取主观解释论还是客观解释论的问题，其实质在于“规范必须与生活事实进入一种关系，它必须符合事物。这就是我们所称的‘解释’：探求规范的法律意义。然而这种意义并非如传统法学方法论所说的，仅隐藏在制定法中，隐藏在抽象而广泛的意义空洞的法律概念中，相反的，为了探求此种意义，我们必须回溯某些直观的事物，回溯到有关的具体生活事实。没有意义，没有拟判断之生活事实的‘本质’，是根本无法探求‘法律的意义’的 。因此，‘法律意义’并非固定不变的事物，它系随着生活事实而变化——尽管法律文字始终不变——也就是随着生活本身而变化”[①]。刑法解释过程中，一方面关注案件及其背后的生活事实，另一方面则应关注法之正义，二者的交接点就是“事物的本质”。其实质在于，通过“事物的本质”，沟通刑法理论理性与实践理性，将刑法之理念科学地赋予实践。因此其关键在于发现“事物的本质”，类型化思考方法因此成为联系的桥梁。“规范成为‘符合存在的’，案件成为‘符合规范的’。并且逐步地规范变成较具体的、较接近现实的，案件变成轮廓教清楚的，成为类型”[②]。因此，刑法解释并不单单是一个规范刑法学的问题，它实际上是一个沟通形而上之刑法理论理性和形而下之刑法实践理性的过程。从这个意义上讲，张明楷教授将刑法学理解为刑法解释学与刑法哲学的统一体，刑法解释学就是刑法哲学的观点[③]，是正确的。

因此，刑法解释决不是静态地将法律条文简单地适用于案件事实的过程。以德日三段论的犯罪论体系为例，构成要件的该当性，就是案件事实使之符合法律构成要件的过程。这一过程，实际上也就是涵摄或包摄的过程。所谓涵摄，就是将外延较窄的概念划归外延较宽的概念之下的一种推演。法律适用就是将案件事实涵摄于法律描述的构成要件之下的过程，其中法律规定是大前提，案件事实

① ［德］考夫曼：《类推与“事物本质”——兼论类型理论》，吴从周译，台湾学林文化事业有限公司1999年版，第89页，转引自张明楷：《刑法分则的解释原理》“序说”，中国人民公安大学出版社2004年版。

② ［德］考夫曼：《法律哲学》，刘幸义等译，台湾五南图书出版有限公司2000年版，第237页。

③ 参见张明楷：《刑法学》，法律出版社2003年版，第3页。

是小前提。

对于小前提之获得，一方面必须区分事实关系和法律关系，剔除不符合法律规范之要求的构成事实，将符合构成要件的事实筛选出来。事实剔除的过程实际上就是价值评判的过程，因为哪些事实是构成要件之事实，并非中性无色的，而是在规范价值指导下选择的结果。另一方面，没有一个事件和另外一个事件完全相同，因此事件间的等视齐观只能以类推的方式来获得。"唯一以包摄就可能完成的，只有在：法律使用清楚的概念的情形，而且真正的清楚，不需要解释，也根本不能解释的只有数字概念（18岁）"。① 类推所关切的是规范所意指的意义内容与案件事实所表现的意义内涵是否一致。

对于大前提之获得，由于与数理逻辑及科学性语言不同，法律语言并不是外延明确的概念，因此法律的解释成为必要。② 而法律解释是采取主观的立场还是客观的立场，却是和不同的目的价值观关系密切的。"刑法的解释就是在心中充满正义的前提下，目光不断地往返于刑法规范与生活事实的过程"，"作为解释者，心中当永远充满正义、目光不断往返于规范与事实之间。唯此，才能实现刑法的正义性、安定性与合目的性"。③

不仅如此，刑法解释不是一个沟通形而上之刑法理论理性和形而下之刑法实践理性的单一过程，而是一个解释循环的过程，是目光不断交互流转于规范之构成要件与案件事实之间的过程。因此，刑法解释要过渡到刑法诠释和刑法论证。在法律诠释学看来，法律

---

① ［德］考夫曼：《法律哲学》，刘幸义等译，法律出版社2004年版，第94页。事实上，即使是数字概念在刑法中仍然需要对其解释，如我国旧刑法中关于刑事责任年龄的规定中"14岁"、"16岁"、"18岁"，到底是周岁还是虚岁，如何具体起算来判断是否"未满18周岁"等。

② 有学者研究认为，解释与类推并不形成对立，法律解释如果不以类推为基本思考方式，根本无法实现。经由文义的、体系的、历史的、目的论的或其他种类的解释来澄清法律的意义，只有在类推操作的程序中方有可能（参见杜宇：《刑法上之"类推禁止"如何可能？——一个方法论上的悬疑》，载《中外法学》2006年第4期）。如果以上结论成立的话，鉴于类推自身也是价值趋向的思考方式，这可进一步证明符合涵摄之逻辑的构成要件的该当性也是伦理价值的范畴。

③ 张明楷：《刑法分则的解释原理》"序说"，中国人民公安大学出版社2004年版。

实现的过程就是理解、诠释法律的过程。一方面，只有在社会生活中理解、发现法律，才可能抽象出成文法律来；另一方面，只有理解了成文法律，才能正确地贯彻到现实生活中。法律作为一种文本，在被制定出来以后，就成为被理解的对象。它之所以能被理解，是因为它本身是向诠释者开放的。正是这种开放性，法律才能被理解者内化为个人的意识，发挥出对个人行为的调整作用，也才能使法律文本成为法律诠释学意义上的"效果历史"。法律被制定出来以后，并不是在那里等待被发现，而是人们能通过理解途径使理解得以实现。但是，理解是有前提的，对法律文本的理解，需要关于法律的"前见"。前见是我们理解对象时已经对该对象的先入之见，包括对它的情感好恶、价值判断、模糊感觉等，它是理解的条件。在这里，我们可以看到法律文化、法律传统、法律教育等对前见形成的影响作用。前见的存在，唯有通过"对话"来沟通。对话不仅是前见不同的人们在认知过程中的沟通方式，而且是人与人、人与对象的一种本体存在方式。只要人与人、人与对象处于关系状态，也就意味着其处于对话状态。对话产生"视域交融"，在理解者理解该文本时，既要追问历史上作者的视域，又不得不带着自身的前见这一视域去与文本打交道。事实上，理解就是不同视域的融合，就是在不同视域下重构文本意义的过程。成文法律向判决转换的过程，就是对话和视域交融的过程。诉讼参与人所争论的无非是对法律和事实的不同理解，他们所要言说的是对事实和法律的不同诠释，最终所寻求的是可以接受的判决。视域融合必然意味着"效果历史"的产生。历史既是理解的前提，又是理解的产物，它表现为理解的处境与视域之间相互作用的合力。这种意义上的历史是"效果历史"。"解释归于认识论范畴，为了实现解释目标，需要寻找方法，因而它又属于方法。诠释为本体论的，根本不存在外在于理解者的理解对象，在规范层面上，假如存在理解对象的话，那便是经由制定法规范的理解者与立法者的关系"，"诠释指明判断是一个在事实与规范之间循环往复、相互照应不断向上的过程"。[①] 诠释的过程也

---

① 郑永流：《法律判断大小前提的建构及其方法》，载《法学研究》2006年第4期。

是解构主体—客体刑法模式的过程①，犯罪构成模式因此向外部敞开，追求所谓客观刑法价值的努力变成了正当化的过程，主体间性替代了主体性，人与人之间的理性世界由此通达一致，刑法的合法性通过刑法论证获得证明。

① 典型的主体—客体刑法体系模式就是站在国家的立场来评价犯罪，换句话说，就是只承认国家权力在评价犯罪过程中的作用，视犯罪构成标准为司法机关所掌握。事实上，权力的自构和运行往往具有自足性和独立性，国家"权力"最多只能算是真正权力的形成的促成力量之一。除国家权力外，刑事案件中的典型事实、被害人或其亲属的震惊与愤怒、公众的同情及行为人个人的忏悔，都是笼罩在与犯罪构成事实有关的权力场域中的权力构成要素。问题的要害在于与确认犯罪有关的主、客观方面的要件及相关事实是如何通过各种权力因素的交互作用而符合或该当立法者所确定的构成标准的。犯罪构成的解释论就是去发现被人为建构的理论框架所遮掩的复杂的意义世界，竭力去叩问犯罪构成的不确定性、非客观性和生动性，从而建构一种富有解释力的犯罪构成理论。参见周光权：《行为评价机制与犯罪成立——对犯罪构成理论的扩展性思考》，载《法学研究》2000 年第 3 期。

参考文献

[1] 亚里士多德:《尼各马可伦理学》，商务印书馆 2003 年版

[2] 亚里士多德:《政治学》，商务印书馆 1965 年版

[3] 西塞罗:《国家篇　法律篇》，商务印书馆 1999 年版

[4] 霍布斯:《利维坦》，商务印书馆 1985 年版

[5] 洛克:《政府论》，商务印书馆 1964 年版

[6] 卢梭:《论人类不平等的起源和基础》，商务印书馆 1962 年版

[7] 孟德斯鸠:《论法的精神》，商务印书馆 1961 年版

[8] 卢梭:《社会契约论》，商务印书馆 1980 年版

[9] 梅因:《古代法》，商务印书馆 1959 年版

[10] 边沁:《道德与立法原理导论》，商务印书馆 2000 年版

[11] 萨维尼:《论立法与法学的当代使命》，中国法制出版社 2001 年版

[12] 康德:《道德形而上学》，上海人民出版社 1982 年版

[13] 康德:《纯粹理性批判》，商务印书馆 1960 年版

[14] 康德:《实践理性批判》，商务印书馆 1999 年版

[15] 康德:《未来形而上学导论》，商务印书馆 1978 年版

[16] 黑格尔:《哲学史讲演录》(第 4 卷)，商务印书馆 1978 年版

[17] 黑格尔:《精神现象学》，商务印书馆 1979 年版

[18] 黑格尔:《法哲学原理》，商务印书馆 1961 年版

[19] 黑格尔:《历史哲学》，上海书店出版社 1999 年版

[20]《马克思恩格斯选集》第 1 ~ 4 卷，人民出版社 1972 年版

[21]《马克思恩格斯全集》第 1、2、3、4、6、8、9、13、19、20、21、23、25、27、40、42、46（上、下）卷，人民出版社 1956 ~ 1980 年版

[22] 约翰·奥斯丁:《法理学的范围》，中国法制出版社 2002 年版

[23] 庞德:《通过法律的社会控制、法律的任务》，商务印书馆

1984 年版

[24] 凯尔森:《法与国家的一般理论》,中国大百科全书出版社 1996 年版

[25] 哈特:《法律的概念》,中国大百科全书出版社 1996 年版

[26] 拉兹:《法律体系的概念》,中国法制出版社 2003 年版

[27] 马里旦:《人和国家》,商务印书馆 1964 年版

[28] 阿列克西:《法律论证理论》,中国法制出版社 2002 年版

[29] 卡多佐:《法律的成长 法律科学的悖论》,中国法制出版社 2002 年版

[30] 恩斯特·卡西尔:《人论》,上海译文出版社 1985 年版

[31] 古斯塔夫·拉德布鲁赫:《法律智慧警句集》,中国法制出版社 2001 年版

[32] 罗伯特·考特、托马斯·尤伦:《法和经济学》,上海三联书店、上海人民出版社 1994 年版

[33] 拉伦茨:《法学方法论》,商务印书馆 2003 年版

[34] 哈罗德·伯尔曼:《法律与宗教》,三联书店 1991 年版

[35] 昂格尔:《现代社会中的法律》,中国政法大学出版社 1994 年版

[36] 德沃金:《认真对待权利》,中国大百科全书出版社 1998 年版

[37] 德沃金:《法律的帝国》,哈佛大学出版社 1986 年版

[38] 德沃金:《自由的法——对美国宪法的道德解读》,上海人民出版社 2001 年版

[39] 波斯纳:《法理学》,中国政法大学出版社 1994 年版

[40] 罗尔斯:《正义论》,中国社会科学出版社 1988 年版

[41] 福柯:《癫狂与文明——理性时代的精神病史》,浙江人民出版社

[42] 哈贝马斯:《在事实与规范之间》,三联书店 2003 年版

[43] 伽达默尔:《真理与方法》,上海译文出版社 1999 年版

[44] 伽达默尔:《哲学解释学》,上海译文出版社 1994 年版

[45] 列奥·斯特劳斯、约瑟夫·克罗波西主编:《政治哲学史》,河北人民出版社 1993 年版

[46] E.博登海默:《法理学——法律哲学与法律方法》,中国政法大学出版社 1999 年版

［47］阿图尔·考夫曼、温弗里德·哈斯默尔主编：《当代法哲学和法律理论导论》，法律出版社 2002 年版

［48］阿图尔·考夫曼：《后现代法哲学——告别演讲》，法律出版社 2000 年版

［49］H.科殷：《法哲学》，华夏出版社 2002 年版

［50］韦恩·莫里森：《法理学——从古希腊到后现代》，武汉大学出版社 2003 年版

［51］张乃根：《西方法哲学史纲》，中国政法大学出版社 1993 年版

［52］朱景文主编：《对西方法律传统的挑战——美国批判法律研究运动》，中国检察出版社 1996 年版

［53］朱景文主编：《当代西方后现代法学》，法律出版社 2002 年版

［54］沈宗灵：《现代西方法理学》，北京大学出版社 1992 年版

［55］李梅：《权利与正义：康德政治哲学研究》，社会科学文献出版社 2000 年版

［56］林喆：《权利的法哲学——黑格尔法权哲学研究》，山东人民出版社 1999 年版

［57］徐爱国：《破解法学之谜》，学苑出版社 2001 年版

［58］谢晖：《法律的意义追问——诠释学视野中的法哲学》，商务印书馆 2003 年版

［59］谢晖、陈金钊：《法律：诠释与应用——法律诠释学》，上海译文出版社 2002 年

［60］公丕祥：《法制现代化的理论逻辑》，中国政法大学出版社 1999 年版

［61］公丕祥：《东方法律文化的历史逻辑》，法律出版社 2002 年版

［62］张晋藩：《法史鉴略》，群众出版社 1988 版

［63］孙晓楼：《法律教育》，中国政法大学出版社 1997 年版

［64］梁漱溟：《东西文化及其哲学》，上海世纪出版集团 2006 年版

［65］郑永流：《法治四章》，中国政法大学出版社 2002 年版

［66］梁治平编：《法律的文化解释》，三联出版社 1998 年增订版

[67] 苏力：《法治及其本土资源》，中国政法大学出版社 1996 年版

[68] 何勤华主编：《法律移植与法的本土化》，法律出版社 2001 年版

[69] 许章润等：《法律信仰——中国语境及其意义》，广西师范大学出版社 2003 年版

[70] 陈弘毅：《法理学的世界》，中国政法大学出版社 2003 年版

[71] 郝铁川：《当代中国与法制现代化》，浙江人民出版社 1999 年版

[72] 陈金钊：《法治与法律方法》，山东人民出版社 2003 年版

[73] 谢晖：《法的思辨与实证》，法律出版社 2001 年版

[74] 孙国华主编：《社会主义法治论》，法律出版社 2002 年版

[75] 陈金钊：《法律解释的哲理》，山东人民出版社 1999 年版

[76] 余源培：《马克思主义哲学的理论与历史》，复旦大学出版社 2000 年版

[77] 吴晓明：《马克思早期思想的逻辑发展》，云南人民出版社 1993 年版

[78] 吴晓明：《历史唯物主义的主体概念》，上海人民出版社 1993 年版

[79] 吴晓明：《马克思主义社会思想史》，复旦大学出版社 1996 年版

[80] 吴晓明、刘日明：《近代法哲学与马克思的社会存在理论》，文汇出版社 2004 年版

[81] 孙承叔：《打开东方社会秘密的钥匙——亚细亚生产方式与当代社会主义》，东方出版中心 2000 年版

[82] 秦国荣：《市民社会与法的内在逻辑》，社会科学文献出版社 2006 年版

[83] 王德峰：《哲学导论》，上海人民出版社 2000 年版

[84] 刘放桐等：《现代西方哲学》，人民出版社 1990 年版

[85] 刘放桐等：《马克思主义与西方哲学的现当代走向》，人民出版社 2002 年版

[86] 赵敦华：《现代西方哲学新编》，北京大学出版社 2000 年版

[87] 冯俊等:《后现代主义哲学讲演录》,商务印书馆 2003 年版

[88] 王治河:《扑朔迷离的游戏——后现代哲学思潮研究》,社会科学文献出版社 1998 年版

[89] 李海东:《刑法原理入门(犯罪论基础)》,法律出版社 1998 年版

[90] 陈兴良:《本体刑法学》,商务印书馆 2001 年版

[91] 陈兴良:《刑法哲学》(修订三版),中国政法大学出版社 2003 年版

[92] 冯亚东:《理性主义与刑法模式》,中国政法大学出版社 1999 年版

[93] 张明楷:《刑法学》(第三版),法律出版社 2007 年版

[94] 张明楷:《刑法分则的解释原理》,中国人民公安大学出版社 2004 年版

[95] 吴晓明:《"理性的法"和"私人利益"》,载《复旦学报》1994 年第 5 期

[96] 吴晓明:《试论马克思哲学的存在论基础》,载《学术月刊》2001 年第 9 期

[97] 王德峰:《海德格尔与马克思:在历史之思中相遇——论历史唯物主义的存在论境域》,载《当代国外马克思主义评论(第一辑)》,复旦大学出版社 2000 年 7 月版

[98] 俞吾金:《对马克思实践观的当代反思——从抽象认识论到生存论本体论》,载《哲学动态》2003 年第 6 期

[99] 刘日明博士论文:《近代法哲学与马克思的社会存在理论》

[100] 杨耕:《马克思主义哲学与后现代主义在当代的相遇》,载《当代国外马克思主义评论(第一辑)》,复旦大学出版社 2000 年 7 月版

[101] 张乃根:《论西方法的精神——一个比较法的初步研究》,载《比较法研究》1996 年第 1 期

[102] 罗荣渠:《论现代化的世界进程》,载《中国社会科学》1990 年第 5 期

[103] 邓正来、景跃进:《建构中国的市民社会》,载邓正来:《国家与社会:中国市民社会研究》,四川人民出版社 1997 年版

[104] 邓正来:《中国法学向何处去》,载《政法论坛》(中国

政法大学学报）2005 年第 1、3、4 期

[105] 邓正来：《中国法律哲学当下基本使命的前提性分析》，载《法学研究》2006 年第 5 期

[106] 邓正来：《直面全球化的主体性中国》，载《中国法学》2007 年第 2 期

[107] 苏力：《司法解释、公共政策和最高法院——从最高法院有关“奸淫幼女”的司法解释切入》，载《法学》2003 年第 8 期

[108] 陈兴良：《转型与变革：刑法学的一种知识论考察》，载《华东政法学院学报》2006 年第 3 期

[109] 陈兴良：《社会危害性理论——一个反思性检讨》，载《法学研究》2000 年第 1 期

[110] 陈兴良：《社会危害性理论：进一步的批判性清理》，载《中国法学》2006 年第 4 期

[111] 陈兴良：《刑法教义学方法论》，载陈兴良主编：《刑法方法论研究》，清华大学出版社 2006 版

[112] Rorty, Contincy, Zrony an Solidarity, London: Cambridge University Press, 1989

[113] Lyotard, Just Gaming Translation, Wlad, Godizieh university of Minnesota Press, 1985

[114] Friedrich Nietzsche, The Anti - Christ, In the Complete Works of Friedrich Nietzsche, Penguin Books, 1968

[115] Stephene C. Hichs, Modern Legal Theory: Problems and Perspectives, Fred B. Rothman Publication, 1998

后　记

这本小册子是在我撰写的同名博士论文基础上修改完善后出版的。

从法学专业转而攻读哲学博士学位，对我来讲是一个偶然。但这样一个偶然彻底改变了我对法学，乃至对生活的看法。记得在博士入学之初哲学系开学典礼上，时任复旦大学哲学系系主任的导师吴晓明教授在论及时代对哲学的需要时，以法治为例设问：什么才叫法治社会？是有了1000部法律呢，还是1万部法律？这一追问给了仍沉浸于法律浪漫主义情怀中的我极大的冲击。尽管在后来的哲学学习中，我自认为哲学修养已有了长足进步的时候，一次在读书小组上的讨论，法律浪漫主义的无意流露，使我意识到它仍深深地根植在我的内心。博士论文的撰写，可以看做是我对十几年来法学学习和研究的反思和总结，重要的是对法之现象的追问，正是这种追问，让我有可能走出法的现象，走向更广阔的生活空间。

博士毕业后，我又回到了我熟悉的刑法学研究领域，尝试哲学和刑法学的联姻。当我重新审视刑法学的基本问题时，我突然发现曾经熟悉的刑法学问题突然陌生起来，我对当前中国刑法学存在的科学主义倾向保持了一份高度警惕。我撰写了《刑法学科学主义倾向之反思》，发表在陈兴良先生主编的《刑事法评论》第19卷（北京大学出版社2007年出版）上。2007年我又申请了中国社会科学院法学研究所博士后，并选择了“西方近现代法哲学转型视野下的中国刑法学知识变革”作为自己的研究课题，开始了新的探索。

本书的出版首先要感谢我的博士论文指导老师吴晓明教授的细心指导和关心，感激之情无法用语言表达。在导师面前，我总感觉自己是一个小学生，有太多东西需要学习。博士和博士后阶段的学习研究，离不开我所在单位上海海关学院的大力支持。感谢党委书记杨树林，一直关心我的工作和成长；感谢主持工作的副院长肖建国，他既是我的领导，更是我在学习和生活上的老师；感谢原校长于申，在我入单位工作之初，他就鼓励我攻读博士学位，并在工作安排上给了我很大的机动空间，使我在工作之余，有足够的时间来学习。此外还要感谢北京大学法学院陈兴良教授和中国社会科学院法学研究所陈泽宪研究员。

回顾我从大专生到博士生、博士后的求学历程，其中不乏坎坷和幸运，其间两度参加工作，两度重返校园。除自己努力外，更重要的是有父母的一直鼎力支持，20 年间没有停止。这其中，更离不开妻子的默默奉献。儿子陈嘉岑的成长，见证了学习的艰辛历程。愿他能从父母的学习历程中吸取营养。

感谢所有关心我的老师、同事、同学和朋友！

陈　晖

2009 年 5 月于浦东联洋花园